本书受大连民族大学出版资助，项目编号 0917120136；
也是国家自然基金面上项目科研成果，项目编号 71372066

CO-OPETITION STRATEGY
——The Research of the Co-opetiton Effect
Based on Isolation Mechanism

企业竞合战略
——基于隔离机制的竞合效应研究

韩文海　邱国栋◎著

人民出版社

目　录

序　言

　　企业竞争战略的历史可谓源远流长，发端于不同文化背景与社会情境下的战略理论层出不穷，流派纷繁复杂，演进蜿蜒曲折。但杂乱无章的表象背后，总会找到一条隐藏着的清晰脉络，得以系统性整合战略思想与理论沿革的演化路径，将企业战略的实质和不同时期的主流战略观点呈现于各位学者与读者面前。

　　本书的研究内容仅为战略管理理论的沧海一粟——企业间竞合战略。关于战略管理思想演变的经典著作并不鲜见（如丹尼尔·雷恩的《管理思想史》、周三多的《战略管理思想史》等），且伴随时代进步，新的管理实践与问题总会不断催生出新的管理思想与战略流派，丰富战略管理理论的框架体系。本书只求在战略管理的重要分支——竞合战略的领域内，整合现有文献并提出新观点，从隔离机制的新视角重构竞合战略的理论框架，以求为丰富现有研究贡献绵薄之力。弱水三千，只取一瓢饮。如何为各位读者解释清楚竞合战略的演进历程及本书观点相对于现有理论的差异及贡献，即本书的目的所在。

　　现有企业间竞合关系都以契约框架为建构基础，包括正式契约和非正式契约。本书则力求在现有竞合理论边界之外，基于隔离机制的研究视角，重新审视企业间竞合关系的建构基础，并重点探讨竞合效应的机制与原理。通过对企业竞合实践的观察与提炼，本书提出如下观点：在传统竞合理论框架之外，存在一种特殊的竞合现象缺少相应的理论对其进行机理解读——竞争对象之间单纯的竞争行为产生相互合作的竞合效果，并伴随有竞合效益的生成。这种特殊的竞合效果，是具有竞争关系的企业之间在隔离机制作用下通过纯粹的竞争行为实现的，因此本书将其命名为"基于隔离机制的竞合效应"。

从理论逻辑来看，隔离机制的竞合效应源于企业间相互难以模仿的"差别优势"（Distinction Advantage），这是本书重点提出并界定的核心概念，也是本书理论建构的逻辑基础。差别优势源自企业独特的核心资源与能力（尤其是"隐性知识"），与经济学领域对"绝对优势"和"比较优势"的界定不同，属于管理学范畴的概念，强调将"运作成熟性""相互难以模仿性"与"各自有效性"作为概念的考核指标。从生成机理来看，隔离机制的竞合效应本质上是具备差别优势的竞争企业间在隔离机制作用下的竞争效果：即通过纯粹的竞争行为产生竞合的实际效果，本书将其界定为"隔离机制的竞合效益"。这一效果的实现遵循"核心资源与能力→差别优势→隔离机制→竞合效果→核心资源与能力的巩固与升级"的动态循环路径。因此，本书的核心观点可以凝练为以差别优势为理论基础、以隔离机制为实现方式的逻辑链条。需要强调的是，这一理论设想的提出是根据 Nike 与 Adidas 两家公司间竞争实践的总结与提炼（第二章），具有事实依据而非凭空的理论推断。

从企业的竞合实践来看，本书选取 6 对互为主要竞争对手且具备差别优势的企业作为案例研究的样本，考察基于差别优势的隔离机制效果存在的真实性与普适性。案例研究采用最适宜理论建构的质性研究方法——"扎根理论"（Grounded Theory）。依照扎根研究的三级编码技术，通过跨案例分析逐级推演出上述效果的生成机理、演进机制及竞合效益的具体生成形式。研究结果显示，基于差别优势的隔离机制效果在企业经营实践中真实存在，并具有一定的普适性与规律性。本书据此构建"隔离机制的竞合效应生成机理"模型（第三章）。该模型的理论贡献是：从垂直竞争、水平竞争两个维度打破了"波特五种竞争力量分析框架"对企业间竞争的思维局限，是竞合思维对传统竞争理念的突破与替代——由单纯的企业个体逐利到企业群体间竞合共生，本质是企业自身与产业整体的价值创造过程。

从理论建构的角度来看，本书从水平竞争与垂直竞争两个维度来提炼隔离机制的竞合效应机理。

首先，水平竞争维度的竞合效应机理表现为三种形式：基于竞争思维的价值战、基于规避思维的策略战及基于入侵威胁的嵌入优势。第一，价值战具体细分为三种状态：竞争博弈状态、相互难以模仿状态及战略互动状态。隔离机制作用下，三种状态下的价值战会通过竞争行为为市场提供更多产品价值并提升市场总体福利水平，规避恶性竞争，产生做大市场整体规模的竞合效果。第二，基于规避思维的策略战，通过竞争策略创新实现"重新定义市场"或"开创全新市场"的竞合效果并生成竞合效益：规避正面竞争的同时，获取横向竞争优势，做大做强产业与市场。第三，基于入侵威胁的嵌入优势是将垂直竞争与水平竞争、竞争思维与合作思维进行整合与系统思考的结果，这里涉及的竞合效应源自两个方面：一是垂直竞争维度的竞争关系（产业链上下游之间）演变为竞合关系，构筑水平竞争高进入壁垒的同时完成了供应链整体升级；二是高水平竞争者进入（行业领先者嵌入）产生的嵌入优势，带动产业链条整体升级，形成更高层面的战略协同性，做大做强产业与市场。另一种情况是低水平竞争者的非体制性嵌入，与核心技术方没有合作契约关系，因技术嵌入性隔离效果，形成市场协同效应，即市场的共同做大，如中国企业嵌入全球价值链的"苹果皮路线"。

其次，垂直竞争维度的竞合效益生成机理是产业链上下游之间由竞争关系演变为竞合关系，利用差别优势，在隔离机制作用下以协同替代竞争，寻求"异质共生"的竞合效果。垂直竞争维度的产业链分为契约关系与非契约关系两种，而供应链关系包括两个层面：一是紧密合作的供应链关系，依靠长期契约建立合作关系；二是非紧密合作的供应链关系，依靠"权宜合同"维系合作。垂直竞争维度的竞合效应源自价值战替代价格战，包括两个方面：第一，克服产业链上游的竞争压力体现为"资源追逐价值"，即基于差别优势将企业锁定于不同的价值区间，但并不阻碍跨区间的交流与合作。这体现为供应链内部隔离，是将市场竞争关系的隔离机制延伸到供应链合作领域，即上下合作关系的隔离机制效果，中国企业嵌入全球价值链的"苹果皮路线"包括了这种效果。第二，克服产业链下游的竞争压力体现为"资源传递价值"，即基于企业的差别优势，在同等价格时向顾客传递更多价值。因此，垂直竞争维度的竞合效应是在不损害产业链条上任何企业盈利能力前提下，产生基于差别优势的隔离机制效果——树立纵向障碍的产业保护，形成划分市场隔离带，避免因恶性竞争而导致的产业整体利润的流失。

因此，理论上将隔离机制的竞合效应归纳为三种类型：树立纵向障碍的产业保护、获取横向竞争优势与嵌入性优势，做大做强产业与市场。其中，关于基于隔离机制的嵌入性优势与垂直维度的竞合效应，结合了全球价值链变化与中国创新驱动发展战略的主题与实践背景，在理论研究之外做进一步延伸探讨（理论推演与经典例证相结合），寻求中国企业嵌入全球价值链并寻求逆向突破的具体路径——"苹果皮"路线（本书的第四章有详细论述）。

从竞合效果与竞合境界来看，可以按照契约约束程度差异及竞合效益生成效果差异，将企业间竞合关系划分为三个竞合层次：契约性竞合、超契约性竞合及非契约性竞合。第一，契约性竞合强调在传统契约理论框架内（古典契约）的竞合双赢效果，是一种在契约约束下被动履行合同，客观外在驱动的静态竞合过程，只限于在契约规定的时间框架内建立短期竞合关系。但契约本身的缺陷（不完备性、条款的刚性等）与机会主义行为倾向令契约性竞合伴随较高的交易成本，造成竞合效益损失。第二，超契约性竞合的实现过程超越了传统契约的理论框架，具体的契约形式包括"不完全契约"或"关系契约"。这一层次的竞合过程致力于维系长期合作关系，强调默契、共识、信任、主动寻求并建立合作关系，是一种内在驱动的动态竞合过程。超契约性竞合通过协商与再谈判等方式弥补了契约条款的不完备性，并通过对"声誉资本"与"关系嵌入性"的强调约束规避机会主义行为倾向，极大提升竞合效果与竞合效益。但由于过于强调"关系""信任"等因素而容易产生"锁定效应"，尽管同契约性竞合相比有效降低了交易成本，但同样存在竞合效益损失的问题。第三，非契约性竞合的实现过程摆脱了契约框架的约束，其作用机制为基于差别优势的隔离机制效果，主观上没有合作关系，但客观上产生竞合效果，是一个无意识的动态竞合过程——"不合而合"的竞合境界。这一层面的竞合过程没有交易成本，竞合效益损失为零，实现企业间竞合效果的"帕累托改进"。本书提出的"基于隔离机制的竞合效应"即属于非契约性竞合（第五章有详细论述）。

综上所述，本书认为：具备差别优势的企业在隔离机制作用下的竞争行为会产生合作效果——隔离机制的竞合效应，并可以细分为三种表现形式：树立纵向障碍的产业保护、获取横向竞争优势与嵌入优势、做强做大产业与市场。同时，本书将企业间竞合划分为三个层次：契约性合作、超契约性竞合及非契约性竞合，并据此构建了"合"境界分析框架。这一框架中将本书提出的"隔离机制论"界定为"不合而合"的最高"合"境界（主观上竞争，客观上有合作效果），超越现有竞合理论的研究范畴，将竞合理论研究推进至管理哲学层面，为企业间竞合研究提供了一个新的研究视角。

本书得以成稿，是以本人博士论文《基于隔离机制的竞合效益》为基础，并大量融入了国家自然科学基金面上项目《基于差别优势的隔离机制：非契约性竞合效应研究》（项目编号 71372066）的系列研究成果：包括学术论文《从契约性到非契约性：竞合理论演进研究》（发表于《江西社会科学》2016 年第 7 期）、《中国进入全球价值链的"苹果皮"路线研究》（发表于《中国软科学》2016 年第 1 期）、《基于差别优势和比较优势的企业竞合效应研究》(发表于《财经问题研究》2016 年第 7 期)。书稿由第一作者（韩文海）完成内容包括：导论、第一、第三、第五、第六章及第二、第四章部分内容，共计约 150000 字；第二作者(邱国栋)完成内容主要集中于第二、第四章，共计约 50000 字。此外，本书共参照了国内外近 300 份相关文献与著作，查阅近百份样本企业的相关资料与难以计数的网络材料整理。可以说，本书是本人自读博始研究工作的一次总结与汇报。在此要特别感谢我的博士导师邱国栋教授（也是本书的作者之一），没有他一直以来在专业研究上的悉心教导、在生活与工作中的细心关怀、在为人处世上的谆谆教诲，在著作出版过程中的全力支持，就不可能有这本书的问世。

　　需要特别声明的是，本书得到大连民族大学自主科研基金出版资助项目的资金支持（项目编号 0917120136），同时得到国家自然科学基金面上项目《基于差别优势的隔离机制：非契约性竞合效应研究》的资金支持（项目编号 71372066），本书亦为该自然基金的研究成果之一。

　　虽是学术著作，但本书尽可能规避语言的晦涩难懂与表述的含混不清，力求理论艰深探究的同时做深入浅出的表达，以增强可读性和传播性。

导　论

一、问题的提出

（一）研究背景

在互联网经济、大数据引导的新一轮产业革命的宏观背景下，新技术环境已逐渐颠覆传统经济业态并席卷全球，共享、跨界、智能、颠覆等新鲜词汇的热度与日俱增。企业享受互联网平台带来便利（如整合资源与市场机遇、信息与知识共享等）的同时，也面临新经济条件下日益增强的替代压力与竞争挑战。

第一，企业面临的竞争环境日益动态化与复杂化，不确定性充斥企业运营的方方面面。因此，由纯粹的竞争思维或合作思维主导的传统企业战略模式，已失去竞争力。企业组织的结构与企业间关系交织网络日益复杂化，传统的层级制金字塔结构与组织边界鲜明的关系结构，越来越无法适应网络经济业态下的竞争要求。互联网经济的快速迭代属性，迫使企业由比较静态战略向动态竞争战略转型，必须根据环境的变化迅速作出组织结构与战略的调整，以适应复杂多变的竞争环境。因此，传统战略思维转型升级的现实需求迫在眉睫，对转型期的中国企业尤其如此。

第二，组织形态的日益多样化、组织边界、产业边界及市场边界的日益模糊化，知识共享与产业跨界对传统业态及产业链内部的结构产生

1

颠覆性影响。美国著名企业历史学家钱德勒在其不朽作品《战略与结构》中首次提出"结构跟随战略"的著名论断，至今影响深远。而新经济、新技术对企业战略提出了更高的要求，因而组织形态、组织结构、组织边界等概念需重新解读与界定，势必要跟随战略共同进化。一个可以预见的趋势是，伴随大数据与人工智能的发展，个体化生产与创新的"创客"运动必将成为新的主流，组织解体、大企业消亡、跨界经营、"全球创新链"替代"全球价值链"等现象的出现仅仅是时间问题。传统企业（尤其是转型期的中国企业）需要未雨绸缪。一方面要顺势而为实现适应新经济背景下的竞争战略，另一方面由战略创新引领组织变革，适应新环境、新竞争与新挑战。

第三，大数据与人工智能主导的新一轮产业革命的思潮涌动，为企业战略选择增加了新的变量，也为企业对新情境下的认知与战略能力提出新的挑战。一个极为现实的问题是：中国企业在融入全球经济的过程中，如何摆脱"全球价值链"低端锁定的困境？相对于拥有核心技术优势的国外企业，中国企业只能通过塑造"差别优势"，继而在嵌入全球价值链的过程中寻求逆向攀升的发展机遇。因此，首先要做的，是寻求一种适应新技术环境的战略模式，充分利用差别优势实现全球价值链的"技术性嵌入"，继而顺势通过顶点超越、弯道超车的方式，实现跨越式发展。

第四，中国经济转型与全面深化改革的制度情境下，"创新驱动""供给侧改革"对中国企业的战略转型提出了新的要求。党的十九大将我国新时期的主要社会矛盾定性为"人民日益增长的美好生活需要和不平衡、不充分的发展之间的矛盾"，中国企业通过创新为解决这一主要矛盾贡献力量责无旁贷。首当其冲，即是实现战略创新，继而驱动管理创新与技术创新。思维转型才能引导战略升级，因此，中国企业需要重塑认知，重新审视自身与全球价值链核心企业的技术逆差，从差别优势、比较优势的角度看待自身的战略创新与逆势突围的可能性，寻找新的战略空间。

　　显然，上述研究背景的分析为企业在新技术环境下的战略转型提供了指导性框架。同时，可以得出结论，传统竞争理论视域下的企业间竞争战略或合作战略显然已无法适应新技术环境下不确定性市场格局。其实，早在 20 世纪末，欧美及日本等国的跨国公司就已预见了这一趋势，并随即迅速反应提出应对策略，在组织、经营、战略、并购、联营等方面重新作出重大调整。其中，战略调整的核心是转变战略思维——在竞争的同时开展合作，以实现与竞争对手在全球范围内"分担成本、分享技术和进入市场的机会"，由独占理念转型为共享理念，由"损人利己"的竞争思维升级为"竞合共生"的竞合思维。这一战略观念的转型升级具有划时代的重大意义，它标志着全球领先的跨国公司开始反思自身已运行多年、且在一定历史时期内被证明行之有效的战略思维与战略模式，这是跨国企业的在经营战略层面的反观自省与自我否定。

　　上述新的战略模式，即企业间竞合战略思想的雏形与大胆尝试。但事实表明，问题并未得到解决：一是战略思维的转变并不够彻底，仅仅是竞争战略思维的一种特例，或改良，并未触及战略思想层面的颠覆性改变。同时，作出以上战略尝试的跨国企业因文化差异、制度局限等多方面因素，对竞合思想的接受程度及愿意为之作出深刻变革的动机亦存在明显差异。嵌入到当时的社会情境与技术演进阶段，跨国公司对竞合思想的担忧、甚至抵触都是情有可原的，毕竟存在巨大的文化与制度鸿沟，以及竞合衍生的泄密、管理成本增加等经营风险。二是从效果来看，成功率也并不高（全球仅不到 30% 的跨国联营企业取得成功），关系持续的并不长久。多数跨国公司的"联姻"均以失败告终，如克莱斯勒与奔驰公司的联营等。失败的原因有文化的冲突、制度差异等，但最多的可归结为竞合战略模式不合理衍生的交易成本、战略适配困难及机会主义行为带来的道德风险。

　　截至目前，全球已有越来越多的企业试图通过战略联盟、联合经营等"协作式竞争"的手段来建立多种形态的竞合关系（或类似竞合的战略合作），探索各种不同类型的竞合战略模式（虽然战略模式的构建只是雏形），获取竞合效益。但上述企业所面临的共同难题是：并不存在，或者说尚未探索出一种普适性的企业间竞合战略模式和理论范式，可以有效地指导企业与竞争对手建立持久的、稳固的竞合关系并获取持续性的竞合效益。如何克服竞合关系衍生的交易成本及泄密风险，是严重制约企业间竞合战略效果的现实障碍，这直接抑制了原本愿意尝试竞合战略的跨国公司的倾向性与竞合驱动力。事实上，从数据来看，已建立竞合关系的大多数企业间合作也并不稳固。理论上可行的竞合关系框架，在具体实施过程中会衍生诸多技术性问题而导致存在形态各异的合作制约、文化冲突及制度瓶颈，最终无法实现长期的、持续的企业"联姻"。有数据显示，"约半数的跨国联营在七年内结束"，战略联盟失败的比率一般为50%—60%，平均寿命不足7年。（乔尔·布里克等，1998）。

同时，在竞合理论研究的角度来看，欠发达国家或地区的企业如何嵌入全球价值链也是一个备受企业界与学术界关注的竞合问题，对转型期的中国企业尤其意义重大（具体原因前文已述）。自卡尔·波兰尼（Karl Polanyi, 1944）提出"嵌入性"①概念之后，便陆续有学者提出一些相关的看法与进一步的深化研究成果。从文献来看，"嵌入性"概念，一般广泛应用于社会组织、区域发展和组织管理等研究领域，特别是"嵌入性"理论研究的集大成者Granovetter（1985）提出了"经济行为嵌入于社会结构"的著名论断，至今仍是指导企业嵌入性研究的理论基础。结合中国企业参与全球价值链的管理实践，学界对该问题的研究取

---

① "嵌入性"（embeddedness），作为专业词汇引入管理学研究范畴，也可理解为"根植性"。从但从历史文献来看，采用"嵌入性"这一译法的研究是主流观点。但不排除在一些文献中，嵌入性与根植性经常被交替使用，并不严格区别，如王缉慈原来把embeddedness译成根植性，后来认同社会学习惯，改译成嵌入性。本书认为，在技术研发方面嵌入性要比根植性更合适本研究所提出的命题。

得了新的认识，嵌入性也纳入竞合研究的范畴：一是从单向嵌入到双向嵌入。陈景辉等（2008）基于嵌入性理论，首次提出并论证了跨国公司嵌入与东道国产业集聚的"双向嵌入观"概念，进而为产业集聚，以及企业层面的合作与协同创新提出了双向嵌入的研究视角和竞合模式。但后续研究（黄永春等，2014）发现，中国传统产业嵌入全球价值链的对象呈现出单一性，即主要依赖于全球价值链的"链主"，而当前新兴产业则更倾向于借助国家价值链的创新资源，这无疑是中国企业嵌入全球价值链的竞合障碍。严格来说，不具备核心技术优势的企业嵌入全球价值链极易形成低端锁定，不具备与"链主"企业进行竞合关系建构的基础与资格，因为"链主"企业极容易找到相似企业取而代之，这也是中国企业融入全球经济亟待解决的核心问题。二是从内生性与外生性的视角来理解嵌入全球价值链的竞合战略。夏京文（2007）在论证中国产业集聚的外生性明显和内生性缺陷时，把经济学的内生性与外生性概念引入了基于 FDI 产业集聚的嵌入性研究中，以揭示产业集聚特征与类型。他指出，根据发达国家产业集聚的发展实践及相关嵌入性研究发现，集群的内生性嵌入是外生性嵌入的基础与竞争优势的源泉，外生性嵌入只是保持与扩大竞争优势的方式与手段。而中国企业面临的严峻现实是，内生性嵌入全球价值链的动力与实力均严重不足。刘林青等（2010）从租金的角度研究全球价值链中企业竞争优势问题，认为企业层面的租金应该在整个全球价值链租金体系中处于核心位置，且是内生性的。上述观点印证了中国企业现有嵌入全球价值链的竞合模式缺乏内生性竞争优势的构建。

那么，究竟是什么原因导致了现有企业间竞合战略模式失败率居高不下的发展瓶颈？这些原因之间是否存在必然的逻辑关联？有哪些关键因素促进或制约竞争企业间建立持久稳固的竞合关系？是否可以探索出既能规避上述问题，又能有效获取竞合效益的战略途径？是否能为中国企业内生性嵌入全球价值链提供一条可以构筑竞争优势的竞合战略路径？本书的研究成果尝试通过竞合理论的全新视角——隔离机制，来寻找上述问题的理论解答。

自 1996 年哈佛大学教授亚当·布兰登伯格（A.Brandenburger）与巴里·纳尔巴夫（B.Nalebuff）在合著的《竞合战略》一书中首次提出"竞合"的概念，企业间竞合战略研究逐步发展成为一个较为热门的前沿领域，从一个新颖的概念逐渐成为一门战略管理研究领域的"显学"，构成战略管理理论体系与研究范式的一个重要理论分支。但竞合战略思想萌发至今，无论从理论研究层面还是企业间竞合战略实践层面而论，都面临较为严重的发展制约及难以突破的理论瓶颈。

一方面，从理论研究角度来说，现有文献与研究成果相对独立且分散，不同观点与研究流派各持己见，未能建构起一整套科学、紧密的理论逻辑将不同观点融会贯通，继而构建一个完善的理论体系。现有文献多为一家之言，或是从基于不同视角的竞合理论解读，或是采用不同样本、不同工具对竞合理论观点的实证检验，理论体系尚存在较多的理论真空地带，缺少实质性的研究进展与进一步的理论创新。不同流派学者的理论观点，源于自身前期研究与竞合理论的整合，限于各自研究领域的局限，存在较大的理论分歧，无法实现理论层面的融合与统一。同时，现有理论对于企业间竞合战略实践的案例研究与实证测量研究同样存在较大缺失。已发表的研究成果多为针对小范围区域内（某个国家或地区）企业间竞合实践的考察与分析——且多为欧美市场（欧美企业）的研究，针对中国市场、扎根中国制度情境下的相关研究（权威学术刊物发表的研究成果）并不多见——其普适性与代表性严重不足。从实证研究角度来说，研究的创新性更多地体现为采用了新的数据、新的测量工具、新的实证研究方法或新的数学建模，但研究的问题依然是老问题，缺少创新性的理论构建型研究，研究的深入程度与思想性不足，尤其是关于竞合关系的辩证思考，并未提升至管理哲学的层面。因此，竞合理论发展的相对不成熟与框架体系的相对不完善，导致现有理论在指导企业竞合战略实践过程中呈现出各种各样的不匹配问题——理论可行的战略模式在具体经营实践中并不能提升组织绩效，甚至成为创新的障碍。尤其需要关注的是，现有研究对契约约束框架之外的竞合关系缺乏深层次的理论探讨，对一些特殊的企业间竞合现象缺乏理论解释，这是现有竞合理论研究范式的空白与盲点，极具研究价值与潜在研究空间。

　　另一方面，从实践层面而言，现有企业间竞合战略实践止步于试探性或探索性阶段，多数企业因信任、机会主义行为、保护主义或文化冲突等问题而短期内终结，竞合成本、竞合效益及竞合关系对企业长期发展的影响很难衡量，上述问题也直接制约竞争企业间开展深层次竞合互动及长期稳固竞合关系的建立，令原本有意尝试竞合战略的企业心存疑虑，担忧理论在现实社会情境下的可行性。具体表现为：第一，现有理论框架内，企业间竞合关系的界定均以契约为建构基础，包括正式契约和非正式契约。但无论正式契约还是非正式契约，均无法规避契约刚性而导致的交易成本（交易成本过高一直是制约竞合关系良性发展的障碍，甚至有跨国企业会因此而放弃选择竞合战略）。同时，契约本身的不完备性无法杜绝机会主义行为，这些都会导致竞合效益损失，继而对企业选择竞合战略的倾向产生负面影响。第二，不同国家或地区在政治、经济、法律、文化方面的差异，会极大增加构建竞合关系的难度与成本，对跨国公司尤其如此。以中国为例，中国文化与制度的特殊性及与西方国家的差异性，导致中国企业的海外扩张战略（包括与跨国公司的竞合尝试）举步维艰。第三，在企业文化、核心价值观、经营理念等方面存在的巨大差异，横亘于有意向实施竞合战略的跨国企业之间。严重情况下甚至会导致不同企业间对竞合战略的接受程度及执行程度形成极大偏差。尽管时至今日，竞合战略思想已在世界范围被广泛接受（几乎与经济全球化的节奏同步），但仍有很多企业不接受、或不愿意轻易尝试竞合战略。甚至有企业认为，与竞争对手建立既竞争又合作的关系是一种"与敌共寝"的行为——应了中国的老话"卧榻之侧，岂容他人酣睡"。

一方面，信任基础的普遍缺失，导致竞合关系难以建立或难以持久；另一方面，泄密担忧令企业的竞合行为充满戒备，缺乏深度合作、知识共享与开发式创新的关系建构基础和驱动力。第四，任何企业间竞合战略的实施必然"涉及三种筹码的交易：技能、现金和机会，如通用汽车和福特可以为合作伙伴提供进入美国市场的机会，而后者以提供协作生产的复杂技能，填补产品系列空白等方式作为回报。因此通用汽车与丰田、五十铃、铃木公司结成战略合作伙伴关系，而福特与马自达公司建立竞合关系"（乔尔·布里克等，1998）。但上述竞合互动关系的尝试，仍难以克服以下障碍：交易成本居高不下、相互信任程度不高（尤其是难以建立能够相互分享隐性知识的信任关系）、机会主义行为频发、竞合效益大量流失。

以上分析描述了现有竞合实践探索的时代背景及研究局限，可归纳为两点：第一，现有竞合研究界定的竞合关系，以契约为建构基础。换言之，竞合关系的建立与一切竞合效果的实现（竞合效应与竞合效益）必须在契约框架内完成，这是现有竞合研究范式的隐含假设；第二，现有研究对非契约性竞合关系的理论关注不够，明显滞后于企业竞合实践的发展速度，切对实践中已经出现的一些特殊竞合现象——如"基于隔离机制的竞合效果"（Nike 与 Adidas），缺乏深层次机理研究与明确的理论解释。那么，针对上述问题，是否存在一种企业间竞合战略模式可以有效规避上述问题，并保障竞合效应的实现过程能够最大限度规避竞合效益损失？基于对这一问题的系统思考，本研究提出"基于隔离机制的竞合效应"的理论命题，并从机理层面展开深入分析。这一命题并非本研究的杜撰或文献回顾形成的问题提炼，而是源自企业竞合实践的特殊现象，加以理论提升。

本研究将"基于隔离机制的竞合效应"界定为有别于现有竞合范式的特殊竞合模式，是对企业竞合实践中已存在的一种特殊现象的理论解读。具体可概括为：具备差别优势的竞争企业之间（尤指具有直接竞争关系的企业之间），通过纯粹的竞争行为产生竞合的实际效果（合作战略才能实现的效果）——主观上竞争，客观上有合作效果——即有竞合效益的生成。这种现象超越了现有竞合研究对企业间竞合行为界定的理论边界，即在契约框架之外实现了竞合效果。这一竞合效应的实现过程具有如下特征：第一，不存在任何形式的合作行为，也不存在任何形式的契约约束。这意味着，竞合效益的生成过程不存在任何因契约而产生的交易成本，有效规避了前述竞合困境中的种种问题；第二，尽管竞合效果得以实现的全过程完全依赖于纯粹的竞争行为，但客观上却同样起到了维护并发展产业共同利益的实际效果，促进竞争企业间互利共赢和异质共生。

然而，从深层次的理论研究来看，这一效果产生的内在机理与形成机制是什么？这一竞合效果的最终表现形式（竞合效益）是什么？其产生根源与内在逻辑是什么？有哪些因素（变量）或约束条件会对这一现象产生关键影响？这一效果的生成状况和类别是什么？这一理论设想是否可验证？是否具有普适性，等等（这一特殊现象是否在不同行业或不同属性的企业实践中普遍存在）？因此，本研究致力于揭示现象背后的本质——基于隔离机制竞合效应的内在机理。通过打开"基于隔离机制的竞合效应"的理论"黑箱"，尝试在现有竞合理论框架之外，寻求一条可以指导中国企业竞合实践的有效战略路径——尤其是为中国企业嵌入全球价值链并打破低端锁定、实现逆向攀升提供有效的理论借鉴。显然，这一研究设想在理论研究和企业实践两个方面都具有很强的迫切性和必要性。

（二）研究意义

1.本研究的理论价值

纵观企业间竞争战略的演变历程，可以梳理出清晰的理论演进路径：20世纪60年代的主流理论是"三安范式"（Anthony-Ansoff-Andrews Paradigm），即安东尼、安索夫与安德鲁斯所提倡的"战略规划理论"

（周三多，2003）。该范式理论的核心观点可概括为"商业机会与公司资源的有效匹配"，也可以理解为战略的匹配观。这一时期属于经典战略管理思想的萌芽期，"战略规划"与"匹配思维"是竞争战略关注的核心议题；进入 20 世纪 70 年代，"环境适应理论"取代"战略规划理论"成为新的主流战略思想。环境适应理论强调企业外部环境对企业战略选择的影响，即战略研究的焦点集中于"环境的不确定性如何影响企业战略选择及企业竞争优势的构建"；80 年代被竞争战略学者称为"通用战略年代"。该时期，盛行的战略管理思想是以哈佛学派的杰出学者——被誉为"活着的传奇"的迈克尔·波特（Michael Porter）为代表的"产业竞争理论"。这一学派强调用经济学的方法研究战略，重点阐述产业结构分析及企业在产业中所处的竞争位置对企业竞争优势的影响。最有影响力的观点如"五力竞争模型"、价值链理论等，并从五种竞争力量的抗争中，孕育出三种成功型战略思想：总成本领先战略、差异化战略、专一化战略（也称为"聚焦战略"）；进入 90 年代，竞争环境较之以往发生了革命性变化——经济全球化、速度经济、网络经济、个性化定制等新的竞争要求迫使企业竞争思维的转型升级。企业战略的焦点再次发生转移：由分析企业外部因素对企业竞争优势的影响转为聚焦于企业内部——重点讨论形成企业竞争优势的源泉究竟为何？在此背景下，"资源基础理论"与"核心能力学说"开始盛行，并与产业竞争理论展开了多次论战，至今仍存争议。这一理论流派认为，企业的竞争优势源自企业内部而非企业外部。简单来说，是企业自身具备的异质性资源或核心能力构筑了持久性竞争优势的基础，而并非来自产业结构或竞争环境的影响。至此，企业间竞争理论已发展成为一个完整的、成熟的理论框架体系，并已呈现出清晰的理论发展脉络。可以说，战略管理思想的演变史，就是企业对自身资源（能力）与外部环境之间的战略认知变迁史，不同战略模式，就是不同战略认知的行为转化。直至 90 年代末（准确地说是 1996 年）竞合理论的诞生，战略管理思想的演进历程进入了全新的历史阶段。在新的战略思潮下，企业竞争思维由单纯的竞争或合作，演变至竞争的同时展开合作，其实质是企业构建竞争优势的内在逻辑的转变——从"由外而内"（企业竞争基于对外部环境变迁的被动适应），到"由内而外"（企业基于内部资源禀赋主动构建核心竞争优势），最后到"内外互动"（企业外部环境、竞争对手行为与企业内部资源禀赋动态互动的综合作用）——企业战略的聚焦点已由赢得当前竞争转变为"重构竞争的基础"与"创造未来"，提倡企业战略的"未来导向"与"共享导向"（G.Hamel & C.K.Prahalad，1990）。

　　1996年，竞合理论的正式提出，引发了学界对传统竞争思维与战略假设的深刻反思与广泛讨论，为企业在单纯的竞争关系或合作关系之外，提供了新的关系模式与战略选择。竞合战略思想扭转了传统的战略认知：竞争与合作战略不能共存。本研究在现有企业间竞合战略的理论观点的基础上更进一步，致力于推动传统竞争思维与战略假设的转型升级：由比较静态的竞争假设转型为动态互动的竞合假设；由零和博弈框架下的价值转移过程升级为非零和博弈框架下的价值生成过程；由线性思维下的单回合竞争转型为系统思维下的多回合战略互动；由"石头砸碎鸡蛋"的倚强凌弱转型为"自我打破"的多赢共生。

　　通过对相关文献的系统梳理，本研究发现：现有理论界定的竞合关系均建立在契约基础之上，研究视角也局限于探讨契约约束下的企业间竞合战略模式。因此，本研究另辟蹊径，立足于"隔离机制"的全新视角，试图在现有理论范畴之外，探索"非契约性竞合"的研究空间，并深入发掘这一独特竞合战略模式的生成动因、演进机制、实现过程及竞合效应的内在原理。力求在现有竞合研究的理论边界之外提出新的观点，以丰富企业间竞合战略研究的理论体系。

　　基于此，本研究的理论意义在于从以下方面充实企业间竞合研究的理论体系。

　　第一，突破了现有竞合研究的视角局限。本研究试图突破竞合关系以契约为建构基础的理论假设，从隔离机制的独特视角，探索性研究契约框架之外的企业间竞合形式的全新空间——非契约性竞合。

第二，首创性提出"差别优势"的概念（这是产生隔离机制竞合效果的根性基础）。以此为逻辑起点，进一步探寻"基于差别优势的隔离机制效果"形成的理论基础、前提假设、演进机理与实现过程。通过跨案例分析及理论推演，本研究提炼并描述出上述竞合效果的演化路径："核心资源与能力→差别优势→隔离机制→竞合效果→核心资源与能力的巩固与升级。"这一核心理论命题的提出，从非契约竞合的视角丰富并充实了企业间竞合关系的演化研究。

第三，探索并描述"基于隔离机制的竞合效应"的生成机理及演进历程。以此为基础，构建"隔离机制的竞合效应机理模型"，为企业间竞合关系研究及竞合效应研究提供了理论依据，并创建性提出一种非契约性竞合的可行性战略模式。

第四，根据契约在企业间竞合关系的构建、演进及效果中的作用形式及影响，本研究系统梳理并提炼为企业间竞合的三个合作层次，并界定三个竞合层次分别对应的"合"思维及实现的"合"境界。以此为基础框架，比较分析本研究提出的"隔离机制论"与现有竞合理论之间存在的根性差异。

第五，本研究在企业间竞合理论的研究中，引入中国传统文化中的辩证思维与道家哲学观点，以界定基于隔离机制的非契约性竞合模式，包括存在形式、演进机制、实际效果与竞合境界，并以此为基础构建了"合"境界分析框架。本研究首次提出并诠释了基于隔离机制的竞合共生效果所达到的最高层次"合"境界——"不合而合"，推动并深化企业间竞合理论在管理哲学层面的研究，提升非契约性竞合研究的理论高度。

综上所述，本研究充实并完善了企业间竞合研究的理论体系，提出了独特的研究视角，开辟了全新的研究空间。此外，本研究还将企业间竞合理论的分析提升至哲学层面，为我国企业在经营实践中摆脱传统竞争思维束缚，更新经营理念并构建全新竞合战略模式提供理论借鉴。

2. 本研究的实用价值

首先，伴随经济全球化、信息化、网络化竞争程度的加剧，经济社会结构与制度变迁的频率愈加频繁，竞争环境的不确定性呈指数级增加。不确定性加剧一方面促进了知识流动与技术创新，进而刺激经济的急速发展；另一方面又导致了企业核心竞争优势被学习、被模仿甚至被超越的速度不断加快，使企业竞争优势迅速丧失、技术迅速迭代，导致某些产业同质化竞争的现象愈演愈烈，深陷价格战与无序竞争的恶性循环，损害产业的整体利益。上述竞争环境与社会大背景的剧烈变迁，催生了一系列新的企业间竞争形式与战略模式。每一次战略变革的重点都呈现一致性，即彻底颠覆传统竞争理论对企业间关系模式（尤其是直接竞争的企业之间）的界定，重新建构企业竞争优势的基础。显然，新经济背景下，单纯的竞争关系或单纯的合作关系均已无法有效应对竞争环境变迁带来的挑战。越来越多的企业经营者意识到："必须在竞争的同时开展合作"，必须抛弃传统竞争观念的桎梏，来寻求构建新的企业间关系及战略模式。截至目前，企业在竞合战略的思想框架内，基于经营实践已摸索出一些切实可行的竞合模式，但理论层面的相关研究却进展得相对缓慢，既缺乏理论提升又缺少理论解读：第一，理论体系的不完善与较大的研究空白导致现有竞合理论在指导企业竞合实践时存在严重制约；第二，企业间竞合的实践研究也存在较大空白，这导致缺乏行之有效且运作成熟的典型模式进行普遍推广，相关成果的实用性与普适性受到广泛质疑。基于上述背景，企业尽快完成由竞争思维向竞合思维的转型显得尤为迫切。尤其对处于经济转型大环境下的中国企业，加快完成战略思维转型与企业经营理念升级，无疑是摆脱上述现实困境并探索具有普适意义的竞合模式的"高杠杆解"。

其次，中国企业参与全球竞争，嵌入全球价值链需要破除"OEM锁定"。从延伸进入中国本土的跨国公司主导型全球价值链现状看，增长动力具有过度的对外依赖性，仍处于"OEM 锁定"状态，即本土企业与国外跨国公司之间分工的"6 +1"格局尚未彻底改观，其根本性缺陷是本土的技术创新滞后。总体来看，这仍是中国当代一种很典型的经济现象。传统眼光看产业强调"产"，而跨国公司看产业强调"链"。跨国公司的产业链一般有七个环节，跨国公司与中国企业合作，外包出去的主要是生产制造环节，这是跨国公司"两头在内，中间在外"的战略模式。但从跨国公司的全球价值链上看，这种外包部分是价值最低的环节，也是社会成本较高的环节。中国企业面临的现实窘境，恰恰是锁定于全球价值链低端环节，没有与跨国公司在同一平台竞合的资格与能力。因此，中国企业应以战略创新嵌入全球价值链为战略目的，以促进内生性发展。中国面对第一波经济全球化的结束，第二波经济全球化时代的来临，《中国制造2025》提出围绕产业链部署产业技术创新链以加强核心技术攻关和加速科技成果产业化的创新战略方针，"十三五规划建议"也提出"创新发展"的理念。中国更多企业转向创新驱动型，以适应全球价值链的升级变化，意味着以培育更多更新的比较优势，从而推进中国产业发展动力从依赖于要素低价优势、制造业出口导向和高强度投资驱动，转向主动参与国际分工的产业重构与创新升级。在积极嵌入"全球创新链"的过程中，以自主的核心技术与能力驱动与整合更多的全球智慧和国际产能。因此，中国企业客观上存在嵌入"全球创新链"的需要。刘志彪（2015）对在第二波经济全球化背景下，中国如何转变制造业发展方式和在新常态下产业发展的动力机制方面进行了深入的研究，并且首次提出了"全球创新链"的概念。他认为，实施全球价值链转向国家价值链（NVC），国家价值链逐步转向"全球创新链"的发展战略是中国实现身份转变（由"中国制造"到"中国创造"）、拥有全球供应链控制权的必然选择。NVC 是从 GVC 转向 GIC 的一个过渡。本研究认为，在这个转向过渡中，后发企业如何嵌入"全球创新链"是关键问题，或者说提出理论对策以指导企业层面这种转向是当务之急。以竞合的方式嵌入全球价值链几乎成为一种必然的选择。

最后，现有企业间竞合模式的共性特征是竞合关系均以契约为基础，由此衍生的大量沟通、信任、协调等交易成本问题及机会主义行为，已成为企业竞合实践的严重制约。同时，中国企业在文化理念及经营意识等方面的局限性与战略思维转型的时滞性，也构成竞合理论广泛应用的现实障碍，且极大地阻碍了中国企业嵌入全球价值链过程中与跨国企业的融合。本研究试图通过对实际案例反映出的共性特征进行总结、归纳与推演，以此为基础构建基于隔离机制的竞合理论框架，以引导中国企业规避竞合实践中交易成本、违约风险等竞合效益损失问题，为中国企业摆脱"OEM锁定"的现实困境，嵌入全球价值链并实现逆向攀升提供一条有效的突破路径。

基于此，本研究在以下方面为企业（尤其是中国企业）间竞合实践提供理论参考具有现实意义。

第一，通过对"基于隔离机制的竞合效应"内在机理与实现路径的深刻揭示，为具备差别优势的企业间竞争指明了方向，并提供了全新的、具体的战略选择。

第二，重塑企业对战略本质与竞争优势的传统认知，提高企业对自身差别优势的重视程度与有效利用程度。由认知升级带动经营理念和战略思维的转型升级：以多赢共生的竞合思维替代纯粹的竞争思维与合作思维；由动态看待战略与竞争优势的形成替代比较静态观点；由外生性嵌入全球价值链到内生性嵌入全球创新链提供具体的战略指导，以应对网络化、动态化、复杂化的环境变迁，全面提升企业的战略层次与经营境界。

第三，丰富企业间竞合的实证研究。通过扎根于中国社会的文化与制度情境，以此为考察背景的展开跨案例分析，探索出一套兼具实用性与普适性的竞合战略模式。通过理论提升，为中国企业在新时期、新经济背景下嵌入全球价值链，并实现战略思维转型与升级提供理论指导与实践参考。

二、研究思路与研究方法

(一) 研究思路

本研究所以选择将隔离机制作为研究视角，源自对理论与实践两个层面的综合考量：一方面，在现有竞合研究的文献中，基于隔离机制角度展开的研究成果极为少见，存在较大的研究空间；另一方面，企业在经营实践中存在的一些特殊竞合现象——如 Nike 与 Adidas 之间基于隔离机制的竞合现象，目前尚未纳入现有竞合理论的框架体系之内，没有理论可以对这种特殊的竞合现象加以解释。或者说，现有竞合研究的空白领域，还有很多无法有效解读的、实践中已经存在的特殊竞合现象。因此，本研究认为，需要构建新的竞合理论分析框架以解释这一特殊竞合现象背后的运行机理。基于此，本研究通过对现有竞合理论的研究空白和企业竞合实践中存在的特殊现象进行有机整合，提炼出"隔离机制"为研究视角的全新理论命题，切入到企业间"非契约性竞合"的研究之中。从最终目标来看，本研究试图深刻揭示"基于隔离机制的竞合效应"的生成动因、内在机理、运行机制及竞合效果。

本书的研究思路可以总结为如下路径，以探索并解决以下三个主要问题：首先，"基于隔离机制的竞合效应"产生的理论根源是什么；其次，这一竞合效应的生成机理及演进机制是什么？最后，上述竞合效应生成的竞合效益为何，应如何进行细致的考察与分类？如前所述，本研究以隔离机制作为理论视角和研究切入点，采取跨案例分析与理论推演相结合的方式展开研究。其中跨案例研究以质性研究最好的方法之一——扎根理论为基础，提炼概念并构建理论模型。具体研究过程如下：首先，对于企业间竞合实践的特殊现象（Nike 与 Adidas 之间基于隔离机制的竞争现象）进行理论解析与观点提炼，探寻并揭示这一现象的深层理论根源；其后，通过跨案例分析，考察这一特殊现象是否在不同的行业中普遍存在，并推演、总结、提炼其生成机理，然后根据案例分析结果提出理论命题、构建分析框架与理论模型；最后，根据理论模型进行深层面理论阐述与机理分析，论证本研究的理论观点与命题假设，充实并完善之前提出的理论框架。本研究的具体技术路线如图 0-1 所示，分为如下研究模块。

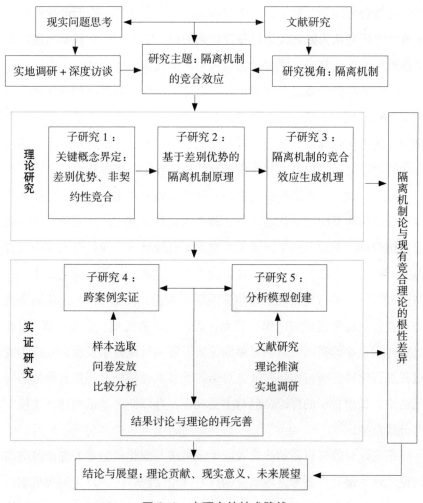

图 0-1　本研究的技术路线

资料来源：本书根据研究内容整理而成。

　　第一，差别优势与隔离机制的原理研究。这一研究模块主要对基于隔离机制的竞合效应生成根源进行深入挖掘。采用以案例考察与理论分析相结合的方式，深入探讨企业间"差别优势"的存在形式及产生根源。通过理论提炼，解释案例中的特殊竞合现象——即以差别为存在基础的隔离机制效果。以此为基础，进一步探究差别优势、隔离机制与非契约性竞合之间的关联机制与作用机理是什么？从这一命题的理论逻辑来看，本研究认为差别优势是隔离机制的前一道工序，并且是实现隔离机制效果的根性基础。同时，隔离机制是生成竞合效益和产生非契约性竞合共生效果的触发点与实现手段，是这一特殊竞合效应得以实现的核心机制。因此，本研究选取隔离机制为研究视角，将差别优势研究作为理论分析的逻辑起点。最后，对上述三个关键概念间的逻辑关系与相互作用机理进行系统思考，并作出清晰的理论界定与概念辨析。

第二，对"基于隔离机制的竞合效应"展开跨案例分析。这一部分属于理论构建型研究的核心环节，即采用质性研究方法从案例中提炼概念建构理论。主要考察基于隔离机制的竞合效果在企业经营实践中是否真实、普遍地存在？本书采用理论构建型研究最好的质性研究方法——"扎根理论"，进行跨案例机理推演及循环检验：通过对样本企业隔离机制的竞合效应生成机理的纵向观测，提炼其演进机制、影响因素等；通过对样本企业的横向考察，对差别优势、隔离机制效果及竞合效应生成过程进行比较分析与循环验证，总结归纳其共性特征并提炼有价值的研究结论，提出初步的理论命题与主要观点，并以此为基础构建理论模型与分析框架。

第三，对隔离机制的竞合效应生成机理与演化机制展开理论推演与讨论。这一部分主要考察本研究的核心理论命题——"基于隔离机制的竞合效应"的生成机理，是否能在理论逻辑的层面经受检验，并且讨论是否存在理论逻辑的悖论。在跨案例分析结果的基础上，本研究对初步构建的理论命题与理论模型进行深层面理论推演与机理分析，论证本研究的核心观点与命题假设的理论正确性及逻辑严谨性。该部分对基于隔离机制的竞合效应进行深层面理论探讨，细致演绎竞合效应的生成机理并进行理论提升，以充实本研究的理论模型与框架体系。通过该模块的研究，揭示上一环节构建的理论模型的深层机理和逻辑，并对竞合效果的具体表现形式加以说明。

第四，这一部分重点考察"隔离机制论"与现有竞合理论的根性差异。本研究提出的理论观点与现有竞合理论的研究体系存在重大差异——竞合关系构建及竞合效果生成不以契约为基础，竞合效应的实现是通过纯粹的竞争行为，而非传统研究框架内的竞合关系。所以，本研究需要选择传统理论范畴之外的视角，重新审视不同竞合效应实现的理论基础、生成机理、演化路径与实际效果。因此，本研究拟通过比较分析的方式，深度探寻"隔离机制论"与现有竞合理论之间的根性差异。这一部分的研究对促进竞合理论框架体系完整性与清晰性具有重要意义，本研究试图将隔离机制论与现有竞合理论框架进行融合，并加以重构。总体来看，本研究的理论观点与传统竞合理论之间的差异，归根结底是理论基础与竞合思维的差异。针对这一点，本研究将该问题的理论探讨提升至管理哲学层面，以便从更深的理论层面、更高的理论角度来解读本研究提出的理论观点与现有竞合理论之间的差异性。

第五，这一部分重点考察本研究提出的理论框架、实现路径等研究结论对我国企业竞合实践的实际意义与作用是什么？理论研究的终极意义在于有效指导实践并创造价值，管理学的理论研究意义尤其如此。因此，本研究期望可以打开基于隔离机制的竞合理论"黑箱"，利用研究成果指导企业的竞合实践，尤其对转型期的中国企业在新技术环境下嵌入全球价值链提出有借鉴意义的理论参考。

(二) 研究方法

本研究所采用的研究方法，主要是基于"扎根理论"的跨案例研究法。案例研究法本是管理学研究的基本方法之一，最适合于研究"怎么样、为什么"这一类型的问题。根据 Yin（2003）的观点：一般来说，单案例研究方法多用于挑战理论，而多案例研究多用于构建理论。本研究主要是通过"扎根理论"（Suddaby.R, 2006）由案例推演理论——"由好故事到好理论"，属于"理论构建型"（Theory Building）的探索性研究，因此最适宜采取多案例研究方法。根据案例研究的范式，一般选择3—6组样本做跨案例最为合适。因此，本研究的案例分析选取了 6 组企业作为分析样本，以期望从多维度提炼证据建构理论，保证研究结果的有效性。根据"扎根理论"的编码技术，本研究从水平竞争、垂直竞争两个维度，深入考察基于隔离机制的竞合效果在企业经营实践中的存在形式与效果，并总结归纳其共性特征。在此基础上，提炼概念、梳理逻辑、并推演出现象背后的运行机理。跨案例研究的基本路径如图 0-2 所示。

为了提高案例分析结论的信度与效度（案例研究结果必须客观切可以对我国企业的竞合实践具有指导意义），案例样本的数据采集必须建立在实地调研与问卷调查的基础上，保证案例证据以一手资料为主，以及证据的时效性。同时，样本资料收集以考察中国市场（跨国公司为大中华区）获取的数据为准。通过对样本企业负责人、职能部门经理、一线员工的半结构化深度访谈，探究考察对象对企业自身、供应商、下游厂商及主要竞争对手的差别优势、隔离机制作用及非契约性竞合共生效果的认知与评价。在比较分析与交叉检验的基础上，本研究归纳并提炼研究结论，验证本研究提出的理论命题并构建理论模型与分析框架。此外，本研究对样本的选取严格按照跨案例研究的规范：第一，样本企业兼有中国本土企业与海外跨国公司，涵盖国有企业、民营企业及跨国公司等多种不同的企业属性；第二，样本企业覆盖生产制造、食品、运动休闲、电子信息、家用电器、家居用品零售等多个行业与经营领域，保障跨案例研究样本的多维度，综合检验案例分析结果的效度及研究结论的普适性。

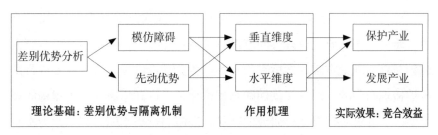

图 0-2 案例研究的基本路径

资料来源：本书根据案例研究过程绘制而成。

同时，本研究还涉及管理学、经济学、中国传统文化中的"和合"思想与道家哲学等多学科的交叉与融合。同时，企业间竞合理论的研究（尤其是本研究的相关研究成果）直接建立在产业竞争理论、资源基础理论、核心能力理论、交易费用理论等理论基础之上，承继与企业竞争战略思想的自然演变。本研究选取基于跨案例分析的研究方法，对研究对象的多维结构进行深度解析具有重要意义，并且多学科的碰撞与交融也有助于提炼更有参考价值的理论观点。

此外，跨案例的研究方式，侧重从过程演绎的角度，描述生成隔离机制竞合效果的实现过程（演化研究）：从企业的核心资源与能力形成差别优势，到隔离机制作用下生成竞合效应，最后实现竞争企业间的非契约性竞合共生；隔离机制的竞合效应机理的演化路径则是：核心资源与能力→差别优势→隔离机制→竞合效果→核心资源与能力的巩固与升级，一个动态演化的系统循环。本研究通过对上述运行机理及所实现的"合"境界的理论探讨，深刻揭示差别优势、隔离机制的竞合效应、非契约性竞合之间的内在机理与逻辑关系。

三、研究内容与结构设计

（一）结构设计

从本书的结构设计来看，分为如下部分：本书的导论和第一章为总论部分。首先导论对研究的主要问题、研究背景、研究思路、技术路线、研究方法及研究设计等问题进行了概括性介绍，并具体交代本研究的创新点与理论贡献。然后在第一章对竞合理论的现有研究成果进行系统性梳理与回顾。通过文献回顾与理论评述，论证本研究视角建构的理论基础，并说明现有竞合研究的现状、局限与可研空间。第二章为本研究的理论原理部分，这也是本研究的理论基础。这一部分主要从机理层面，探究"隔离机制的竞合效应"产生的根源——差别优势原理与隔离机制原理。以此为基础，对隔离机制的竞合效应的产生原理进行了初步阐释，并以此作为本研究的逻辑起点；第三至六章为本研究的主体部分，通过跨案例考察与理论分析相结合的方式，对隔离机制的竞合效应生成机理及演进机制进行系统性分析。其中，第三章为跨案例分析，通过对6组样本企业的交叉考察，详细描述隔离机制的竞合效应在企业经营实践中的存在状态，推演并总结其生成过程中呈现的普遍规律与共性特征，并构建初步的分析框架与理论模型；第四至五章为隔离机制的竞合效应生成机理的深层面理论探讨。这里主要通过深入的理论阐述来论证案例分析结果在理论逻辑层面的正确性，充实并完善本研究的理论观点与框架体系。以第二至四章研究成果为基础，第五章对本书提出的"隔离机制论"与现有竞合理论之间的根性差异展开比较研究：将非契约性竞合的理论研究提升至管理哲学层面，并按照竞合境界的差异划分三个竞合层次，构建"合"境界分析框架；第六章为本书的结论部分。在上述研究的基础上，归纳总结本书的核心观点与研究结论，提出一个相对完善的理论构念与框架。

（二）研究内容

本书一共分为七个部分，每一章节的具体研究内容如下所示。

导论部分。这一部分总括性介绍了本研究的主要问题、研究背景及研究意义，简要阐述本研究的主要内容、主要思路与结构设计，并概括性总结本研究的主要创新点。以引导读者对本书的核心内容做一个概览性的了解。

第一章的内容为文献回顾与理论述评。这一部分重点厘清了企业间竞合战略及其相关理论自提出以来的理论脉络：分别从竞合理论框架构建、企业间纵向竞合关系、企业间横向竞合关系、企业间竞合关系的主要影响因素、企业间竞合的测量等几个主要方面对相关文献进行回顾与述评。该章节在理顺企业间竞合理论演进历程的同时，清晰呈现现有研究的理论构架、研究局限与研究空白。这一章节的分析，为本书的研究视角提供了理论依据。文献回顾的结果显示，本书的研究视角超出了现有竞合研究的理论范畴，将充实并完善现有企业间竞合理论体系并填补非契约性竞合的研究空白，是一个较为新颖、独特的研究视角。

第二章，主要探讨隔离机制的竞合效应得以有效实现的根性基础——差别优势与隔离机制原理。这一部分重点提出并界定本书的一个核心概念："差别优势"，并将其与经济学领域的比较优势、绝对优势进行比较分析。以此为基础，本研究得以对 Nike 与 Adidas 在竞争实践中的特殊现象进行界定，并通过观点提炼与理论提升，将其升华为"基于差别优势的隔离机制效果"。以此为理论研究的逻辑起点，该部分详细阐述隔离机制竞合效应的理论基础，并清晰展示这一原理的内在理论逻辑。最后，本章揭示了基于差别优势的隔离机制效果的基本实现路径："核心资源与能力→差别优势→隔离机制→竞合效果→核心资源与能力的巩固与升级。"

第三章，主要进行跨案例分析。这一部分依据"扎根理论"的研究方法与编码技术，对选取的 6 组样本企业进行深入分析与循环检验。根据三级编码过程对初始范畴、主范畴及核心范畴的提炼，本研究推演并提炼出隔离机制的竞合效应生成机理及演化机制，并按照案例样本呈现出的共性特征与内在理论逻辑，构建一个初步的分析框架与理论模型，为后续研究的理论分析进行铺垫。这一章节的案例分析结果——"基于隔离机制的竞合效应机理模型"是本研究的理论核心，后续章节将围绕这一核心理论框架展开进一步的研究。

第四章，重点讨论隔离机制的竞合效应生成机理。基于案例研究建构的理论模型，本研究按照水平竞争与垂直竞争两个维度，对竞合效应生成机理进行理论推演与细致分析。本章节的理论研究是对案例分析提出的理论观点进行整合与提升——针对竞合效应的实现方式、演进路径及竞合效益的表现形式，进行细致划分并理顺内在逻辑关系。理论推演是案例分析的延伸，归纳竞合效应所呈现的共性特征，以论证、充实、完善上文提出的理论模型。基于此，本研究将上述理论设想提升为一个完整的理论体系——"隔离机制论"，构建一个机理明晰、逻辑严密的理论框架。

第五章，重点讨论"隔离机制论"与现有竞合理论之间的根性差异。首先，按照契约在企业间竞合过程中的具体存在形式及对竞合效果的影响，将企业间竞合关系划分为三个层次。基于对不同层次竞合关系的细致讨论，解释不同层次竞合关系实现的"合"境界，以此构建一个界定企业竞合层次及竞合境界的分析框架。需要强调的是，本研究创建性地界定本书提出的"隔离机制论"所达到的的竞合境界——"不合而合"。依照这个分析框架，本研究从契约形式、时间框架、驱动模式及竞合效益等多个维度，细致归纳"隔离机制论"与现有竞合理论之间的根性差异。这一部分研究实现了理论跨界——引入了中国道家"无为、不争"的哲学思想、辩证思维及中国传统文化中的"和合"思想，将企业间非契约性竞合研究提升至管理哲学层面。

第六章，重点总结本书的研究结论、研究局限及未来进一步深入研究的展望。这一部分高度凝练地概括本书的核心思想与研究结论，并详细列举文章的研究局限及有待进一步完善之处。同时，在此基础上，将未来有可能的后续研究领域进行展望，提出可以在本书研究基础之上，继续深入探究的领域和课题。

四、主要创新点

(一) 创新点一：提出"差别优势"与"非契约性竞合"的理论构念

本研究提出了"差别优势"与"非契约性竞合"的理论构念，并以此为基础提出了"基于差别优势的隔离机制效果"的理论设想。概括来说，就是在隔离机制作用下，具备差别优势的企业之间，通过纯粹的竞争行为产生竞合共生的合作效果。现有文献对于企业间竞合的研究均以契约为存在基础，并已形成多种理论观点与分析框架。但仍存在不可忽视的研究局限：现有成果无法形成完整的理论体系与清晰的理论脉络；由于竞合测量分析框架与指标体系的缺失，导致企业间竞合的实证研究尚不成熟；对于以契约为基础构建竞合关系并产生竞合效应以外的研究尝试极少涉猎。因此，本研究提出的非契约性竞合的理论构念具有较强的创建性。

(二) 创新点二：构建"隔离机制的竞合效应机理模型"

本研究引入基于"扎根理论"的跨案例分析方法，通过翔实的案例描述与三级编码过程，提炼样本数据呈现的共性特征并将其概念化，推演出理论观点并构建"隔离机制的竞合效应机理模型"，提供一个在以契约为基础的竞合关系之外实现竞合效果（产生竞合效益）的可能性，并描述隔离机制的竞合效应形成的演化路径。这一创新性研究视角的引入，是探寻现有竞合理论范畴之外研究空间的一次尝试：既有利于完善企业间竞合研究的理论体系，又提供一个从更高的理论构面、更宽广的研究视野来审视并理解企业间竞合的新角度。这一理论模型作为本研究的理论核心，也超越了现有竞合理论的研究范畴。

本书采用的理论模型构建方式是遵循"好故事到好理论"(黄江明等，2011) 的逻辑链条，不同于先提出理论命题或假设，再通过案例进行佐证的传统研究方式：一方面，案例样本数据取自企业的经营实践的一手及二手资料，具有较高的可信度；另一方面，案例分析结果源自企业经营实践的总结、归纳与提炼，以此为基础构建的理论对企业极具借鉴意义，具有较强的可行性。同时，采用这一研发方法来构建理论模型，也符合管理学"源于实践，高于实践"的理念和宗旨，可以避免理论研究中"先验性假设"或现有理论产生的"先入为主"的干扰，得出的研究结论更为客观，更为科学。

（三）创新点三：提出"合"境界分析框架

本研究分别从理论基础、生成机理及实际效果三个方面对"隔离机制论"与现有竞合理论进行比较分析，并总结归纳二者存在的根性差异。同时，按照契约在竞合关系中的存在形式及作用差异，本研究划分出"契约性合作"、"超契约性竞合"及"非契约性竞合"三个竞合层次。并以此为基础，引入中国传统文化的"和合"思想与道家"无为、不争"的哲学理念与辩证思维，构建"合"思维与"合"境界分析框架，以界定上述三个竞合层次所达到的"合"境界。本研究提出观点，"基于隔离机制的竞合共生"效果达到了"无为而为、不合而合"的最高层次的"合"境界——不合而合。这一分析框架的创建，对本书的理论观点进行理论升华，并将企业间竞合研究提升至管理哲学层面。

上述基于研究视角、分析模型等方面的理论创新，对于认识与理解基于隔离机制的竞合理论与现有竞合战略理论之间的关系、差异及境界，具有理论借鉴意义；同时，为我国企业在经营实践中实现战略思维转型与升级提供参考。

第一章　文献回顾与述评

第一节　竞合理论研究回顾

在竞合理论被正式提出之前，诸如企业战略、市场营销等众多领域的学者都曾提出过"竞合"的战略理念。但上述观点只停留于基础的战略尝试阶段，并未形成系统的理论体系，因此提出的竞合观点因不成体系而未引起学术界的足够重视。此外，在竞合理论正式成为企业战略的一个重要的研究领域之前，竞争理论是企业间战略研究的主流，竞合理论只能作为一个新颖的战略理念而进行探索性的尝试。因此，本研究关于竞合理论的文献回顾与述评，将从竞争理论的演进与向竞合理论的变迁着手，以明晰竞合战略思想的源起、演化及最新的进展。

一、竞合理论的探索性研究

（一）竞争理论向竞合理论的演进与变迁

竞合理论被正式提出之前，竞争战略与合作战略一直是企业间战略选择的主流思想。这主要源于传统战略思想框架内形成的战略认知，即竞争与合作是对立的，是不能共存于统一战略模式之下的。因此，战略认知的局限也导致了企业战略选择易走向的两个极端，没有相互融合的战略空间，企业战略思想亟待一次辩证统一的认知升级。竞合战略思想问世之前，企业间的关系要么是纯粹的竞争关系，要么是纯粹的合作关系。竞争战略与合作战略似乎是相互矛盾、相互对立且无法共存的两种战略理念。而企业间竞合战略思想的提出，颠覆了企业战略思想的观念束缚与传统认知，客观上极大地推动了企业战略理念的转型与升级——存在竞争关系的企业之间，可以通过建立合作关系实现共赢。

从战略管理思想的发展脉络来看，竞合理论与竞争理论一脉相承，是竞争战略与合作战略的融合与升级。截至目前，竞合战略思想是竞争战略理论的最前沿，可视为由竞争战略思想演变的一种特殊形式。所以，从理论起源来说，梳理竞合理论的发展脉络，必先从企业战略思想开始，尤其是竞争战略思想的演变与竞合战略思想一脉相承。因此，本研究正式系统梳理竞合理论之前，首先要将竞争战略理论（思想）的演进历程做一下简要评述。

现代企业战略管理思想发端于 20 世纪 60 年代的美国，历经战略规划理论（Strategic Planning）、环境适应理论（Environmental Adaptation）、产业组织理论（Industrial Organization）、核心能力学说（The Core Competence）、资源基础理论（Resource-based Theory）、战略的制度观（The Strategic System View）等理论沿革。依照不同流派的盛行时期，战略管理思想的演进历程大致分为四个主要阶段，分别是：经典战略理论（80 年代前）、战略的产业观（80 年代）、战略的资源观（90 年代）及战略的制度观（90 年代后）。历经不同理论流派的持续论战、相互批判与长期的理论融合，不同流派观点的争论核心日益凸显——"如何帮助企业创建可持续的竞争优势"。

20 世纪 60 年代是经典战略理论的形成时期，在美国萌发了最早的现代企业战略思想。现代战略管理思想形成初期的主流战略是"战略规划理论"。安东尼（R.N.Anthony）、安索夫（H.I.Ansoff）与安德鲁斯（K.R.Andrews）的研究共同奠定了战略规划的理论基础，三人的研究成果被界定为战略管理思想研究领域著名的"三安范式"（Anthony-Ansoff-Andrews Paradigm）。该理论认为，企业竞争战略思想的核心是"战略规划"对商业机会与企业资源进行有效匹配所发挥的作用（周三多、邹统钎，2003），因此，战略规划理论盛行的时期也可理解为战略的匹配观。除"三安"外，克里斯滕森（C.Christensen）、钱德勒（A.D.Chandler, Jr）等学者提出的战略思想也为奠定该范式的理论基础作出重要贡献。不仅在理论层面成为当时战略思想的主流范式，这一理论在企业竞争实践中的应用也极为广泛，并进一步实现了新的理论突破：如波士顿管理咨询公司的两大研究发现："经验曲线"（Experience Curve）与"成长份额矩阵"（Growth-share Matrix，也称 BCG Matrix），以及后来 GE 公司在成长份额矩阵基础上构建的"GE 矩阵"。在"三安范式"的理论背景下，波士顿咨询公司在后续管理咨询实践中还陆续贡献了一系列应用性极强的理论观点与模型，如"定价悖论""市场份额论""三四率"等一系列影响至今的著名理论。这一时期与"三安范式"影响力不相上下的另一重要理论，来自产业组织理论的主流学派——哈佛学派的学者（以 Bain 为代表）构建的"SCP 范式"（Market Structure – Conduct – Performance Paradigm）。这一理论体系尝试从市场结构（Structure）、市场行为（Conduct）、市场绩效（Performance）三个战略维度，构建企业战略分析框架，探究影响产业发展战略的相关议题（Bain，1968）。

20 世纪 70 年代，经典战略思想进入了黄金时期，企业竞争战略思想的主流学派亦由"战略规划理论"演变为"环境适应理论"。这一时期，企业战略关注的焦点再次发生转移，由企业内部的战略规划转移至企业的外部环境对企业战略选择的影响。这一理论范式虽然对战略规划学派的观点进行了反思与修正，认为现实的战略"往往是不断试错的结果"而非可设计、可预测的静态战略规划，后者显然难以适应动态变化的复杂竞争环境，"最根本的一点是未来无法预测"。但从战略的本质来看，环境适应理论仍然属于战略的匹配观，即外部环境蕴含的战略机遇和企业内部资源与能力的有效匹配，并以此建构企业的核心竞争优势。因此，环境适应理论强调把研究"环境的不确定性"作为战略重心，关注企业如何适应环境并制定合适的战略。这一时期的代表性观点有"脚本分析"、林德布鲁姆（Lindblom.C.E）的"摸着石头过河"（Muddling Through）、奎因（J.B.Quinn）的"逻辑渐进主义"（Logic Incrementalism）及明茨伯格（H.Mintzberg）与沃特斯（J.Waters）共同提出的"应急战略"（Emergent Strategy）等。战略规划理论、环境适应理论的盛行时期，共同构成企业竞争战略的经典战略形成阶段。

进入 20 世纪 80 年代，主流战略思想再次发生演变。由环境适应理论演变为产业组织理论与通用战略，即战略的产业观。这一理论范式侧重于研究市场结构（行业特征、产业结构、市场地位等因素）与企业经营绩效之间的关系，是引入经济学方法来分析管理问题。最具代表性的理论是哈佛商学院教授迈克尔·波特（Michael Porter）提出的"产业竞争理论"——从产业组织的角度研究竞争战略与企业竞争优势。战略的产业观批判了经典战略理论对生产要素与规模经济性的过分依赖："在产业竞争中生产要素非但不再扮演决定性的角色，其价值也在快速消退中"，"规模经济理论有它的重要性，但该理论并没有回答我们关心的竞争优势问题"（迈克尔·波特，2005），产业竞争力及企业在产业结构中所处位置对竞争优势的构建更有价值。这一时期，"不确定性"（Uncertainty）、"有限理性"（Bounded Rationality）、"信息不对称"（Information Asymmetry）、"机会主义"（Opportunism）、"资产专用性"（Asset Specificity）等经济学概念越来越多被引入战略管理领域的研究，以解释竞争优势的来源。包括交易成本理论、博弈论等经济学理论也在这一时期被正式引入企业竞争战略的研究领域。波特提出，企业应依靠"差异化"（Differentiation）、"总成本领先"（Overall Cost Leadership）及"目标集聚"（Focus）三种通用战略来构建竞争优势，后来又将上述战略选择调整为一个涵盖四大策略的战略组合："总成本领先、差异化、成本领先聚焦化、差异聚焦化。"除上述观点外，这一理论范式还将"战略执行能力"作为产业结构及企业所处位置之外同等重要的竞争优势来源。麦肯锡咨询公司根据产业组织理论的核心观点进行拓展研究，并提出了"7S"理论框架，认为战略（Strategy）、技能（Skills）、结构（Structure）、员工（Staff）、风格（Style）、系统体制（Systems）与共享价值观（Shared Values）七个要素共同构筑企业的竞争优势。但这一框架仍属于比较静态的战略分析框架。在后续的研究中，学者们逐渐发现一个关键的战略问题：没有任何的战略过程可以构筑永久性的竞争优势，企业间的竞争优势总是处于一个不断被打破、不断被重筑的动态循环。因此，从这一时期开始对企业竞争战略选择与企业竞争优势之间的逻辑关联有了全新的认知，企业竞争战略也逐渐由静态竞争战略向动态竞争战略转型。

进入20世纪90年代，企业战略思想的主流是以战略的资源观为基础形成的。伴随竞争环境的剧烈变迁与企业自身的认知升级，战略关注的焦点再次发生转移——由企业的外部环境（产业结构）转移至企业内部的资源与能力，即认为竞争优势的真正源泉，是企业拥有的难以模仿的、独特的资源与核心能力。换言之，企业竞争优势的来源是企业内部而非企业外部。由此，"资源基础理论"与"核心能力学说"，即资源基础学派应运而生。这一理论范式认为，源自企业独特性资源与能力的竞争优势是促成企业成功的关键因素，而这些因素是对手难以模仿的，包括异质性资源、战略执行力及创新与文化等，代表性学者如普拉哈拉德与哈默（C.K.Prahalad & G.Hamel，1990）等人。战略的资源观则修正了战略的产业观关于竞争优势的比较静态观点：没有任何战略过程可以构筑永久性竞争优势，竞争优势总是处于一个不断被打破，不断被重筑的动态循环。"既要进入有吸引力的行业，同时也要培养别人无法模仿的核心能力"——持久竞争优势的关键是拥有对手难以模仿的独特性资源与能力（C.K. Prahalad & G. Hamel，1990）。Jay B. Barney（1991）通过"VRIO框架"，对可作为竞争优势来源的独特性资源与能力进行了界定：有价值的（Valuable）、稀缺的（Rare）、难以模仿的（Inimitable）以及组织化的（Organized）。

继经典战略观（20世纪80年代前）、基于产业的战略观（80年代）、基于资源的战略观（90年代）之后，伴随新兴经济体（中国、印度、巴西等）的强势崛起与新兴经济国家融入全球经济过程中的制度转型，全新的战略管理思想——"战略的制度观"应运而生。基于制度的战略观与前述战略管理思想的区别是：致力于从制度、组织、战略的关系整合的基础上进行综合研究，考察多维度战略要素对企业战略选择及竞争优势构建的影响。该理论范式建立在两个核心假设基础之上：第一，所有的管理者和企业都是在特定制度的约束下（制度情境）理性地追求利益，并作出战略选择；第二，当正式和非正式制度共同支配企业的行为时，非正式制度会在正式制度约束失效时发挥重要作用。基于上述理论假设，该战略范式构建了"制度、组织、战略选择"内生互动的理论框架（Mike W Peng，2000，2002）。该范式的核心观点是：企业战略（竞争优势构建）是制度、组织、文化、伦理相互演化的结果。从战略管理思想的构成体系来看，战略的制度观与战略的产业观、资源观共同构成了现代企业战略思想体系的三大支柱。

截至21世纪初，互联网背景下的知识经济、分享经济对传统企业竞争战略思想产生了颠覆性影响，倒逼企业战略再次加速变革——由静态竞争战略到动态竞争战略的转型，并催生了一系列影响深远的战略创新：如大规模定制（Mass Customization）、时基竞争（Time-based Competition）、归核化（Refocusing）、虚拟组织（Virtual Organization）、学习型组织（Learning Organization）及竞合战略（Co-opetiton Strategy）等。基于上述理论脉络的系统梳理可以得出结论：竞合战略与竞争战略同根同源、一脉相承，竞合战略是竞争战略在新竞争环境下的自然演化的必然产物，也是竞争战略思想与理论研究的最前沿。竞合战略作为竞争战略在新技术环境下文化、制度与技术变迁的综合作用下应运而生的新型战略模式，可视为企业竞争战略的一种特殊性形式。综上所述，现有企业竞争战略的演进历程及理论分野如表 1-1 所示。

表 1-1　企业间竞争战略演进及理论分野

代表人物	年代	核心	理论贡献	分析工具
R.N.Anthony H.I.Ansoff K.R.Andrews Bain	20 世纪 60 年代	战略规划	最早的公司战略 最早的企业竞争理论 "SCP 范式"	公司远景 SWOT 分析
Lindblom Quinn Mintzberg	20 世纪 70 年代	环境适应	"契合"战略 "渐进"战略 "协同"战略	脚本分析
M.Porter	20 世纪 80 年代	竞争优势 构建	产业结构论 基于价值的战略	五力竞争模型 价值链模型
G.Hamel& C.K.Prahalad Barney	20 世纪 90 年代	企业独特 性与成长	有形与无形资产与能力 企业优势源泉 核心竞争力	有价值资源的特征
Mike W Peng	21 世纪初	基于制度 的战略选 择	制度角色转变 制度的战略作用 制度、组织、战略内生 互动	"制度—组织— 战略"模型
Brandenburger & Nalebuff	21 世纪初	竞合互动与 价值创新	"博弈论"分析框架 改变博弈要素与价值生成	"价值网"模型

资料来源：本书根据竞争战略思想的演进历程归纳整理而成。

　　基于上述分析，战略管理思想的演进脉络清晰可见：战略属性由单一要素驱动的比较静态战略向多元要素互动的动态战略转型升级，战略导向越来越重视"未来导向"与"共享导向"（周三多、邹统钎，2003）。全球化与网络经济颠覆了传统战略思想的现实基础——单纯的竞争已难以维系持久的竞争优势，企业经营者不得不反思应如何"重构竞争的基础"并"创造未来"，越来越意识到"损人利己的时代已结束……为了竞争必须协作，以此取代损人利己的行为"（乔尔·布利克、戴维·厄恩斯特，1998）。自此，"合作战略"作为竞争战略的延伸（或特殊形式）被纳入企业战略的研究范畴，其本质是一种"竞争力聚合"（桂萍、吴涛，2002），代表观点如"协作型竞争"（乔尔·布利克、戴维·厄恩斯特，1998），具体形式包括战略联盟、联合经营、合作生态系统及合作网络组织等。G.Hamel & C.K.Prahalad（1989）指出，"合作是另一种形式的竞争"，存在竞争关系的企业间共同远景可以通过相互合作或合作性质的行为来实现。"现代概念的合作过程并未弱化竞争，而是在动态的合作中产生了新型竞争者、构筑了新的行业体系、创造了新的竞争类型（本杰明·古莫斯，2000）。"新的战略理念（合作战略）要求企业作出如下战略改变：（1）关注未来而非沉湎于过去；（2）关注内部独特资源而非外部环境；（3）建立共同远景，而非刚愎自用（G.Hamel & C.K.Prahalad，1990）。"未来的竞争就是不断创造与把握新的商机的竞争，即重新划分新的竞争空间的竞争"。（G.Hamel & C.K.Prahalad，1994）关键是要完成两项工作：一是重塑现有的竞争空间，改变现有的游戏规则，即改变现有行业竞争优势的基础；二是创建一个全新的空间。

从组织间关系的视角来看，合作战略依然没有突破竞争思维，战略选择依然囿于"二分法"的思维局限：同一关系框架内，竞争或合作只能任选其一。截至目前，战略思想依然存在一个隐藏的理论假设，即"争"与"合"不能共存。伴随网络经济的发展及市场与企业的相互融合（李海舰、聂辉华，2004），合作与竞争呈现出交相融合的趋势：处于持续多变的不确定性环境下的企业，只有通过建立互赖共生的伙伴型关系，实现资源或能力的互补，才可能掌握足以维系企业持续成长的全部资源与市场机遇。至此，"使人兴奋的战略新学派"——竞合理论（Co-opetition Theory）应运而生。竞合战略思想代表着竞争与合作可以实现共存，是一种战略思维的"三分法"，填补了竞争战略和合作战略的中间地带。竞合理论作为组织间关系研究的重要前沿领域（刘衡等，2009），最终超越了传统竞争思维，致力于在"竞争—合作"的二维结构中寻求共生的最佳均衡点，建立了"新竞争"背景下的一种有别于传统竞争战略思想的关系结构。基于以上文献回顾与梳理，本研究将从竞争理论到竞合理论的演进路径归纳为图 1-1。

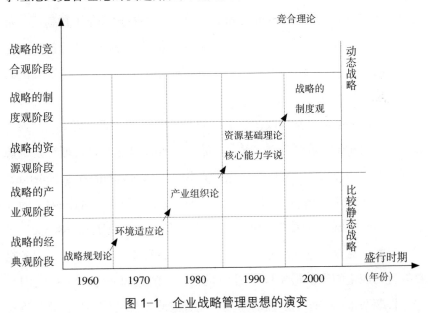

图 1-1 企业战略管理思想的演变

因此，本研究得出结论：纵观企业战略思想的发展历程，可将企业战略理论归纳为如下演进路径："竞争战略→合作战略→竞合战略"，这也是战略管理思想的演化与变迁的路径。从理论起源而论，竞合战略承继于企业战略管理思想的自然演变，可视为是对竞争理论的一种"破坏式创新"。基于以上研究可以看出，本章节对战略管理思想的纵贯式分析与系统性梳理，上承战略管理思想的源头与理论演进，下启战略管理思想的理论最前沿——竞合战略，为进一步梳理竞合理论的起源、发展及演化奠定理论基础。

（二）竞合理念的提出

竞合的现象与理念脱胎于自然界物种为适应环境变迁的自发行为，

投射于商业领域即演化为"竞合战略"的初始概念。这一战略理念最早由哈佛大学教授 Adam M.Brandenburger 与 Barry Nalebuff（1996）正式引入企业战略领域，并首创了"竞合"（Co-opetition）概念（也称"合作竞争"或"合争"）。二人的合著《竞合战略》奠定了竞合理论研究的基础框架，是竞合战略思想的开山之作。他们的主要贡献是在竞争框架内引入了"互补者"（Complementors）变量，并在此基础上构建了"价值网"（Value Net）分析模型，用以演绎复杂网络环境下的价值生成与分配的过程。这一理论框架实现了对传统竞争战略思想分析框架的超越，打破了迈克尔·波特（Michael Porter）对竞争关系是一种"零和博弈"的界定：竞争过程只改变价值总量的分配，没有新价值生成。换言之，"赢"的前提是对方要"输"。而与之不同的是，竞合理论是"源于对竞争对抗性本身固有的缺点的认识"（Brandenburger & Nalebuff，1996）的一种战略改进或战略提升。通过改变参与者（Players）、附加值（Added Value）、规则（Rules）、策略（Tactics）及范围（Scope）等战略要素，克服传统战略思想过分强调竞争的弊端（被迫让步、竞争报复等行为产生的价值损失），产生新的机会及随之而来的丰厚利润回报，关注长期回报而非眼前利益的得失。竞合战略思想的核心逻辑是实现竞争企业间的多赢共生。与竞争理论的根本差别在于，竞合过程是一种"非零和博弈"，同时改变价值生成与分配，即"赢"的前提不再是对方要"输"，战略过程中伴随新价值的生成与共享，共同做大。

竞合理论的思想源远流长，雏形产生于 1989 年，Novell 公司首席执行官 Ray Noorda 最早提出了"竞合思想"这一全新理念，但因缺乏系统的理论构建而未成体系。受当时主流竞争理论思潮（当时盛行的理论主要是产业竞争理论与资源基础理论）的影响，这一极具颠覆性的战略理念并未引起足够轰动，学术界与企业界似乎认为这一战略理念过于超前可能无法实现而未能足够重视。伴随经济全球化及信息网络技术的日益进步，经济社会运行的形态与方式也发生了根本变化。企业间关系网络化（社会网络）的趋势日益明显，无论是处于密集网络或松散网络中的企业，都不可避免地与其他企业形成"你中有我、我中有你"的相互影响、相互依赖的关系。这是企业嵌入社会网络后的必然结果，也必然导致已有的单纯的竞争或合作关系不足以应对如此复杂的竞争调整。竞争环境的剧烈变化导致单纯的竞争关系或合作关系已不足以维系企业的竞争优势，越来越多的企业意识到："损人利己的时代已结束……为了竞争必须协作，以此取代损人利己的行为。"（乔尔·布利克，1998）

　　无论在经济学还是管理学领域，均有学者对竞争与合作两种战略的相容性进行过大胆尝试与理论探索。众多学者虽未能提出完整的竞合理论观点，但都对竞合战略的可能性等问题提出过大胆的理论预测：如经济学家 Alfred Marshall 曾预言："竞争也可使人走上，而且现在的确正在使人走上合作以及各种好的和坏的联合的道路。"而管理学家 G.Hamel 与 C.K.Prahalad（1989）则更进一步，通过对战略联盟的深入研究，明确强调并肯定了"竞争者之间合作及相互学习"的重要性，指出"合作是另一种形式的竞争"这一前瞻性论断。二人的研究成果尤其强调，存在竞争关系的企业之间应共同改变传统的战略认知，并积极作出以下战略改变：（1）关注未来而非沉湎于过去；（2）关注内部独特资源而非外部环境；（3）建立共同远景，而非刚愎自用（G.Hamel & C.K.Prahalad，1990）。可以看出，他们的学说是一种基于"未来导向"与"共享导向"的企业间战略，并且指明了企业间竞争与合作关系重构的可能性——存在竞争关系的企业之间，其共同远景可以通过相互合作或合作性质的行为来实现。之后，G.Hamel 与 C.K.Prahalad（1994）在合作出版的著作《竞争大未来》一书中，进一步阐释企业未来导向的战略思想，并大胆预言：未来企业间竞争战略的演进趋势是竞争与合作并存的形式。企业应"重构竞争的基础"并"创造未来"，这是一种有别于传统竞争理论的战略思想。与竞合理论高度一致的是，通过引入合作或调整影响博弈的因素，来改变甚至重构竞争的基础。Hamel 指出，"未来的竞争就是不断创造与把握新的商机的竞争，即重新划分新的竞争空间的竞争"
（G.Hamel & C.K.Prahalad，1994）：一是重塑现有的竞争空间，改变现有的游戏规则（这与 Brandenburger 与 Nalebuff 的竞合理论观点完全一致），即改变现有行业竞争优势的基础；二是创建一个全新的空间，这在竞合理论框架内体现为通过合作获取新的竞争机会。Brandenburger 和 Nalebuff（1995）在整合前人研究的基础上，提出了更为大胆而明确的竞合观点，他们将传统"竞争者"的概念扩展至更宽广的范围："如果比起单独拥有你的产品，消费者同时拥有其他参与者的产品时对你的产品估价更低，那么，就说明那个参与者是你的竞争者"（Brandenburger & Nalebuff，1995），他们还描述了竞争与合作两种博弈过程，强调应该从竞合博弈的其他参与者角度来预判其可能的策略，并构建相应的应对战略。

进入 20 世纪 90 年代，Hamel 等人的预言成为现实，企业间战略理论的最前沿——"合作竞争"理论（Cooperation-competition Theory）被正式提出并逐渐成为理论热点。竞合战略力量近年来不断引起越来越多学者的关注，被称之为"使人兴奋的战略新学派"。至此，企业间战略思想的演进也最终超越了传统战略思维：由"单打独斗"的排他性竞争思维向与利益相关者（包括直接竞争对手）相互依存、多赢共生的方向转变，并积极寻求与竞争对手在竞争与合作之间寻求最佳均衡点的"新竞争"关系结构。

二、竞合理论的正式提出与理论框架的构建

早期竞合研究致力于理论框架的构建与核心概念的界定，并就部分理论问题提出了探索性的新理念。但问题是体系框架的不够完善，不同学者也仅就各自的研究领域，或立足于某一特定的理论视角对竞合理论的观点进行诠释。很少有学者能够向 Brandenburger 那样提出一整套清晰的、明确的理论框架，对竞合战略思想提出创新性的理论构建方

案。竞合理论研究的早期，学术界虽然就理论的核心观点（包括关键概念）达成了理论共识，但竞合战略作为一种新的理论范式，尚未构建起完整的框架体系。从文献来看，这一时期的研究成果主要集中在以下三个方面：一是竞合概念提出与概念内涵的辨析；二是竞合战略分析模型的构建，以及依照模型对竞合战略过程进行演化分析；三是对竞合理论框架体系的雏形构建和最新观点的补充。竞合早期研究的代表性成果首推 Brandenburger 与 Nalebuff 的理论贡献，二人对竞合战略的概念提出、理论分析模型的创建及理论框架体系的雏形构建，均作出了奠基性的卓越贡献。此外，Joel Bleeke 与 David Ernst 提出的"协作型竞争"理念、Neil Rackham 等人对企业间竞合理论的独特见解及对应的理论模型，也极大丰富并完善竞合理论的框架体系。在此，本研究将详细阐述上述学者的研究成果及其对竞合战略研究的理论贡献。

（一）Brandenburger 和 Nalebuff 的竞合观点及理论分析模型

1996 年，哈佛大学商学院教授亚当·布兰登勃格（Adam M. Brandenburger，1996）与耶鲁大学管理学院教授巴瑞·纳尔巴夫（Barry Nalebuff, 1996）在《哈佛商业评论》上共同发表文章，首创性提出了"竞合"（Co-opetition）（或称为"合作竞争""合争"）的概念。至此，竞合战略作为一种全新的战略管理思想，被正式引入企业间战略的研究领域。同年，他们又将论文中的观点进行拓展与整合，融入到二人合作出版的著作《合作竞争》当中。他们将博弈论的理论体系与分析模型融入企业战略的研究之中，并构建了一个基于博弈分析的竞合战略分析模型。这标志着企业间竞合战略形成了一个具有系统性和理论逻辑严谨性的新兴理论，被正式纳入组织战略的研究领域。

在《合作竞争》一书中，Brandenburger 与 Nalebuff 整合了产业组织理论的观点，以"五种竞争作用力模型"为蓝本，在产业结构分析中导入"互补者"（Complementors）因素，并构建了一个全新的竞合战略关系分析框架——"价值网"（Value Net）博弈模型（如图 1-2）。按照迈克尔·波特的产业竞争观点，共有五种竞争力量共同决定了产业结构及竞争强度，而"价值网"模型突破了这一理论限定。通过引入"互补者"变量，打破传统竞争关系博弈的结构均衡，建立了一种有别于传统竞争视域下全新关系模式。该分析框架认为，"互补者"是决定产业结构及改变竞争博弈均衡的重要竞争（或合作）力量，这也是竞合战略论对传统竞争战略理论的重要拓展与理论修正："合作竞争是一种超越了过去的合作以及竞争的规则。当在共同创建一个市场时，商业运作的表现是合作，当进行市场分配的时候，商业运作的表现为竞争（Brandenburger & Nalebuff，1995）。"Brandenburger 与 Nalebuff 通过价值网模型将竞合过程界定为一个价值生成与分配的过程。具体来说，竞争与合作被界定相互分离但又共存于同一关系框架内：即企业间合作被理解为一个价值生成的过程，而企业间竞争被界定为一个价值分配的过程。"企业经营在它创造一个蛋糕时，是合作；在分割蛋糕时，是竞争……你必须同时竞争与合作，二者的结合要求一种动态的关系，而不是'竞争'和'合作'二字所单独的意思。"（Brandenburger & Nalebuff，1996）

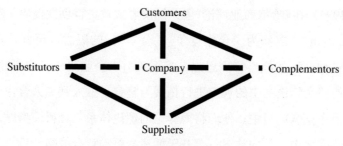

图 1-2 "价值网"模型

资料来源：Adam M.Brandenburger & Barry Nalebuff. *Co-opetition*, Cambridge, MA: Havrad Business Press, 1996。

Brandenburger 与 Nalebuff 的成果是对企业间竞合理论的开创性研究，也是对传统战略管理思想的一次颠覆性创新。其理论构建的模式以竞合战略的价值生成为主线，以"价值网"模型为分析框架，以博弈论为分析工具，深度演绎竞合理论在企业间战略实践中对于价值创新的过程与效果。他们将企业间竞合互动定义为一个在复杂网络环境下的非零和博弈过程，即"企业在共同开拓市场与创造价值时倾向于建立合作关系，在分享价值时倾向于竞争关系"（Brandenburger & Nalebuff，1996）。研究指出，企业经营活动是一种可以实现双赢的非零和博弈，在互相竞争的同时应该开展合作，"合作竞争理论源于对竞争对抗性本身固有的缺点的认识和适应当今复杂的经营环境，是网络经济时代企业如何创造和获取价值的全新思维，强调合作的重要性，有效克服了传统企业战略过分强调竞争的弊端，同时利用博弈理论来制定企业合作竞争战略，强调了战略制定的互动性和系统性"（Brandenburger & Nalebuff，1996），其核心理论逻辑是企业间的共赢共生。

Brandenburger 与 Nalebuff 提出的竞合战略思想可以归纳为一个动态演进的理论逻辑链条：绘制价值链→确定所有商业博弈参与者的竞争或合作关系→实施 PARTS 战略改变博弈过程→分析并比较不同博弈方式及结果→选择合适的竞合战略→扩展商业机会，竞合共赢（Brandenburger & Nalebuff，1996）。这一链条既反映了竞合战略的运行机理和理论逻辑，也揭示了竞合战略实现价值创新的具体路径。按照 Brandenburger 与 Nalebuff 的观点，企业间竞合战略与竞争战略的本质区别是：竞争战略是一个零和博弈过程，竞争双方的互动博弈过程只改变了价值总量分配，而没有新价值的生成，是一个被动参与博弈的过程；而竞合战略是一个非零和博弈过程，竞合双方通过改变影响博弈结果的关键因素实现价值创新，因此是一个主动参与并引导博弈的价值生成过程。

Brandenburger 与 Nalebuff（1996）从竞合博弈的角度重构了企业间竞争与合作的战略选择，即如何在不同情境下选择合适的行动策略（竞争或是合作）：（1）深刻理解并透彻分析企业参与的商业博弈；（2）积极主动地参与博弈；（3）通过改变博弈获得双赢的博弈结果。对于上述竞合战略的核心理念，是通过"PARTS"战略来实现的，这也是对企业间竞合战略的核心解读。"PARTS"战略主要包括五个战略要素（Branden-burger & Nalebuff，1996）：（1）参与者（Players），指参与商业游戏（竞合博弈）的利益相关主体；（2）附加值（Added Value），参与者参与商业游戏而产生价值增值，即通过竞合博弈所实现的价值创新，等于参与者参与或退出竞合博弈而产生的价值差；（3）规则（Rules），规定商业游戏（竞合博弈）框架结构的基本要素，包括法规、惯例、合同条款及顾客偏好等；（4）策略（Tactics），指参与者对于博弈状况的认知、判断及反应，体现为根据对手的博弈选择而拟定的应对方案；（5）范围（Scope），指竞合博弈的边界，具体划分为时间范围与空间范围。二人利用上述战略要素构建了企业间竞合博弈的基本分析框架。在此基础上，改变构成商业博弈过程的任何一个要素，都将影响商业博弈过程的走向，令最初的博弈过程衍生出多个持续变化的动态博弈，继而改变价值的生成与分配过程。

企业间竞合博弈（商业游戏）是一个竞争与合作不断转换的动态过程，"PARTS"战略五要素即是改变博弈（游戏）进程及结果的"杠杆"。尽管要素之间的边界尚需进一步界定，但关键是共同实现了改变竞合博弈本身的战略效果——有新价值生成。竞合博弈过程所呈现的最大商业机会并非源自博弈本身（无论是竞争博弈、还是合作博弈），而在于改变博弈（游戏）本身所产生的新的机会及伴随而来的丰厚利润回报。具体策略如下：第一，改变参与者。除替代者外，价值网模型中的其他四个要素均可以引入新的参与者来打破原有的均衡：（1）引入新的顾客，实现拓展市场边界的效果；（2）引入新的供应商，可以打破供应链原有的博弈均衡状态，导入供应链竞争机制以消除供应商垄断带来的竞合风险；（3）引入新的互补者，可以提升产品（或服务）的顾客让渡价值，扩大市场范围及市场份额；（4）引入新的竞争者，可以共同做大市场总体规模并提升市场份额。第二，改变参与者的附加值，即改变参与者的最终竞合收益。一种情况是，参与者处于垄断地位，其战略重点体现为是否限制及如何限制其他参与者的附加值；另一种情况是市场处于激烈竞争的饱和状态，最佳的战略选择应该是增加自己的附加值而非限制其他参与者，具体方式包括：权衡质量水平及相应的成本结构以寻求最佳平衡点、与供应商和顾客建立紧密关系等；最后一种情况是市场处于需求不足或供应不足的状态，对应的战略选择应该是降低供应商或顾客的附加值。第三，改变游戏规则，战略原则是改变规则中的细节（如契约、合同中的某个条款）以确保博弈过程向利于自身的方向发展。第四，改变策略。在博弈各方信息不对称的"迷雾"中，参与者应通过多种策略手段向其他参与者传递不同的信号，以改变对方对于游戏的认知，进而实现改变博弈本身的目的。第五，改变竞争范围。技术融合的结果产生产业融合，竞争对手往往来自不同产业，但这只限于空间范围，除此之外，还可以改变博弈的时间范围，以改变价值创造的时限与周期。上述策略及效果的归纳如表1-2所示。

表 1-2　"价值网"模型的竞合博弈策略及效果

"PARTS"战略	具体策略	竞合效果
改变参与者 （players）	①引入新顾客 ②引入新供应商 ③引入新竞争者 ④引入新互补者	①扩展市场边界 ②改变产业结构与竞争格局 ③提高价值生成与让渡能力
改变参与者的附加值 （added value）	①垄断市场：限制其他参与者附加值 ②竞争市场：增加自身的附加值 ③供／需不足：降低供应商／顾客的附加值	①改变对手的最终收益 ②改变自身的最终收益
改变游戏规则 （rules）	①改变契约（正式契约） ②改变约定（非正式契约）	①改变博弈进程 ②改变竞争范式
改变策略 （tactics）	①改变自身对博弈认知的策略 ②改变对手对博弈认知的策略	①改变对手认知 ②改变自身处境
改变游戏范围 （scope）	①改变时间范围 ②改变空间范围	①延长／缩短竞争周期 ②产业融合或催生新的产业

资料来源：本书根据 Brandenburger 与 Nalebuff 的著作《合作竞争》及其相关研究成果总结归纳而成。

Brandenburger 与 Nalebuff 通过竞合博弈分析后得出结论：第一，截至目前，受传统战略认知的思维局限，竞争企业之间（尤其是直接竞争对手之间）敢于采用合作策略的尝试者较少，所以发现新的商业机会的潜力巨大；第二，合作战略并不是单纯迫使对手作出让步（如这样则与传统的竞争战略思维别无二致），与对手互利共赢的合作战略更容易被广泛接受；第三，合作战略并不会引致对手的报复，是可以长期保持的战略方向（包括与对手的长期合作关系）；第四，其他竞争对手对竞合战略的模仿，不会抵消竞争优势或带来损失，反而会进一步促进双赢的结局，令整个行业形成竞合场域，而诱发产业性协同效应。

（二）乔尔·布里克等人的观点：协作型竞争

美国学者乔尔·布利克与戴维·厄恩斯特（Joel Bleeke & David Ernst, 1998）[①] 尽管没有明确提出企业间竞合战略的概念，但创建性地提出了"协作型竞争"（Collaborating to Compete）这一独特理论视角的思想，足以彰显其在竞合理论早期研究中所做的贡献。他们基于研究结论，前瞻性地指出：网络经济时代，企业将面临更为错综复杂的竞争与合作的关系。能否在竞争的同时开展合作。将是界定企业成功与否的关键衡量指标之一。他们认为："完全损人利己的竞争时代已经结束，传统竞争方式不可能确保赢家在'达尔文式游戏'中所拥有的最低成本、最佳产品和服务以及最高利润。长期势均力敌的争斗结果只能使自己财力枯竭，难以应对下一轮的竞争和创新。"（乔尔·布利克等，1998）他们强调，企业家应具备国际化战略思维，并以战略性眼光重新审视企业间跨国收购与联营，尤其是存在竞争关系或潜在竞争关系的企业间联营，应视其为"企业能力、市场准入、机遇及资本的套利活动，是企业

---

① 本书所参照的文献为 Joel Bleeke & David Ernst 于 1998 年出版的《协作型竞争》（中文版），而二人的理论观点发表于 1993 年，即《协作型竞争》的英文版：*Collaborating to compete: using strategic alliances and acquisitions in the global marketplace*, Wiley, 1993。

长远发展的战略选择而非短期的一次性经营活动，其关键是维持企业间在联营过程中的公正与平衡"。这一理念可以概括为三条主线：（1）企业需要与传统市场竞争不同的衡量标准来界定成功，即竞争的同时必须开展合作；（2）可以将产业内互相竞争的企业之间（包括潜在的竞争者）的联营视为一种企业能力、市场准入、机遇及资本的套利活动，其关键是保持企业间公正的平衡；（3）必须将国际化战略思维视为企业家的关键素质，并要求其用长远的眼光来看待企业间的跨国收购与联营，视其为受企业长期发展战略影响的一系列相关选择，而非由短期经济利益驱动的一次性经营活动。（乔尔·布利克等，1998）

日本学者大前研一（Ohmae Kenichi）在《协作型竞争》一书中，将需求的趋同化、技术的扩散以及固定成本三方面的重要环境变化界定为企业实施协作型竞争战略的背景。他强调并指出：存在三种最主要的企业间协作型竞争形式，分别是跨国经营、企业并购及战略联盟。他认为，上述战略形式在企业的经营战略选择中的地位日益增强，企业对上述三种战略的深度理解对企业存续与发展具有重要意义。

Joel Bleeke 等人通过麦肯锡公司在三强（美国、日本、欧洲）地区的跨案例跟踪研究，证明东道国具体的法律制度、社会结构及地域文化所形成的进入壁垒是跨国公司在当地建立强大联营所必须要考虑的因素，并给出了建立强大联营的关键步骤，如表 1-3 所示。此外，他们通过归纳麦肯锡公司在美、日、欧等地的丰富实践经验得出结论：跨国公司只要掌握具体可行的协作竞争战略及相关操作能力与技术，就能获得如下效果："（1）美国公司通过协作型竞争获得进入壁垒森严的日本市场的相关优势；（2）日本公司通过战略联盟的形式渗透到产业结构非常复杂的美国市场；美、日和其他国家的跨国公司可以通过类似的方式进入欧洲市场；（3）欧洲公司可以超越各种障碍，成功地收购美国公司。与此同时，摩托罗拉、西门子、索尼、丰田等全世界一流公司的战略选择也表明协作心态的重要性日益增加，仅在日本，荷兰皇家壳牌公司就

有 30 余家合资企业，IBM 公司则有 50 余家。"（乔尔·布利克等，1998）

表 1-3 "协作型竞争"思想的战略联营模式

设 计	谈 判	实 施
①建立强大的竞争力量，不要建立实力平庸的联营企业	⑤在制订战略时考虑到合作伙伴的利益	⑦加强计划，以充分实现价值
②除并购外，还利用其他一系列选择	⑥尽早使冲突明朗化，确保双方的利益平衡	⑧明确规定领导角色
③用实物交换市场和技术		
④同时履行独立的战略		

资料来源：乔尔·布利克、戴维·厄恩斯特：《协作型竞争》，中国大百科全书出版社 1998 年版。

（三）尼尔·瑞克曼的理论观点：合作竞争与产业未来

竞合早期研究中，企业间竞合理论的另一个代表性观点源自美国学者尼尔·瑞克曼（Neil Rackham，1998）。他在竞合论著《合作竞争大未来》一书中，提出了"合作竞争"的全新理念并构建理论框架。他以大量跨案例研究成果为基础，提出了一个衡量企业应该如何选择竞合对象的"四维框架"。四个判别维度分别为（尼尔·瑞克曼，1998）：（1）创造贡献的潜能，是否能在伙伴关系中创造真正、独特的价值，而这是在传统的供应商——客户关系形态下所无法达成的；（2）共有价值，即供应商与客户在价值观上是否有足够的共通性，让伙伴关系真实可行；（3）有利伙伴关系的环境，即客户的购买模式或态度是否适合进行伙伴关系；（4）与供应商目标的一致性，即该伙伴关系是否与客户自己的方向或市场策略一致。此外，他还提出了维系企业间竞合关系的三种关键因素（如图 1-3）：（1）贡献（Contribution），指建立合作竞争关系之后能够创造的具体有效的成果，主要来源于减少重复与浪费、彼此能够借助对方的核心能力以获益和创造新机会三个方面；（2）亲密（Intimacy），指成功的竞争合作关系，即平等互惠、互信和信息共享；（3）远景（Per-spective），指企业间合作关系的导航图，能够生动描绘出合作关系所能达到的共同目标及实现方法，分别是：评估伙伴潜能、确定发展伙伴的前提、合作可行性评估小组、确定小组中的角色、共同创造共享远景。他还指出："真正的企业变革，指的是组织之间应以团结合作、合力创造价值的方法来产生变化；公司发展出新的合作经营方法，协助企业取得前所未有的获利与竞争力"。（尼尔·瑞克曼，1998）

（四）其他学者对竞合理论框架构建的贡献

至此，基于 Brandenburger 等人的理论贡献，学术界对于竞合概念与内涵已基本达成理论共识。竞合的概念与内涵普遍被界定为：企业间（或组织之间）在某些领域开展合作，同时在另一些领域开展竞争的现象。从理论贡献的角度来看，竞合战略思维辩证地从合作和竞争共存、共变的角度来分析组织间关系，是组织间关系研究的一个重要前沿领域（刘衡等，2009），也是战略管理思想的最前沿。

对于竞争战略与竞合战略的观点差异，学术界也形成了较为一致的观点："竞争"的本义为"角逐胜负"，传统企业竞争通常表现为"你死我活"的零和博弈，即获胜一方的收益建立在失败一方的损失基础之上。传统的战略管理理论都在"竞争"思想的基础之上构建企业战略模式。而竞合战略理论与传统竞争战略理论的实质性差异并不是具体的手段或形式，而是在于思想层面。竞合战略强调竞争与合作两种关系可以同时存在于同一对竞争对手之间，且竞争效果与合作效果并不相互排斥，反而会产生相互促进的效果。竞争关系产生的根源在于资源稀缺，且竞争强度与稀缺程度存在直接的正相关关系。一旦当竞争强度超越博弈均衡点，即会呈现过度竞争（无序竞争）的产业格局。但是，在竞合理论框架内，可以通过合作战略来实现企业之间的资源互补与知识共享。这种以相互信任为基础构建的新型战略合作关系，将会建立由无序竞争回归为有序竞争的良性机制，保持产业竞争强度维持在均衡状态。一方面，竞合战略能够保障合作产生的经济效益，实现总体利益最大化；另一方面，又可以适度刺激企业保持持续的危机意识及创新精神，实现产业与市场的"帕累托改进"。

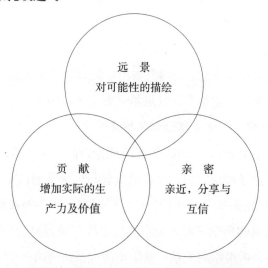

图 1-3　维系企业间竞合关系的关键要素

资料来源：尼尔·瑞克曼：《合作竞争大未来》，经济管理出版社 1998 年版，第 147 页。

　　至此，竞合理论的早期研究尽管在核心概念层面已达成共识，但尚存一大理论争议：即围绕"竞争"与"合作"之间逻辑关系及二者相容性的讨论。竞争与合作是竞合关系构建的两个核心维度，竞合理论的构建始终是围绕二者关系的存在结构及一系列逻辑联系为基础。可以这样理解，竞争和合作状态是竞合关系动态演化过程中的两个极端或暂时性状态，二者经历分离、共存到融合的辩证统一的演化过程。竞争与合作的逻辑关系演变经历了如下过程。

　　第一阶段，称之为"一维关系阶段"。这一阶段的竞合关系模式是将竞争、合作作为竞合关系存在的两种极端形态，且呈现出"此消彼长，相互替代"的特征。Bengtsson 和 Kock（2000）按照竞合关系结构中竞争与合作存在强度的差异，将竞合关系划分为三种主要模式：即合作导向型竞合关系，竞争导向型竞合关系及均衡型竞合关系。任新建（2006）以此为理论假设，将上述竞合模式概括为"一维竞合关系框架"（如图1-4）。

竞争　　　　　　　　　　　　　　　　　　合作

图 1-4　竞合关系的一维关系框架

资料来源：任建新：《企业竞合行为选择与绩效的关系研究》，复旦大学博士毕业论文，2006 年。

无论从理论层面还是实践层面来看，这种基于竞争与合作"二分法"的竞合关系模式都是过于简单的。尽管竞争与合作可以相互独立存在，但在竞合实践中更多呈现的是相互联系与相互影响，成功的竞合关系中二者应体现为相辅相成的逻辑关系。关键一点是：哪一种关系成为竞合关系的主导。因此，第二阶段的竞合关系模式对一维竞合框架进行了批判与修正，演进至"二维竞合关系框架"阶段。这一阶段，竞争与合作既相互独立，又相互兼容，被定义为一种互赖共生的关系模式：按照竞争、合作在竞合关系框架内存在的独立性，可以构建一个 2×2 "竞合基本态势矩阵"（如图1-5）。这一矩阵模型虽然清晰呈现了竞争与合作的四种基本竞合态势，但止步于对二者存在形态的静态判断，没能进一步深入刻画竞合互动过程中二者关系的动态演化。对于不同的竞合状态或阶段，并未给出明确的说明及边界。并没有将不同竞合状态相互转化的边界条件与影响要素整合为一个完整的理论框架体系，如 Brandenburger 做到的那样。

除 Brandenburger 等人对竞合理论早期研究的卓越贡献之外，还有众多学者对竞合理论做了卓有成效的研究。本研究对这些观点加以梳理，按照影响程度及理论观点提出的先后顺序加以整合，提炼诸多创新性、前瞻性的观点。有趣的是，很多极富理论创建性的观点都出现在竞合理论被正式提出之前：

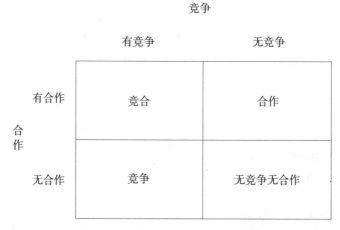

图 1-5　竞合关系基本态势矩阵

资料来源：任建新：《企业竞合行为选择与绩效的关系研究》，复旦大学博士毕业论文，2006 年。

　　首先，是在主流竞争理论领域之外提出的一系列强调合作的观点（张维迎，1996）[①]：（1）群体选择理论。该理论认为，当利他行为有利于种群的整体利益时就可能被保存并被持续强化。换言之，当企业行为可以促进行业整体福利最大化时，会得到正向强化。（2）亲缘选择理论，又称"汉密尔顿法则"。该理论的核心观点在于亲缘关系越近，彼此间合作倾向及利他行为越强烈。这一点可以应用于存在良好关系的企业之间，即使二者存在一定的竞争关系。（3）自私基因学说。该理论强调，差异较大的基因组合有利于基因互补及基因进化。这一观点引入到企业竞争中，可理解为差异性较大的企业之间更具备合作的潜力与价值，异质性是实现良好的合作绩效奠定资源基础，也是前提条件。（4）合作进化理论。该理论以博弈论中的"囚徒困境"模型为基础，发展成为合作进化理论。博弈论对于合作的研究可以分为两种观点（张朋柱，2006）：

　　① 尽管前三种理论属于生物学领域，但在企业战略领域同样适用。如将单个企业视为一个生物个体，将某一行业视为一个生物种群，企业群体与生物种群之间存在着类似的竞争、合作及演化的关系。

第一，"零和博弈"。该理论认为，如果是一次性交易，博弈各方关注的焦点必然集中于短期利益，机会主义等投机或背弃行为属于理性行为（最小代价获取最大的短期收益）；第二，非零和博弈，也称为"正和博弈"。博弈各方更关注长期利益而不仅仅贪图眼前小利。博弈各方有动力通过重复博弈来建立紧密的、以相互信任为基础的长期关系，因此合作策略是一种建立于追逐长期获利基础上的理性商业行为。

越来越多的学者认为，除了竞争，合作同样可以实现建立并巩固企业竞争优势的作用。甚至在某些特定的情境下，合作行为产生的效益要优于纯粹的竞争行为。学者们已发现，未来竞争的趋势，是通过更多的合作而非竞争来弥补企业的"战略缺口"（Tyebjee，1988），企业由专注于自我发展（Go-it-alone）转为积极寻求联合（Look-for-alliance）。经济学家马歇尔曾指出，"自由经济不仅只自由竞争，也包括自由合作。"他发现，企业在合作中可以获得规模经济效益，这是单个企业所不能达到的。类似的理论还有"有效竞争"理论、"最佳竞争强度"等，都强调了合作的作用，提倡要辩证地看待竞争与合作的关系。Niclsen（1987）认为，合作战略是和竞争战略一样能够提升企业经营优势的一条路径。他还将合作战略划细分为四种模式：（1）合作经营（Pool）；（2）分工交易（Exchange）；（3）缩减（Deescalate）；（4）偶然性的合作（Contingency）。Ken等人（1995）的划分方式略有不同，将合作划分为正式合作与非正式合作。其中，正式合作包括战略联盟、合作经营、股份合并等，其共同特征是合作关系是建立在契约基础之上的战略形式；非正式合作多为以社会标准和相互信任为基础的伙伴关系。合作战略领域足有影响力的观点之一，是Teece等人（1997）提出"动态能力"的战略观。该观点强调，企业应具备不断自我更新的能力，以适应不确定性的动态变化的市场环境。没有任何一家公司能够拥有发展所需的全部资源（Rchardson，1972），必须通过合作来弥补战略缺口、挖掘互补性资源、技能和能力（Nielsen，1988），来获取共同利益。

其次，众多学者在肯定了合作战略对于企业竞争优势的重要性之外，还试图寻找企业未来竞争战略发展的有效路径。这种理论尝试强调，要重新认识竞争以便克服对抗性衍生的负面效应，"竞争是永存的，要消除竞争者独占市场，不仅是不可能的，也是不经济的"（彭新武，2008），应将"企业的伙伴关系和合作精神作为企业竞争优势的新来源"。类似的研究中，莫尔的企业生态系统演化理论、德·博诺的"超越竞争理论"、达韦尼的"超级竞争理论"等观点，均不同程度地批判或否定了传统竞争战略的理论局限。过于关注竞争，导致长期忽视存在竞争关系的企业（或组织）之间建立合作关系并实现多赢共生的可能性。还有学者给出了不同视角的观点，例如从产业整体的角度构建竞争与合作关系的基本理论框架与战略管理理论（彭新武，2008）。Hamel，Doz 和 Prahalad（1989）的研究最为接近竞合战略，通过对全球市场 15 对战略联盟的内部运作机制进行研究，探讨企业间的竞争性合作机制，即如何在提高企业自身技能的同时，有效防止把竞争优势转移给野心勃勃的合作伙伴。James F.Moore（1996）从"商业生态系统"的视角，提出企业应打破行业局限，在更宽泛生态系统层面建立利益相关的"系统共生、共同进化"的关系。Preiss，Goldman 与 Nagel（1997）则提出："新型企业没有明确的界线划分，其作业过程、运行系统、操作及全体职工都应与顾客、供应商、合作伙伴、竞争对手相互作用和有机联系在一起，企业必须走出孤立交易的圈子，进入相互联合的王国，获取竞争优势"。Neil Rackham（1998）认为，"真正的企业变革，指的是组织之间应以团结合作、合力创造价值的方法来产生变化：公司发展出新的合作经营方法，协助企业取得前所未有的获利与竞争力。"相似的观点还有本杰明·古莫斯（2000），他认为，"现代概念的合作过程并未弱化竞争，而是在动态的合作中产生了新型竞争者、构筑了新的行业体系、创造了新的竞争类型。"如"超越竞争""集体战略"等全新概念等（爱德华·德博诺，1996），均强调竞争网络结构中协作对于企业的意义已超越了竞争。Nicholson（2012）等人，将企业间竞合战略理念界定为解决目前产业内"残酷竞争"（Dog Eat Dog）的"大观念"（Big Idea）。

　　国内学者对竞合理论的研究起步相对较晚，但同样为竞合理论的构建提出了一系列视角独特的观点。一方面，有众多学者在现有竞争理论基础上，提出创新性的概念或战略理念，例如：李扣庆、陈启杰（1998）基于竞合理论，对波特的产业竞争理论进行了重新阐释，提出"联合竞争"的战略构想。具体包括："行业竞争性联合战略""上下游价值链联合战略""地缘性联合战略"及"规模经济性联合战略"几种联合竞争战略类型。黄少安（2000）则提出了"合作经济学"的研究设想，以替代传统的竞争经济学。同时，他将合作按照紧密程度划分为紧密型与松散型，按照规范程度可以划分为正规契约型合作及非正规契约型合作，按照合作主体可以划分为双边合作与多边合作、个体间合作与组织间合作等。钟映丽、侯兴荣（2002）从系统论的角度出发，认为"系统所具有整体性、目的性、稳定性和适应性等特性，决定了企业必须进行合作竞争"。桂萍、吴涛（2002）从竞合博弈的角度提出"竞争力聚合"的全新概念。这一概念强调由合作替代竞争以提升各自竞争力，达到"1+1>2"的双赢效果。随着网络经济的发展，市场和企业的相互融合（李海舰、聂辉华，2004），合作与竞争也呈现出交相融合的趋势，以至于有用"合争"取代竞争的趋势（甘华鸣、姜钦华，2002）。因为处于持续多变的不确定性环境下的企业，只有通过建立互赖共生的伙伴型关系，才能实现资源或能力的互补，才能掌握足以维系企业持续成长的全部资源与市场机遇。邹文杰（2006）以时间性及稳定性为指标，提出了契约型合作、网络型合作及自由灵活型合作三种合作形态。并指出契约型合作是企业间合作的主流模式，而网络组织将成为未来企业间合作的主要形式。

　　另一方面，还有学者将研究的重点集中于竞合理论框架的构建。代表性观点包括：黄敏学（2000）在波特的"五力竞争模型"基础上导入

"联盟者"与"协力者"两种因素，构建了"七种竞争力量的协作型竞争"的分析模型（如图 1-6）。他按照与企业业务关系的差异，将利益者相关者划分为三类，分别是威胁者（入侵者、竞争者、替代品）、合作者（供应商、企业、消费者）及同盟者（联盟者、协力者）。这一模型从更宽泛的范围界定竞争，强调在网络经济时代"协作型竞争"将取代传统竞争方式。他同时还指出，"协作"不仅不会抵消"竞争"，反而会在一定程度上促进共赢（共同扩大市场整体规模）的基础上获利。翁君奕（2002）则在基于硅谷的竞争实践研究中构建了"创新合作网络"模型。这一分析模型能够诠释竞争网络中合作行为与知识共享行为对企业创新能力的影响，并证实了最初的理论假设。汪涛（2002）是国内首个对竞争理论演进历程进行系统梳理的学者。不仅如此，在系统性文献研究基础上，他还以此为基础深刻透视、剖析并总结企业间关系由竞争演变为竞合的内在机理及作用机制。王群力（2008）认为合作战略包括：联合经营、战略联盟、合作生态系统和合作网络组织等多种类。并指出，合作网络组织理论是未来合作发展的主流趋势。周和荣、张金隆（2007）共同提出了"虚拟合作竞争"（Vitual Cooperating Competing）的全新竞合理念。这一概念的提出是用以界定网络经济环境下，虚拟组织间为实现资源与能力互补、信息共享，实现速度及优势互补的行为。在大量实证研究的基础上，他还构建了理论分析模型。他们将按照竞合主体的组织属性及竞合方式两个维度，将竞合行为划分为六种方式，分别是实体竞争、实体合作、实体合作竞争、虚拟竞争、虚拟合作及虚拟合作竞争。此外，他们还将实体合作竞争与虚拟合作竞争作为组织间竞合的两种"常态"行为，分别适用于实体经济与网络经济。项保华（2009）同样基于迈克尔·波特提出的五种竞争力量分析模型，导入"互补者"因素，构建"六力互动分析模型"（如图 1-7），这也是国内学者首次构建的、最接近于 Brandenburger 观点的理论框架，但在理论创新程度上还有欠缺。这一模型通过分析企业与供方、买方、替代品厂商、互补品厂商、同行业厂商、潜在进入者这 6 种产业链主体间资本注入与现金回报的互动演化关系，探讨企业面临不同竞合对象与互赖关系时的权变选择。

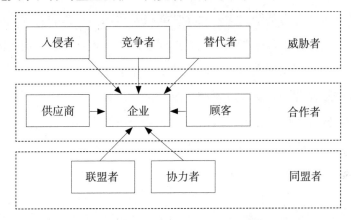

图 1-6 七种竞争理论的协作型竞争模型（7Fs）

资料来源：黄敏学：《协作型竞争——网络经济时代的竞争新形态》，《中国软科学》2000 年第 5 期。

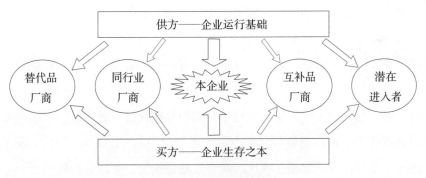

图 1-7 六力互动模型

资料来源：项保华、李大元：《企业竞合分析新范式：六力互动模型》，《科技进步与对策》2009 年第 2 期。

综上，可以对竞合理论的早期研究成果加以总结与归纳：基于 Brandenburger 等人的贡献，学界达成了对竞合概念与内涵的理论共识，明确了竞合研究的核心——竞合关系的界定及不同关系模式下的价值生成与分配过程。这一时期的其他学者的研究成果，均未能超越 Brandenburger 创建的理论框架。

从文献来看，现有研究成果主要集中于两个方面：第一，以经典竞争战略分析模型为基础，导入合作性战略要素，构建新的竞合战略分析框架或理论模型。其中的代表性观点如项保华等人（2009）构建的战略分析模型。他们在迈克尔·波特的"五种竞争作用力分析"的理论模型中导入"互补者"要素，以解释企业与供方、买方、替代品厂商、互补品厂商、同行业厂商、潜在进入者这6种产业链主体间资本注入与现金回报的互动演化关系，并探讨企业面临不同竞合对象与互赖关系时的权变选择。类似的观点还有黄敏学（2000）构建的"七种竞争力量的协作型竞争"模型。与项保华等人的研究极为类似，区别是模型中的导入战略要素由"互补者"变为"联盟者"与"协力者"；此外，尼尔·瑞克曼（Neil Rackham，1998）提出的"四维关系框架"为代表的一系列理论分析模型的创建，都为 Brandenburger 构建的基础性竞合战略分析框架进行了重要补充与完善。他们的研究成果明确指明：企业选择的竞合伙伴应符合四个条件，即创造贡献的潜能、共有价值、有利伙伴关系的环境及与供应商目标的一致性。第二，基于不同视角对已有竞合思想（观点）进行理论阐释，更深层次的研究主要表现为竞争与合作的哲学思辨，以及对"争"与"合"辩证关系和理论归宿的终极探讨。通过整合不同学者的观点得出结论，竞争与合作类似太极理论中的"阴"与"阳"，既无法完全分割，也不能相互替代。竞合战略理论为二者的共存提供了一个关系框架："企业的伙伴关系和合作精神是企业竞争优势的新来源"，但合作强度一旦超越了"均衡点"，将不得不强调重新认识竞争以克服对抗性衍生的负面效应。"竞争是永存的，要消除竞争者独占市场，不仅是不可能的，也是不经济的。"（彭新武，2008）因此，竞争与合作关系的共存逻辑应该是辩证统一，而非对立分割，这也是竞合战略思想对竞争战略思想最大的超越。

但这一时期的研究只能是说处于竞合战略思想演进的起步阶段。理论界对争与合的辩证逻辑思考并不够成熟，也没有论证透彻；但在竞合战略的后续研究中，国外学者对竞合关系研究的价值判断展开更深入、更严肃的思索，提出了框架性的理论解释，揭示了竞合关系的本质——无论竞争与合作以哪一种形态共存，竞合研究的终极归宿是对下列问题进行探讨：一是如何理解竞争与合作平衡（The Balancing of Cooperation and Competition）；二是如何看待竞合的悖论及其产生的竞合矛盾（The Coopetition Paradox and Engendered Coopetition Tention）；三是如何运用多层次视角（A Multilevel Perspective on Coopetition）对竞合进行解读；四是对竞合互动动态性的理解（The Dynamics of Coopetitive Interaction）；五是理解竞合对商业模式与战略的影响（Coopetition's Impact on Business Models and Strategy）（M. Bengtsson & S. Kock，2014）。这一框架将竞合战略需要深刻解读的问题做了总结，也指明了未来竞合研究中应该重点突破的方向。在后续章节中，本研究也将给出自己的独特观点，在此不做赘述。

三、纵向竞合关系研究

经历了竞合战略早期发展的框架性研究之后，竞合理论的框架体系雏形初现。与之相伴的是，竞合战略的理论研究亦渐趋成熟，理论关注的焦点逐渐延伸至更为具体的领域，如不同类型竞合关系的形成与演化的机理性探讨。至此，全面进入竞合研究的新阶段——竞合战略研究发展的成熟期。在这一时期，企业间竞合关系的形成与演化、竞合关系的属性（竞合关系模式的探讨）与类型（划分指标的选取与不同关系类型的界定）都是学术界关注的热点。具体研究领域包括：竞合关系类型的辨析与框架构建、企业的竞合倾向性与竞合动机、竞合关系的关键驱动要素、竞合战略实施与组织绩效的关联性研究等等。

竞合关系类型的研究领域，代表性观点是 Ring 等（1992，1994）

将企业间竞合关系按纵向与横向两个维度进行的整合与界定。第一，所谓纵向竞合关系，是指包括企业与供应商、顾客（经销商）之间的上下游竞合关系（本研究将产业链、供应链及价值链各环节之间的竞合关系都纳入纵向竞合关系范畴）；第二，横向竞合关系是指包括与企业竞争对手、集群合作企业、联盟伙伴及其他类型合作者之间的竞合关系。本研究对竞合关系的划分与文献梳理即按此顺序展开。

（一）产业链竞合的相关研究

产业链竞合可界定为在产业链层面打破上下游争价导致的竞争困局，建立长期合作、相互信任的"伙伴关系"（Partnering）。研究表明，产业链合作伙伴之间的竞合关系有利于管理绩效的提升："相比纯粹的竞争战略或合作战略，竞合战略更适于同时管理企业与产业内竞争对手的横向关系和产业链上下游伙伴的纵向关系"。产业链竞合关系的建构关键包涵了三项战略导引："改变假设""关注目标"与"多赢共生"（项保华、李大元，2009）。以此为基础，通过对企业学习能力、自主创新能力、资本注入及现金回报等指标维度的比较分析，发现竞合战略的效果（组织绩效）明显优于纯粹的竞争战略或合作战略（Garcia & Velasco，2002）。后续研究中，学者们对供应商、承包商、代工企业等产业链合作伙伴的竞合研究也得出了类似的研究结论（周俊、薛求知，2008）。所以，竞合战略颠覆了竞争战略（产业竞争理论）对产业链上下游竞争关系的理论假定。证据表明，更多的企业在产业链层面构建纵向竞合关系，以替代单纯的竞争关系，来应对未来竞争。

Brandenburger 和 Nalebuff（1996）基于 Hamel 等人的研究，将企业竞合对象的研究范畴，由产业内竞争对手拓展至产业链上下游环节所覆盖的所有领域，并引入了"互补者"因素，以解释竞争关系网络之外形成的新型企业间竞合关系。从文献来看，学者们一直将产业链各环节之间的竞合关系研究集中于长期战略合作的"伙伴关系"（Partnering）的建立。例如，企业与产业链合作伙伴(如外包商、供应商、承包商等)

之间在长期合作中的知识流动、相互信任及产业升级等。研究目的是探讨产业链纵向竞合关系的建立，对企业绩效与企业间合作关系的长期影响。此外，还要比较相对于纯粹的竞争战略或合作战略，竞合战略是否更有优势（更有利于提升企业的长期绩效、更有利于维系长期稳定的合作关系）？一项针对工程项目的研究成果显示（Black 等，2000），承包商与业主之间应通过保持长期合作来构筑核心竞争优势。同样有研究指出，建立产业链的"伙伴关系"有利于业主与承包商双方的共同利益，尤其在工程质量、工程进度及业主满意度方面有突出表现。Garcia 和 Velasco（2002）的研究也为上述观点提供了直接证据："相比纯粹的竞争战略或合作战略，竞合战略更适于同时管理企业与产业内竞争对手的横向关系和产业链合作伙伴间纵向上下游的关系。"通过对企业学习能力、自主创新能力等维度的对比分析，发现竞合战略对于提升上述能力的实际效果要明显优于纯粹的竞争或合作战略。此外，Chen 等人（2007）通过对台湾工程行业的大量案例研究，指出文化整合、资源共享是保障工程项目的产业链合作效果的关键因素。

　　上述产业链层面的竞合关系，按照关系结构中合作与竞争的存在强度差异，将产业链上下游间的纵向竞合关系区分为强竞争强合作的竞合型关系、强竞争弱合作的冲突型关系、强合作弱竞争的伙伴型关系及弱竞争弱合作的依赖型关系（Wilkinson 等，1994）。

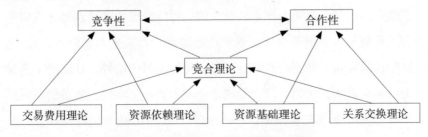

图 1-8　五种理论对于竞合关系的解释力

资料来源：周俊、薛求知：《竞合理论视角下的国际代工关系研究》，《外国经济与管理》2008 年第 8 期。

国内学者对产业链竞合的关注相对滞后于国外研究，但研究视角、研究方法（包括测量工具）与主要观点亦呈现了一致性趋势。一项针对建筑业的实证研究（资料源自广泛的问卷调查）显示（赵振宇，2005），构建有效机制实现产业链共赢、做大产业的新竞争理念将逐步取代传统竞争关系模式。周俊、薛求知（2008）研究更为具体和深入：通过以交易费用理论、资源依赖理论、资源基础理论及关系交换理论为视角，重点阐释竞合理论框架下的竞争关系与合作关系之间的逻辑联系，构建了一个初步的理论框架（如图1-8）。以此为基础，对国际代工模式下的竞合关系进行细致划分，并总结归纳了各自的特征，较有一定的代表性。国内学者项宝华、李大元（2009）将Brandenburger提出的"互补者"变量融入迈克尔·波特的"五力竞争模型"，并以此为基础构建了"六力互动分析模型"，但在理论创新程度上并没有实现颠覆性的贡献。与Brandenburger等人的研究一样，他们也将竞合关系的研究扩展至整条产业链。通过分析企业与供方、买方、替代品厂商、互补品厂商、同行业厂商、潜在进入者这6种产业链主体间资本注入与现金回报的互动演化关系，探讨企业面临不同竞合对象与互赖关系时的权变选择。他们以研究的目标企业为中心，对与目标企业直接相关、间接相关和不相关的不同市场力量采取不同措施。

（二）供应链竞合的相关研究

供应链竞合，可视为产业链竞合的一种特殊形式（区别是在供应链竞合关系框架内，链条合作关系较产业链竞合关系更为紧密持久）。供应链竞合研究除了得到与产业链竞合研究的类似结论外，还取得了更深层面的研究进展。例如，研究发现，企业主营业务在供应链条的不同环节差异会直接影响竞合倾向："一般而言，距离消费者越远的环节，合作倾向越明显，反之则竞争倾向明显。"这是Kotzab（2003）等人基于Brandenburger与Nalebuff的"价值网"理论及相关成果，将竞合关系的研究进一步延伸至供应链渠道领域得出的分析结论。他们通过大量的案例研究（食品零售行业），解释了企业经营业务所处的供应链不同环节对其竞合倾向性的影响。

从合作紧密程度而言，供应链竞合比产业链竞合更强调建立长期的竞合关系，竞合关系相对而言更趋紧密、稳固与持久。尤其在工程项目中，供应链层面的竞合关系对于提升业主与承包商之间的相互信任与交流协作有明显作用，同时会改善工程绩效与工程实施环境。弗格森（2000）系统研究了供应链合作伙伴关系及相关战略对于产生新型组织形式的促进作用及具体方式，并以研究成果为基础构建了"组织形式变革模型"。Akinto 和 McIntosh（2000）通过对英国建筑业工程承包商的供应链进行跟踪调查发现，业主、工程承包商及建材供应商之间尽管存在产业链上的纵向竞争关系（按照波特的产业竞争理论），但同时也可以存在多种合作关系以提升各自绩效。

供应链竞合可进一步细分为单链竞合和跨链竞合（黎继子、刘春玲，2006），研究范畴包括二元关系及网络结构下的竞争与合作的固有矛盾等一系列问题（Miriam M.Wilhelm，2011）。第一，在契约条件下，供应链竞合双方会自然将合作策略作为惩罚机制约束下的理性选择；第二，在非契约条件下，双方合作的概率与合作的超额收益呈正向关系，与合作成本及背叛收益呈反向关系，而为合作超额收益制定合理的分配系数是双方持续合作的必要条件（许婷，2009）。一项针对供应链关键客户（Key Account）的研究表明，供应链的纵向竞合呈现为两种状态：竞争主导或合作主导。其价值生成与价值分配规律可通过"强化"（Strengthening）、"修正"（Correction）及"代偿"（Commuting）三种关键机制（Pivotal Mechanisms）加以解释。简单来说，产品与购买过程越简单，竞争倾向越明显；产品与购买过程越复杂，合作导向越显著（Sylvie Lacoste，2012）。

从国内学者的研究来看，王永平和孟卫东（2004）运用演化博弈理论对供应链各环节的企业间竞合问题进行了系统研究。黎继子、刘春玲

（2006）通过对产业集群与供应链的耦合研究，界定了"集群式供应链"的七种竞合对象，具体包括：参照企业（集群核心企业）、竞争对手、替代品生产者、潜在进入者、上游合作企业、下游合作企业及链外辅助企业。以"系统基模"的形式进行划分，并展现集群式供应链的两种竞合方式：单链式供应链竞合与跨链间竞合。通过对工程采购项目的供应链竞合关系进行分析，解释了包括业主和承包商之间的竞合动机、竞合倾向、竞合关系的博弈演化及主要影响因素。在不同的契约条件下，双方采取的合作态度和合作策略将会产生明显差异——前者更多地遵循惩罚机制约束下的理性选择，后者则更倾向于在建立竞合关系之前，充分评估双方合作成功的可能概率与合作的超额收益之间的关系。一般来说，合作收益与超额收益之间是正相关关系，而合作成本及背叛收益呈反向关系。

（三）价值链竞合的相关研究

除了上述纵向竞合关系研究之外，探讨纵向竞合关系的另一个重要视角是基于价值链的竞合关系研究。与前述研究类似，即分析处于价值链不同环节（或不同价值区间）的企业间竞合互动演变及产生的价值变化。Bengtsson 和 Kock（2000）通过价值链理论考察多家企业的竞合实践，认为企业主营业务在价值链中所属环节的差异显著影响企业的竞合动机：经营业务靠近价值链下游环节（消费者一端）的企业竞争意向趋于强烈，而位于价值链上游环节的企业合作意向更加明显。这一点与供应链竞合的研究结论具备共性，也符合竞合理论的早期研究，即创造价值的时候以合作关系为主，分配价值的时候以竞争关系为主。

一般来说，企业核心业务所处的价值链环节很大程度上取决于企业拥有的异质性资源。这一根源性的因素，也直接决定了企业在价值链的竞合动机、倾向性及竞合地位。国外学者 Bengtsson 和 Kock（1999）的研究证实了上述观点。他们的研究表明，企业的竞合倾向取决于两大核心因素：企业在竞合关系中的地位及对竞合伙伴的依赖性。而这两大因素最终决定于企业的异质性资源，当资源异质性强，则更容易锁定于价值链高端环节进而获取强势交易地位与对方的资源依赖性，反之则处于弱势地位。本研究将这一观点总结归纳如表1-4所示，建构了一个价值链纵向竞合关系演变的二维分析框架。此外，还有研究表明，企业所处的商业（社会）网络及其在关系网络中所处位置也会对竞合关系产生重大影响。

表1-4　交易地位、依赖性及竞合倾向

	交易强势地位	交易弱势地位
依赖性强	竞争关系	合作关系
依赖性弱	竞合关系	回避竞合或独立地位

资料来源：本书根据相关研究总结而成。

四、横向竞合关系研究

总体来说，横向竞合可分为组织间竞合与组织内竞合两种类型。前者被视为网络结构下解决产业内"残酷竞争"（Dog Eat Dog）的"大观念"（Big Idea）（Nicholson，2012），是一种"真正的企业变革"——组织间以团结合作、合力创造价值的方法，协助企业取得前所未有的获利与竞争力（Neil Rackham，1998）；后者则可视为一种组织内管理创新。组织间竞合的具体表现形式主要包括集群式竞合与联盟式竞合。

（一）集群竞合关系研究

横向竞合关系研究的一个主流方向是探讨集群内企业间的竞合互动演化过程，关注的焦点是集群内成员企业竞争优势和集群整体竞合绩效的影响。产业集群可视为一个基于知识或技术的密集价值网络，知识流动、技术共享等竞合博弈可实现成员企业与集群整体价值增值。通常情况下，成员企业会通过显性机制（如不同类型的契约）建立正式合作关系；在另一些情况下，集群成员企业通过自发性的隐性机制平衡集群内竞争与合作的相对关系（蔡宁、吴结兵，2002）。在上述两种机制的综合作用下，最终实现集群内成员企业之间"子博弈"的完美均衡状态（Maianel，1999）。集群竞合关系存在一个自然进化的过程，一般会遵循从"对抗的竞争""宽容的竞争"到"合作的竞争"的演进路径。还有研究发现，在高技术密集条件下，成员企业间竞合对集群内知识创新及集群绩效有正向影响与推动作用（高长元、杜鹏，2010）。

这一类研究成果隐含一个命题假设，即一般视产业集群为一个技术或知识可流动的密集网络。研究者假定，集群成员企业间的竞合行为，有利于促进技术共享与知识流动，实现集群的整体价值增值。现有成果一般基于案例研究或实证测量验证上述假设。平狄克和鲁宾费尔德（1996）通过经济学角度的博弈分析发现，集群内竞合互动博弈的结果会同时提升成员企业及集群整体的竞争能力。Maianel（1999）构建了一个两阶段博弈模型，提出利用竞争与合作的相对力量可以在相当大的范围内实现子博弈的完美均衡状态，这一研究成果证实了充分的信息沟通对集群内竞合关系建立的促进作用。Hausken（2000）则讨论了群体间竞争对群体内部合作的积极影响。

国内学者虽起步较晚，但研究成果能够更加扎根于中国背景下的制度情境，并验证源自西方文化背景下的竞合理论是否适应中国企业，得到不同类型研究的第一手资料与证据。第一，集群竞合关系结构与机制研究。蔡宁和吴结兵（2002）通过考察多个产业集群内部的企业间关系结构后发现，集群内存在一种自发性的、平衡的竞争与合作的关系，即产业集群内部存在一种隐性机制以平衡企业间竞争与合作的战略选择。叶红心、张朋柱和孙景乐（2002）等人的研究构建"利益群体竞合微分动力模型"。该模型系统分析集群内竞合博弈均衡解的存在性及稳定性条件。董敏、倪卫红和胡汉辉（2003）则通过比较研究，详细分析产业集群及供应链联盟中成员企业呈现出的不同竞争或合作的关系结构及运作模式。研究发现，产业集聚及供应链联盟两种战略模式的融合而形成的竞合关系，是未来发展的必然趋势。第二，集群竞合关系演化研究。黄勇和邱婷（2007）在集群竞合研究中导入生命周期理论，以此为视角解读集群演变历程，提出集群由成长到成熟的过程中，成员企业间竞争关系一般会经历"对抗的竞争""宽容的竞争"及"合作的竞争"几个阶段。张阁（2009）对集群内竞合的研究成果显示，成员企业间建立竞合关系是提升集群整体竞争力的有效途径，并描述了集群内竞合的多维范式及实现路径。高长元和杜鹏（2010）将波特（1998）提出的高技术虚拟产业集群（High-tech Virtual Industrial Clusters，HTVIC）定义为一个"竞合价值网络"，并以 Brandenburger（1996）的"价值网"模型为基础，构建了"HTVIC 成员企业合作竞争价值网模型"（如图 1-9）。该模型意在展现高技术密集条件下的知识创新与成员企业间虚拟化、动态化竞合互动过程及相互影响：一方面，是集群成员间的竞合互动对集群内知识创新及集群绩效的正向推动；另一方面，是知识创新与创新绩效对后续竞合关系的循环推动作用。项后军（2011）则从竞争、合作两个维度分别考察集群内核心企业与其他成员企业之间的关系演化及与集群创新之间存在联系。

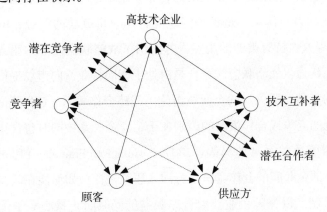

图 1-9　HTVIC 成员企业合作竞争价值网模型

资料来源：高长元、杜鹏：《高技术虚拟产业集群成员企业合作竞争与知识创新的关系研究》，《管理学报》2010 年第 2 期。

（二）战略联盟竞合关系研究

战略联盟式竞合是通过内部有效机制，保障成员企业共同获利的同时防止核心竞争优势的流失（Hamel & Prahalad，1989）的一种竞合形态。战略联盟式竞合在合作研发、技术共享及其他默会性行为方面可构筑行业对手无法效仿的竞争优势，是企业获取超额利润的动力源泉（Garcia & Velasco，2004）。Luo（2005）对联盟竞合关系的研究较为系统，通过构建"战略联盟企业间竞合关系二维模型"（后续关于竞合关系类型的研究中有详细介绍），系统梳理联盟成员间的竞合关系，并按照竞争强度及合作强度两个维度，划分为四种不同的关系模式。国内学者李建和金占明（2008）基于 Luo 的研究进一步深化，将联盟竞合演变的一般经历进行梳理，进一步做出框架式的界定，分别是：竞赛关系（联盟企业竞争同质化高）、弱关联关系（联盟成员间相互影响较小）、友好关系（联盟成员利益高度相关）及协调关系（联盟成员间竞争与合作均很激烈）四个阶段（后续关于竞合关系类型的研究中有详细介绍）。

战略联盟内部竞合关系的探讨与考量是横向竞合关系研究的热点领域。研究表明，联盟成员企业间的合作关系是推动联盟和联盟内企业发展的潜在动力与源泉，是各种组织间合作取得成功的关键。Bengtsson（2000）等人也持有类似的观点，并给出了战略联盟内部的竞合关系定义。他们认为，战略联盟式竞合是由处于相同行业、向市场提供相同或相替代的产品（服务）的企业所组建的战略合作关系（Hill 等，2003），它与传统的竞争或合作策略的区别在于，竞合关系中同时包含竞争与合作这一对矛盾关系（龙勇等，2007）。Hamel 和 Prahalad（1989）对战略联盟内部企业间的合作竞争进行深入研究，探讨如何能在联盟内部建立有效机制，以保障企业获取合作利益的同时防止核心竞争优势的流失，规避竞合风险。还有研究认为，战略联盟是由平时本是竞争对手的公司组成的企业或伙伴关系，是一种竞争性为主导的关系联盟。竞合关系框架内，更加强调战略联盟这种合作组织的竞争性，将战略联盟视为一种合作竞争组织。Garcia 和 Velasco（2004）将竞争企业间的合作视为一种典型的竞合行为，即横向联盟（Horizontal Alliances）。在横向联盟的关系框架内实现经营与技术合作的同时开展竞争。他们的研究指出，竞争企业间通过在横向联盟框架内与联盟伙伴之间进行如合作研发、技术共享及其他默会性竞合行为，将有利于企业构筑行业内其他对手难以模仿的竞争优势，企业间竞争与合作关系的有机融合将成为创造超额利润的动力源泉。

联盟竞合的绩效水平受行为因素与结构因素的双重约束，且以多种形式对联盟绩效产生影响。联盟结构作为影响竞合绩效的关键传导因素，同时在竞合行为与竞合绩效间具有复杂的中介效应。一项针对 649 家公司的实证研究发现，联盟内部不同的信任（Trust）与依赖（Dependency）程度将直接影响联盟竞合绩效，高信任与高依赖程度的环境下，竞合关系与绩效产出的效果最为显著（Ricarda. B. Bouncken & Viktor Fredrich，2012）。

国内学者也发表了一系列关于联盟竞合关系研究的成果。李浩（2007）通过对 13 个行业样本的实证检验发现，互补的知识资源创造的收益大于孤立的使用单个知识资源获得的收益。此外，知识互补对企业绩效也产生了显著的积极影响。联盟企业间一方面由于利益不同彼此敌对，另一方面又出于共同利益相互友好。李建和金占明（2008）指出联盟为竞争与合作的混合体，联盟内成员企业间是既竞争又合作的关系，竞争与合作对联盟具有同等重要的作用，二者相辅相成，缺一不可。他们还提出了联盟成员竞合关系演化历程，以及催生这一关系的环境条件。王作军和任浩（2008）从制度理论、关系资本与知识基础等多个维度，来论述战略联盟作为企业组织间横向竞合关系的战略优势及必然性，并指出这一竞合关系模式对企业绩效及联盟整体绩效均有积极影响。冯文娜和杨蕙馨（2011）通过对全球汽车产业 89 个战略联盟为样本的实证研究，指出联盟竞合绩效水平受行为因素与结构因素的双重约束，且以多种形式产生不同的影响。她们指出，联盟结构是影响联盟竞合绩效的关键传导因素，同时在联盟竞合行为与联盟竞合绩效之间具有复杂的中介效应。

（三）其他横向竞合关系研究

在集群竞合与联盟竞合两种主要关系模式之外，还有学者探讨其他类型的横向竞合关系：一种情况是组织间建立的竞合关系，包括同一社会网络（或企业网络）内部、跨国公司与竞争对手之间等多种状况；另一种情况是组织内部各部门之间的竞合关系，包括跨国公司内部子公司之间、组织内部各部门之间（包括大型集团公司内部）①等多种关系模式。

除上述方式外，存在于同一网络中的企业，都可界定为处于一个竞争与合作共存的关系模式中（Bengtsson & Kock，1999），如合谋、特许经营、共同研发和多种形式的网络组织等，以上均可纳入组织间竞合范畴。从竞合关系涉及的范围来看，可分为跨组织竞合及组织内跨部门竞合（包括跨国公司各子公司之间）；从竞合形态来看，则可以细分为多元竞合（Multiple）与二元竞合（Dyadic）（S. Yami & A. Nemeh，2014）。

1.组织间竞合关系研究

关于组织间竞合关系的理论界定，不同学者给出了不同的解释。Hamel, Doz 和 Prahalad（1989）等人最早将企业之间的竞合界定为与直接竞争对手之间的合作。Ring 等人（1992）从企业目标的角度出发，将竞合理解为契约基础上的企业间合作管理模式，诸如战略联盟、合作伙伴关系、合谋、特许经营、共同研发和多种形式的网络组织，并将其

---

① 本书在这里将大型集团公司视为一个组织整体（尽管是特殊的组织形式：中间组织），将其内部各企业之间的竞合关系视为一种组织内横向竞合形式。

涵盖在企业多元化经营的目标范畴之内。Bengtsson 与 Kock（1999）指出，处于同一网络中的成员企业都处于竞争与合作共存的关系模式中。Loebbeche（1997）等人研究了基于合作竞争的知识转移机制，并将其作为合作竞争组织间的知识分配的理论基础。在 Bengtsson 与 Kock（2000）的后续研究中，依然从企业网络的角度出发，指出企业间竞合互动有利于改善企业绩效：一方面，通过合作获取互补性资源；另一方面，通过竞争刺激企业能够持续创新。

从机理层面而论，跨组织竞合可理解为一种"合作性竞争机制"，具体表现在如下方面：一是竞合关系与竞合效果的具体存在形式，如资源互补、激励持续创新、知识共享、网络协同等（Bengtsson & Kock，2000；Tsai，2002）。这种默会的、难以模仿的竞合关系是企业持续获取超过行业平均利润的来源（Garcia，2004）。二是竞合关系产生的积极绩效，如规模经济、成本节省、提升研发能力、了解并共享前沿技术、接近新市场、创造更多的顾客附加值等（Zineldin，2004）。此外，一项针对中小企业高管的调查指出，竞合战略并非只适用于大型企业或跨国公司，中小企业对其普遍持积极态度（Asuman，2012）。还有学者对竞合关系存在的隐患与风险充满担忧，并展开深入研究，集中关注竞合的负面效应：一是竞合战略的"两面性"对企业利益的潜在隐患，如对于知识密集型产业，竞合战略可视为在知识共享（Knowledge Sharing）与知识学习（Knowledge Learning）过程中的"双刃剑"（Ricarda B. Bounchen，2013）；二是不同竞合关系的适用条件，如竞合战略并不适合创业初期的企业（泄密风险会影响创新绩效），而创业期的企业则可通过竞合战略实现资源良性互补与绩效提升（Lechner，2006）。但总体而言，只要能对竞合本身衍生的自然矛盾加以适当的管理，仍能够产生积极的竞合绩效（Annika，2014）。竞合关系的负面效应研究，虽然不是现有竞合研究的主流，亦非热点，但这些研究为全球企业形成一股竞合战略热潮的时候提供了更为理性的研究视角和理论关注，为企业实施竞合战略的过程提供了警示。

更多的研究，是从案例与实证测量的角度验证理论观点是否在实践中可行，即考察组织间竞合关系与组织绩效之间的关联。Tsai（2002）发现了存在竞合关系的组织网络中知识共享在合作机制下产生的积极效果，还进一步探讨具有合作关系的个体间实现网络竞合与协同的可能途径。Levy 等人（2001）通过对英国中小企业的案例研究，证实企业间竞合关系对组织间知识分享有影响，分享的效率与效果受制于企业信息系统的能力，并强调通过竞合获取的知识会有利于企业未来的竞争。Zineldin（2004）通过对组织间竞合的研究，指出竞合伙伴间（不同形式的组织之间）的良性互动关系可以产生积极绩效，具体包括：规模经济、成本节省、提升研发能力、了解并共享前沿技术、接近新市场、创造更多的顾客附加值等。Garcia 等人（2004）对竞合战略与企业创新能力的关联性进行了系统分析，并对欧洲生物企业进行长达 6 年的跟踪研究以佐证研究结论。分析结果显示：竞合战略比单纯的竞争战略或合作战略更有利于提升企业的创新能力，无论是管理企业的横向关系（与竞争对手间的关系），还是纵向关系（与产业链上下游的伙伴间关系）都同样适用。他们还指出，竞争与合作的有机融合对企业构筑核心竞争优势具有重要意义，企业应将与合作竞争伙伴之间的默会的、难以模仿的竞合关系视为企业持续获得超过产业平均利润的来源，包括企业与供应商、顾客、互补品生产者和联盟伙伴之间的良好关系。Lechner（2006）等人从时间性的角度探讨竞合战略与创业绩效之间的理论关联。根据一项考察 60 家企业的实证研究，他们发现企业在创业初期不适于采用竞合战略，否则会因泄密风险而影响创新绩效；而创业期因建立竞合关系而实现的资源互补与良性竞争则有利于提升创业绩效。Feiertag（2010）系统论述了竞合战略对酒店行业的影响，重点从酒店行业的战略规划、产业衰退及未来商业模式等方面进行了详细讨论。Nakano（2011）等人提出了对"竞合"概念的独特评论，并以此为视角对美国与中国的航空产业进行了比较分析，同时深入探讨了这一战略在不同国家（环境）的适用性问题。

国内学者对组织间竞合关系的研究与国外学者类似，区别是扎根于不同的文化与制度情境。研究表明，组织间竞合关系的建立虽存在较大风险，但总体上利大于弊，对组织绩效，尤其是知识共享、协同创新方面存在积极影响。孙国强（2003）从系统科学的角度研究网络内部竞争与合作关系治理，并以关系、互动与协同为主要维度构建了"三维网络治理逻辑模型"。蓝庆新和韩晶（2006）通过构建网络组织成员合作稳定性的博弈模型，提出了网络组织获得协作竞争效应的必要条件。陈学光和徐金发（2006）基于一个网络组织形成的动态模型，利用演化博弈的方法，展现了网络组织内成员间关系和作用机制的形成过程。彭正银与何晓峥（2007）指出，"协同竞争"——竞争与合作有机融合与统一是未来企业网络竞争的必然趋势，以竞合博弈模型为工具，来展现企业网络组织协同竞争与价值创造的过程。巨荣良（2009）针对网络化组织竞合范式的时间特征及其演化形态进行系统分析，深刻揭示这一范式的内在机理、核心特征及典型形态，并指出竞合战略是网络化组织的具体运作形式，而网络化组织是竞合战略的实践载体。曾伏娥和严萍（2010）从组织间合作战略的理论视角，提出了"新竞争"环境下的企业间的关系观，并通过实证研究检验市场未来性、信任关系及业务网络对企业关系能力和企业绩效的影响。研究发现，"新竞争"环境下组织间合作已经成为企业更好地角逐竞争的逻辑前提。企业间"信任"及"关系能力"是影响企业竞争优势的最主要因素，这一观点也为企业间横向竞合战略研究提出了一个新的视角并指出了未来演进的趋势，即基于"信任"的关系模式将成为未来合作战略在正式契约框架之外的重要选择。

2.组织内竞合关系研究

从机理而言，组织内跨部门竞合可理解为一种"竞争性合作机制"，在内部利益的分配问题（Gerchak，1999）方面尤为明显。具体表现形式如下：一是有别于外部市场的内部角色界定及其在组织网络内的竞合地位。按照竞争与合作强度，可将竞合主体分为需求者、实行者、网络领袖和贡献者，不同情境下分别处于竞争位置、孤立位置、适应位置及伙伴位置（Luo，2005）。二是组织内竞合对企业绩效的积极影响：包括创新及财务绩效（Luo，2006）、企业潜在竞合优势在商业模式的体现及对股东的价值贡献（Pavvo Ritala，2014）。网络内部成员间合作可生成市场层面或科层组织无法创造的价值效用（卢福财，2004），在知识溢出、组织结构认知与改进、企业竞争力提升等方面尤为突出（卢福财、胡平波，2007）。

关于组织内竞合与组织绩效之间的关联研究，具体包括：Gerchak（1999）通过博弈论研究了组织内知识创新项目之间在竞争环境下的利益分配问题。Piescik（1999）则针对网络组织与医疗中心的竞合案例进行了系统分析，探讨竞合关系与网络组织绩效之间的关联效应。Tsai（2002）通过组织内竞合的实证研究，深刻揭示部门间竞争与部门间合作的关联性及相互影响：第一，是存在高度竞争的部门之间，组织高层的集权化管理对部门间知识分享存在负面影响；第二，是非正式互动交流对部门间知识分享存在正向影响。Luo（2005）根据对跨国公司内部各子公司之间竞合过程（包括竞合驱动、竞合方式及竞合效果）的深入分析，指出影响竞争与合作强度的主要因素，具体包括：竞争强度取决于局部响应能力、市场重叠和能力衰退等因素，合作强度则取决于战略依赖性、子公司组织形式及技术关系等因素。Hausken（2006）的研究指出，利益主体间的竞争有利于提升内部成员的积极性，而其他利益主体内的竞合效果则会直接影响该利益主体内部的竞合关系。后续研究中，Luo等（2006）在大量实证研究基础上，发现组织内跨部门竞合对提升财务绩效与顾客满意度有积极影响。Hutter等人（2011）从竞争、合作两个维度对基于社区的设计效果进行了系统的深入分析。

五、其他视角的竞合关系研究

还有众多学者寻找到不同的视角，以探寻企业间竞合关系互动演化与竞合绩效生成的主要影响因素为研究方向。具体包括：企业内外部环境、企业生命周期及时间节点等。一般来说，竞合关系的演化过程可以划分为竞合前、竞合中及竞合后三个主要阶段。其中，竞合前阶段的研究成果主要集中于考量竞合动机、竞合倾向及主要影响因素（前因变量研究），即究竟是哪些关键变量（因素）决定了企业是否会产生竞合倾向性；竞合中阶段的理论关切重点在考察竞合关系的演进历程及可能改变演变方向的关键因素（过程及中介变量），案例研究为主的演化研究以及对纵向观测的数据进行实证测量的研究更能展现竞合关系演进；竞合后阶段的研究焦点则主要是分析竞合效果的策略、竞合类型的划分及影响竞合效果的主要因素等（结果变量研究）。

（一）竞合的前因变量研究：竞合动机、竞合倾向及影响因素

Mowery（1996）比较分析了高技术产业与传统制造业关于知识创新的企业间合作需求，重点研究二者在合作动机方面存在的根本性差异。Bengtsson 和 Kock（2000）也针对竞合动机的界定提出观点：他们通过对企业网络中的竞合现象的深入考察，将网络环境下竞争的同时开展合作的企业间行为界定为合作竞争。同时，他们进一步提出，当企业试图与同一竞争者在同一市场/领域竞争的同时开展竞争性与合作性的互动行为，他们之间即具备了建立竞合关系的动机。Afuah（2000）将企业与合作竞争者之间关系定义为一种不可或缺、不可替代的相互作用关系，同时进一步将企业的合作竞争者（Co-opetitors）界定为创新、组织学习、互补性产品、核心资源、学习和能力等的关键来源，并基于以上结论对企业竞合行为的本质（动机、实质与效果）进行了全新的阐述；日本学者大前研一（2003）提出了成功合作的 12 条守则。而 Luo（2005）通过实证研究发现，决定跨国公司子公司间竞合中竞争倾向与

强度的因素有局部响应、市场重叠和能力衰退；而决定跨国公司子公司间竞合中合作倾向及强度的因素包括战略依赖性、子公司组织形式和技术关系。Gnyawali 和 Madhavan（2006）通过钢铁行业的大量案例研究，对竞合网络结构及结构中企业所处地位二者与企业的竞合倾向的关联性进行研究。研究发现，处于网络中心位置的企业竞争倾向比较明显，这一倾向与市场多元化水平和周围结构洞机会存在一定的正向关系。Walley（2007）对企业竞争或合作倾向进行了系统研究，并归纳为企业内部因素与企业外部因素两大类：内部因素包括资源所有权、专用性资产投资、权力不对等性和自我保护意识等；外部因素包括行业密集度、组织规模、资源允裕度、行业管制程度和行业国际化程度。总体而言，企业的竞争倾向与拥有的关键资源、专用性资产投资比例、市场权力及自我保护意识等因素之间存在正向关系。Bengtsson 等人（2010）对不同情境下的竞合关系进行深入研究，探讨竞合驱动力存在或缺失等典型条件下的竞合关系互动演变，并据此构建概念模型分析四种影响竞合关系的主要力量：（1）关系的嵌入性（over-embedding）对竞合倾向及互动效果具有正向影响，而关系的疏离性（distancing）则会减弱竞合倾向与效果；（2）对抗性（confronting）会对企业间竞争倾向产生正向影响，而共谋性（colluding）的增强则会产生相反的效果。

我国学者杨梅英（2002）提出了共同利益、共享理念、合作远景及相互间的诚信是成功实施合作竞争战略不可或缺的四个基本的前提条件。刘衡、王龙伟和李垣（2009）通过对国内外竞合理论文献的系统梳理，总结出决定企业间竞争倾向的影响因素。具体包括环境恶化、实力不对等、客户争夺、利益冲突等；而影响企业间合作倾向的主要因素包括相互依赖程度、资源互补性、环境压力及关系质量等。

（二）竞合过程及中介变量研究：关系演化及其影响因素

企业间竞合关系的演化是一个动态复杂的过程，存在多种因素影响竞合关系走向及最终的竞合效果，竞合理论的学者致力于挖掘这些因素并探寻不同因素对竞合关系的影响及程度。

1.竞合关系演化的博弈分析

竞合战略制定及实施的最主要方法是博弈论，这一方法的确立始自 Brandenburger 和 Nalebuff（1996），他们认为企业可以通过改变博弈的相关要素（参与者、参与者的附加值、游戏规则及策略）来避免企业间的恶性竞争、实现博弈的最优结果；他们通过价值网络的竞合博弈分析，首次系统展现了企业间竞合战略及竞合关系演化的清晰过程，并给出了改变竞合博弈的关键因素。两人利用博弈论将合作与竞争有机地整合到一起，为其他学者的后续研究奠定了理论基础与方法基础。Mariani（2007）以意大利的三家歌剧院为案例分析样本，深入分析该行业内竞合博弈过程及影响竞合关系发展的关键因素。结果显示，制度性因素是催生并影响竞合关系演化的主要因素：如当地产业政策是三家歌剧院建立并保持竞合关系的主要诱发因素，而组织间学习机制的建立，会促使上述企业之间的竞合战略由自发建立型转变为深思熟虑型。

王永平和孟卫东（2002）构建了供应链企业竞合机制演化的梳理模型，通过演化博弈来阐述其竞合关系的动态演变。研究发现，博弈初始状态会对上述竞合机制的演化产生直接影响，且具体演化方向与竞合双方博弈的支付矩阵直接相关。孙利辉、徐寅峰和李纯青（2002）以竞争博弈与合作博弈的对比分析为基础，共同构建一个竞合博弈模型，并以非对称双寡头合作竞争产量博弈为例，将这一模型的博弈均衡与前两者的均衡状态进行了比较分析，结果显示竞合博弈实现最优解。龚敏和张婵（2003）描述了战略联盟、网络组织、企业生态群三种形式在竞合关系框架内如何通过战略互动进而实现螺旋式演变的过程。钟德强等（2003）从竞合博弈的角度，构建了最优供应商数量模型，以描述竞合环境下如何寻求零部件采购成本与供应商数量之间的最优解。吴昊、杨梅英和陈良猷（2004）从博弈参与者有限理性的研究角度，深入揭示竞合博弈复杂性存在的根源，并以此为基础通过演化博弈分析竞合过程，并提出了"进化稳定策略",用以预测竞合博弈的长期演化趋势。刘慧宏等（2005）提出了有限合作竞争博弈与效用函数可微的无限合作竞争博弈求解均衡的方法，董广茂等（2006）系统分析了不同类型的学习能力对竞争合作关系的不同影响，以及学习能力对竞合关系治理的机制作用与适用条件。钟胜（2006）通过构建一个两阶段博弈模型，对供应链上下游企业间的四种可能策略组合进行比较分析，发现"合作—非合作"策略组合可以作为供应链企业竞合博弈的最优解。彭正银和何晓峥（2007）通过竞争博弈、合作博弈及竞合博弈之间的比较分析，探寻哪一种博弈均衡状态下可以实现最优解（帕累托改进），来彰显竞合战略与纯粹的竞争战略或合作战略之间对企业绩效的影响程度与结果。彭芬（2012）从博弈论的角度对农产品对接组织之间的竞合关系进行了演化分析，探讨重复交易过程中，对接组织之间的竞争与合作倾向。

2.竞合关系演化的关键影响因素研究

在演化博弈分析之外，竞合关系演化研究的另一个热点领域是探讨改变竞合演化方向的关键因素，以及这些因素与企业竞合绩效之间的关联性研究。这一领域的研究成果主要分布于以下几个方面。

一是从企业竞合关系演进的时间性角度展开的相关研究，具体包括企业生命周期、竞合时间节点、产业发展与演进等战略要素。Harfield（1999）针对新西兰新兴产业中的竞合现象展开研究，支持竞合关系构成对产业长期发展的影响进行了系统分析。研究发现，产业内部建立竞合关系机制是一种积极尝试，有利于新兴民族产业的发展及与全球产业链的融合。一方面，适度的竞争会促进产业内部的良性互动发展；另一方面，产业内的合作与联营会提升产业在全球市场的竞争能力。Bengtsson（1999）通过长期案例跟踪研究，发现企业间关系随时间节点的变化，可能在竞争关系、合作关系与竞合关系之间动态演化。Lechner（2006）等人以企业生命周期理论为研究视角，考察竞合战略与创业型企业处于生命周期不同阶段时绩效的关系。结果表明，创业实施阶段比创业准备期更适于采取竞合战略，并对提升企业绩效具有积极影响。我国学者杜传忠（2004）从产业组织演进的角度，指出企业网络组织间的协同竞争行为对组织变革行为有积极的促进作用。黄卫平（2012）等人从全球经济格局演化的角度对竞合理论进行了阐释，并指出"竞合"是未来经济全球化发展的必然趋势。宋铁波和钟槟（2012）从产业动态竞争的角度，对企业间竞合战略在产业演进与发展过程中的作用与地位进行了制度性解读，并构建了相应的理论模型。他们指出，随着产业成熟度的提高，合法性所扮演的主要角色将由"目标"向"工具"转变。

二是探讨企业内外部环境对企业间竞合关系演进的影响，具体包括产业环境、社会网络、产业结构与政策、企业组织结构及文化等方面。Tsai（2002）认为企业内外部环境变化会直接影响企业间竞合关系的演变，如环境变迁的剧烈程度，组织结构、组织惯例及企业文化的差异程度均会导致企业间竞争倾向的改变，且存在一定的正向关系。Luo（2005）对国际合资企业中契约、合作及绩效之间的关系及其相互影响进行系统研究，认为契约的完善性和合作的稳定性共同决定了企业的绩效。Giovanni 和 Padula（2002）对竞合关系的研究焦点集中于利益结构，竞合互动及相互依赖的程度以及彼此利益结构的一致性程度（或重叠程度）。当利益结构完全一致（完全重叠）时，竞争观念成为构建关系模式的主导；当利益结构完全分离（无重叠）时，合作观念将取代竞争观念。类似的观点，还有 Mar 等人，他们的研究通过企业对其他利益群体行为的主观判断，来界定竞合关系：当企业视其他利益群体为消极外部因素时，彼此为竞争关系；当企业视其他利益群体为积极外部因素时，彼此为合作关系。该领域的研究，与关注企业外部环境的研究存在明显差异，更加侧重于企业内部的战略认知，与过分强调环境影响战略选择的观点形成明显对比，具有一定的研究特色。

Beersmp、Hollenbeck 与 Humphrey（2003）的研究重点集中于竞合关系结构与团队绩效二者的关联性研究，这种关注要素关联类型的研究也极具代表性。Kotzab 和 Teller（2003）对竞争对手间建立竞合互动关系的主要影响因子进行了系统研究，这些影响因子包括：（竞合双方的）合作动机、互赖程度、相互信任及承诺、正式的责任与冲突解决机制、有效的整合与沟通机制等。Zineldin（2004）认为竞合战略的实质是通过市场学习来实现组织绩效的改善，并指出竞合战略产生的绩效改善是由于交易成本内部化、规模经济、资源互换、技术共享、市场交换与共同开拓等价值创造活动为企业产生利润而形成的。Luo（2005）对大量跨国公司子公司间竞合的实证研究，指出竞争强度决定于以下因素：局部响应程度、市场重叠程度、能力衰退速度；合作强度的影响因子则包括：战略依赖性、组织形式、技术互补关系等。有研究指出，新型企业环境下会倒逼企业建立不同于传统的企业间关系模式，即由单纯地关注竞争或合作转型为与竞争对手之间建立竞合关系。企业通过竞合关系实现的资源共享、快速响应能力会更有利于新环境下的商业机会获取与竞争威胁规避。Padula（2007）将企业内外部环境因素及企业资源异质性程度同时作为企业间竞合关系演化的重要影响因素，并认为环境的不确定性及组织结构、文化的差异性是影响企业间竞争或合作的关键性变量。Mariani（2007）重点研究制度因素与组织学习能力如何促进企业间竞合关系的建立与演变。他发现制度性因素会对改变企业间竞争与合作倾向产生推动作用；而组织学习机制会推动企业间竞合关系的动态演化。

国内学者任新建（2006）的研究成果显示企业间并非仅仅限于单纯的竞争与合作，冲突与替代的关系，而是可以通过企业间互动及互补的作用机制对企业绩效产生良性影响，并以实证方法论证了中心企业采取与同业者的竞合战略，对企业市场绩效和财务绩效的提升更具影响力。李薇和龙勇（2010）根据合作关系作用对象的差异，将竞合关系的总体效果划分为内生和外生两部分。内生效果是指受合作关系内部资源组合特征影响，并产生在伙伴成员内部的合作效果；而外生效果（或市场效果）则是指在外部环境因素影响下合作关系对市场变量所产生的影响。冯文娜和杨蕙馨（2011）在实证研究的基础上，指出战略联盟的竞合绩效取决于两大类因素：行为因素与结构因素，并受其综合作用的双重制约。同时，她们的研究成果证实了联盟结构既是联盟竞合绩效具有重要影响的关键传导因素，又是联盟竞合行为与联盟竞合绩效的复杂中介变量（前文已有陈述）。张卫国（2012）等从生态系统论的理论视角，对企业间竞合关系及竞合战略不稳定性的原因进行了全新的阐释，并据此构建了企业间形成竞合战略的生态系统模型，对竞合战略不稳定性的内在机理、特征及企业选择倾向等方面进行深入分析。

三是竞合关系对企业间知识转移与知识分享的关联性及影响因素的研究，具体包括技术知识、管理知识以及其他类型的知识。Simonin（1999）的研究指出了组织差异程度、组织成员心态等因素对知识转移产生的影响。Levy（2001）等人认为竞合企业间的知识分享过程改变了传统竞争概念的局限性，不仅可用来促进合作，还可用于促进竞争。各企业之间信息系统的效率差异，最终决定其知识分享的速度与效果。Zineldin（2004）指出竞争对手之间建立伙伴型的良性互动会提升企业绩效，包括实现规模经济、节约成本、提高研发水平、贴近技术前沿、接近新市场、创造更多的顾客附加值等收益。他还强调，竞合战略一方面通过合作可获得所需的互补性资源，另一方面通过竞争可迫使企业开拓创新。他还进一步指出决定企业是否能够建立良性竞合关系的主要影响因素包括合作动机、相互依赖、相互信任与承诺、正式的责任和冲突解决机制、有效的整合和沟通机制。显然，竞合战略比单纯的竞争或合作战略更有利于提高创新能力（包括新产品线开发和技术多样化）。Garcia 和 Velasco（2004）通过对欧洲生物技术企业长达 6 年的跟踪研究发现，成功的竞合战略比单纯的竞争或合作战略，更能够提升企业的创新能力，而且竞合战略既可用于管理与直接竞争对手的关系，也可用来管理与上下游合作伙伴的关系。贾晓霞（2007）对合作创新过程中阻碍知识转移的因素进行了研究，包括知识特性障碍、组织结构障碍、企业文化障碍及深层交流障碍，并从推广知识转移愿景、建立知识转移组织及培养利于知识转移的企业文化等方面给出了具体的对策建议。

四是探讨企业间竞合关系与企业创新、创新绩效之间的关联性及关键影响因素的研究。Garcia 等人（2002）在长期跟踪研究的基础上得出结论：单纯的竞争或合作战略都无法像竞合战略那样有效地提升企业的创新能力。Gnyawali（2006）从企业层面因素、战略与技术的二元层面因素为考察维度构建理论框架，探讨竞合战略对中小企业技术创新的影响并进行成本收益分析。产生的收益包括：规模经济（Economies of Scale）、降低不确定性风险（Reduction of Uncertainty & Risk）、加快产品研发速度（Speed in Product Development）；产生的成本包括：技术流失风险（Technological Risks）、管理挑战（Management Challenge）与失控风险（Loss of Control）。通过对三星与索尼两家大型企业长达 7 年的跟踪调查与数据分析，深入研究竞合战略对大型企业技术创新的影响，包括推动因素、竞合关系动态演进及绩效变化。研究结果显示竞合战略会产生积极效果：伙伴间的价值创造与分享（Partners Value Creation & Appropriation）、提升产业技术与标准（Industry Technological Development & Standards）及产业竞争动态化（Industry Competitive Dynamics）。Anne Laure（2011）通过长达 3 年的跟踪调查与数据分析，探讨竞合关系与服务行业创新活动之间的相互影响：从市场或内部获取信息的企业和为获得产品创新而技术合作的企业一样，都倾向于为市场创新引进新产品，但来自竞争者的信息会对创新的新颖性产生负面影响。黄瑞华（2008）对组织合作创新中隐性知识转移所衍生的商业秘密流失风险进行深入分析，并通过专家调研的方式归纳主体风险及客体风险的影响因素及影响程度。宋之杰和孙其龙（2012）深入分析了在创新成果时间不确定的条件下企业研发模式的选择问题，并重点探讨了 R&D 卡特尔与研发 RJV 两种合作机制下，研发模式在竞争、合作及竞合关系之间选择的倾向性。阮君华（2012）对长三角区域经济管理进行了深入分析，从竞争与合作两大主题对长三角区域管理的竞合机制进行解读，分别从主体多元性、主体自主性、环境开放性、制度约束性等多个维度展开对管理机制创新与管理绩效的探讨。

（三）竞合的结果变量研究：竞合绩效测量与竞合类型划分

竞合关系的结果变量研究中主要集中于以下两个领域：企业竞合绩效的测量与竞合类型的划分。国外学者如 Luo、Walley 等人均对竞合理论的类型划分及关系演变的研究作出突出贡献。

1. 企业竞合绩效的测量研究

Tsai（2002）通过实证研究，以同一组织内部 24 个部门为样本，测量了组织内各部门间竞合与部门间知识共享之间的联系。Garcia 和 Velasco（2002）以"与上游合作方的竞争""与下游合作方的竞争""与直接竞争对手的合作""与上游合作方的单纯合作"以及"与下游合作方的单纯合作"为测量变量考察纵向产业链的竞合关系，并通过对一家生物技术企业共 6 年的数据采集与测量分析，验证了竞合关系对企业创新能力（高技术产业）的正向影响。Gnyawali 等人（2006）对竞合网络的结构特征对企业竞争行为频率及形式的影响进行测量研究，以竞争行为数量与竞争行为多样性为测量指标，具体考察并计算钢铁行业内的多种竞争行为（生产、营销、服务等共 49 种）。Luo（2006）针对中国 163 家样本企业开展实证研究，分别以跨部门合作强度、跨部门合作能力及跨部门竞争为自变量，以顾客绩效和财务绩效为因变量，以市场学习为中介变量对组织间竞合效果进行测度。其中，跨部门合作强度包括部门间沟通、讨论问题、员工间关系、合作支持、关系可持续性、信息交流少 6 个子测量变量，而跨部门合作能力包括知识识别能力、知识理解能力、知识评估能力、知识吸收能力、知识应用能力、知识利用能力 6 个子测量变量，跨部门竞争变量则包括资源竞争、资源争夺激烈程度、高管关注资源争夺的程度、资源分配、高管注意力配置、部门间竞赛、部门间权力冲突、部门间目标不相容、部门保护、部门间争夺、部门间目标和谐 11 个子测量变量，与前述变量共同构成竞合策略的指标体系。

钟德强等（2003）对处于竞合关系模式下的供应商数量优化问题进行了系统研究。胡颖等（2004）对市场内企业数量、横向联盟及市场效率之间存在的直接关联进行了测量：当市场内企业在一定数量程度上时，横向联盟与市场效率之间的关联性并不显著；而当企业数量过少时（临界点为 15 家），横向战略联盟对市场效率会产生负面影响。李健和金占明（2007）通过构建二维理论框架，对战略联盟的伙伴选择、联盟竞合关系二者与联盟绩效间的关联性进行研究，并提出了赫芬因德指数等衡量联盟内企业间竞合关系的评价指标。在李建和金占明（2008）的后续研究中，他们对衡量联盟内竞争与合作强度的现有指标体系进行了系统的梳理与评价：将赫芬因德指数（Herfindahl- Hirschman Index）、集中度比率（Concentration Rate）、企业相互作用敏感度指标及交叉价格弹性等指标进行了整合，并在此基础上构建了衡量战略联盟内部成员企业间竞争强度及合作强度的"联盟企业竞合强度指标体系"。

至此，企业间竞合研究基本完成了理论的基础构建（多为质性研究），旨在揭示竞合现象的内在机理与规律。竞合研究自理论创建始，至此已全面成熟而成为战略管理领域的一门显学，竞合研究方法也已明显由质性研究向量化研究转型，研究成果集中于两个方面：第一，竞合关系的影响变量及竞合绩效的实证测量。一是沿袭竞合关系互动演化的时间线展开研究，包括企业生命周期、竞合时间节点、产业发展与演进等；二是企业内外部环境对竞合关系互动演化的影响，包括产业环境、社会网络、产业结构与政策、企业组织结构及文化等；三是竞合关系对企业间知识转移与知识分享的关联性及影响因素研究，包括技术知识、管理知识以及其他类型的知识；四是竞合关系与企业绩效（创新及财务绩效）之间的关联性与影响因素研究。第二，除通过定量研究验证质性研究提出的理论命题外，还有一个重要议题是对现有竞合研究的全面梳理与评述，并展望未来。汪涛（2002）是国内首个系统梳理竞争理论演进的学者。刘衡等人（2009）通过对竞合前沿观点的全面梳理，提出竞合影响变量的基本框架："前沿变量—中介变量—结果变量"。截至目前，M. Bengtsson 与 S. Kock（2014）对竞合研究流派与方法的梳理最为全面，从个体（Individual）、组织（Organizational）、跨组织（Interorganizational）及跨网络（Inter-network）四个层面归纳竞合互动（Interaction）、竞合动因（Motives）与竞合产出（Outcome）等战略要素之间的关联。对竞合变量的研究可归纳为表 1-5。

表 1-5　竞合影响变量的研究总结

	变量：影响因子	研究方法	学者/年份
前因变量	竞合倾向性：竞合网络结构（市场多元化水平）、企业在网络中所处位置（周围结构洞机会）	案例研究	Gnyawali, 2006
	竞合驱动力：①竞争强度（局部响应能力、市场重叠和能力衰退）；②合作强度（战略依赖性、子公司组织形式及技术互补）	实证研究	Luo, 2005
	竞合倾向：环境变迁的剧烈程度，组织结构、组织惯例及企业文化的差异程度	实证研究	Tsai, 2002
	竞合倾向：①内部因素（资源所有权、专用性资产投资、权力不对等性和自我保护意识）；②外部因素（行业密集度、组织规模、资源充裕度、行业管制程度和行业国际化程度）	理论研究	Walley, 2007
	竞争驱动力：关系的嵌入性、对抗性 合作驱动力：关系的疏离性、共谋性	理论研究	Bengtsson, 2010
	竞合驱动力：合作动机、相互依赖、相互信任与承诺、正式的责任和冲突解决机制、有效的整合和沟通机制	理论研究	Zineldin, 2004

	变量：影响因子	研究方法	学者 / 年份
中介变量	企业与供应商、顾客、互补品生产者、联盟伙伴的良好关系	案例研究	Garcia，2004
	关系强度：赫芬因德指数、集中度比率、企业相互作用敏感度指标及交叉价格弹性	实证研究	李健、金占明，2007
	制度性因素（诱发因素）、组织学习机制	案例研究	Mariani，2007
	竞争与合作的动态演化：时间节点	案例研究	Bengtsson，1999
	利益结构一致性（重叠程度）	理论研究	Giovanni，2002
	合作动机、互赖程度、相互信任及承诺、正式的责任与冲突解决机制、有效的整合与沟通机制	案例研究	Kotzab，2003
	环境不确定性、组织结构、文化差异、资源异质性	理论研究	Padula，2007
	竞合互动演化：渐进式创新 / 激进式创新 竞合角色定位：吸收能力 / 独占性机制	实证研究	Ritala，2012
	联盟竞合互动演化：信任与依赖	实证研究	Ricarda，2012
	竞合演化层面：个体、组织、跨组织、跨网络	理论研究	Bengtsson，2014
结果变量	企业信息系统能力：企业间知识获取与分享	案例研究	Levy，2003
	企业绩效改善：交易成本内部化、规模经济、资源互换、技术共享、市场交换与共同开拓	理论研究	Zineldin，2004
	技术创新绩效：规模经济、降低不确定性风险、加快产品研发速度； 产生的成本包括：技术流失风险、管理挑战与失控风险	案例研究	Gnyawal，2009
	技术创新绩效：伙伴间的价值创造与分享、提升产业技术与标准及产业竞争动态化	案例研究	Gnyawali，2011
	跨部门合作变量：知识识别能力、知识理解能力、知识评估能力、知识吸收能力、知识应用能力、知识利用能力		

	变量：影响因子	研究方法	学者／年份
	跨部门竞争变量：资源竞争、资源争夺激烈程度、高管关注资源争夺的程度、资源分配、高管注意力配置、部门间竞赛、部门间权力冲突、部门间目标不相容、部门保护、部门间争夺、部门间目标和谐	实证研究	Luo，2006
	竞合关系类型与创新绩效：竞争主导型关系、合作主导型关系、平衡型关系	实证研究	Park，2014

资料来源：本书整理。

2. 企业间竞合类型的划分

还有研究关注企业间竞合的类型，试图通过不同的指标建立框架性理论模型，以形象化、显性化不同类型的竞合关系模式。现有理论对竞合关系的界定是基于利益结构的分析："企业间的竞合互赖是基于部分一致的利益结构，而竞争观或合作观则集中于利益结构的完全一致或完全分离。"（Padula，2002）一种基本的划分思路是按关系结构中竞争与合作的存在强度（或关系状态），可分为完全竞争状态、完全合作状态、竞争与合作对等状态、强竞争弱合作状态及弱竞争强合作状态（Bengtsson & Kock，2000）。类似观点还包括 Byung-Jin（Robert）Park（2014）等人对竞合关系的界定：强合作弱竞争的"合作主导型竞合"（Cooperation-dominant Coopetition）、强竞争弱合作的"竞争主导型竞合"（Competition-dominant Coopetititon）、弱竞争弱合作的"弱竞合"（Weak Coopetition）、强竞争强合作的"平衡型强竞合"（Balanced-strong Coopetiton）；还有一种观点针对实体经济与网络经济的区别，将竞合关系划分为实体竞争、实体合作、实体合作竞争、虚拟竞争、虚拟合作及虚拟合作竞争六种类型（周和荣、张金隆，2007）。

Easton 和 Araujo（1992）将企业间可能存在的四种横向关系进行归纳：竞争关系、合作关系、共存关系及竞合关系。Peter S. Ring（1994）认为基于合约的跨组织的合作关系包括战略联盟、伙伴关系、联合、合资企业、特许、研究团体和各种各样的网络组织。Bengtsson 和 Kock（2000）根据竞争与合作程度的差异，将竞合关系界区分为五种竞合关系状态：完全竞争状态、完全合作状态、竞争与合作对等状态、强竞争弱合作状态及弱竞争强合作状态，进而将企业间竞合划分为三种形式：以合作为主要导向的竞合、竞争与合作均衡作用的竞合、以竞争为主要导向的竞合。Dagnino 和 Padula（2002）对竞合关系类型的界定集中于利益（或目标）结构的分析上，认为"企业间的竞合互赖是基于部分一致的利益结构，而竞争观或合作观则集中于利益结构的完全一致或完全分离"。换言之，不同类型的利益结构决定不同程度的竞合关系。Luo（2004）的观点，将上述四种竞合关系命名为疏远型（Estranger）、竞争型（Contender）、伙伴型（Partner）和综合型（Integrator），并以此为基础总结提炼四种国际代工竞合关系的主要特征。后续研究中，Luo（2005）按照跨国公司内部竞合条件下子公司的竞合地位，将竞合关系划分为高合作高竞争型网络领导者（Network Captain）、高合作低竞争型热心贡献者（Ardent Contributor）、低合作高竞争型争斗挑起者（Aggressive Demander）、低合作低竞争型沉默实施者（Silent Implementer）。Luo（2007）通过 2 维矩阵的形式将跨国公司及其竞争对手之间的竞合关系划分为集聚型（Concentrating）、分散型（Dispersing）、网络型（Networking）及关联型（Connecting）。同时，他按照竞合关系中竞争与合作强度的高低，将其划分为高合作高竞争配合型（Adapting）、高合作低竞争伙伴型（Partnering）、低合作高竞争争斗型（Contending）和低合作低竞争孤立型（Isolating）四种类型。

黄少安（2000）认为合作可以分为紧密型合作与松散型合作、

正规契约型合作与非正规契约型合作、双边合作和多边合作、单一
内容的合作与多方位的合作、个人之间的合作与组织之间的合作等。
任新建（2006）将企业竞合关系分为无竞争无合作、竞争、竞合和
合作四种关系类型，继而以此框架为基础，参照 Wilkinson 与 Young
（1994）对竞合关系的划分标准，构建了企业间竞合关系的二维构架
图（如图 1-10）：他们把渠道上下游伙伴间的竞合关系分为高合作高
竞争竞合型、高合作低竞争伙伴型、低合作高竞争冲突型和低合作
低竞争依赖型四种类型。邹文杰（2006）基于合作的稳定程度、时
间持久性等维度，提出合作形式大体上可以分为三种：契约型合作、
网络型合作以及自由灵活型合作。契约式合作已成为企业合作的主
要模式，而企业网络以其独特的组织优势，逐渐替代企业合作的传
统组织形式。王群力（2008）总结了合作战略的具体形式有：合作联
盟、合作生态系统和合作网络，并指出合作网络组织理论是当前对
合作组织分析的一种较为普遍的理论。周俊和薛求知（2008）按照
竞争与合作水平的差异，将国际代工模式下的竞合关系划分为四种
模式：低度竞争与低度合作、高度竞争与低度合作、低度竞争与高度
合作以及高度竞争与高度合作。李建和金占明（2008）参照国外学
者 Luo（2005）对跨国公司之间的竞合关系划分，构建了战略联盟
企业间竞合关系的二维模型（如图 1-11）。这个二维模型按照合作和
竞争的强弱组合将联盟企业间竞合关系划分为四种形式：竞赛关系、
弱相关关系、友好关系、协调关系。该模型从联盟内企业的关系出
发，兼顾合作强度和竞争强度两个方面，从而全面地体现出联盟企
业间关系所处的状态。贾红雨（2012）等人从社会网络的研究视角，
构建了港口竞合关系模型，系统阐述了港口竞合关系的合理分层及
关联强度，并对不同层次的核心型港口、中介型港口的竞合战略的
可行性进行了理论验证。

企业竞合战略

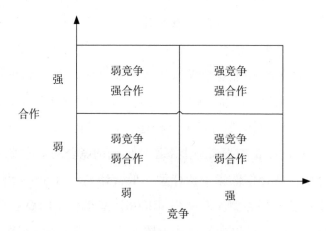

图 1-10　竞合关系二维构造图

资料来源：任新建：《企业竞合行为选择与绩效的关系研究》，复旦大学博士学位论文，2006 年。

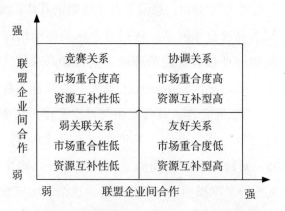

图 1-11　战略联盟企业间竞合关系二维模型

资料来源：李建、金占明：《战略联盟内部企业竞合关系研究》，《科学学与科学技术管理》2008 年第 6 期。

第二节　研究视角

基于上述文献梳理与系统评述，可以看出，竞合理论的研究主要集

88

中于几个方面：第一，现有文献成果显示，目前对于竞合理论研究框架的构建虽已渐趋成熟，但仍存在较大的空白与较多的理论争议，不同学者均是基于各自研究角度对竞合理论展开诠释。主要存在的问题是，如要形成一致的理论观点与完整的理论体系尚需进一步的理论研究和观点融合。但在竞合的概念、内涵及初始理论框架构建方面已达成了一致。第二，从企业间竞合战略的实践研究来看，研究成果集中于两大方面：一是从产业链、供应链以及价值链为主要角度，对企业间的纵向竞合关系进行系统梳理和研究；二是从产业集群、企业战略联盟等视角出发，探讨企业间横向竞合关系的类型与效果。上述两个方面的实践研究，形式多为针对个别企业（或少数企业）的案例分析、跟踪调查及后续的实证分析，但样本企业在行业属性、地域特征等方面均存在较大局限。例如，样本选取多集中于欧美国家，样本企业多为工业企业、高技术密集型的企业等，多维度、跨领域的研究还相对缺失。此外，通过对上述研究成果的梳理，发现对于中国企业的竞合研究明显不足——尤其是扎根于中国文化、制度情境的研究较为缺乏。因此，现有研究尚存短板，还没有摸索出一种具备普适性、能够有效指导中国企业实践的竞合战略模式。第三，企业间竞合实践的另一个重要领域是针对竞合关系驱动因素、互动演化及主要影响因素的研究。此外，还包括企业间竞合关系的主要类型（关系模式），以及竞合的测量研究。但上述领域的研究成果依然不具备足够的代表性与普适性，研究成果的分布也极不均衡。

　　本研究认为，企业间竞合理论的研究仍需在如下方面加以提升：第一，竞合理论框架体系的构建与再思考。理论研究文献数量虽多，但具有足够创新型的理论构建研究很少，现有成果还不足以弥补现存的较大的理论真空与研究空白。因此，竞合战略研究的理论框架还有待进一步的系统性、深层次的理论研究来充实和完善。例如，竞合过程中国特殊文化与制度情境是否会对竞合关系产生影响？如以此来构建研究结构的分析框架，解读中国企业的竞合问题应该具有足够的价值与创新性。

例如，在现有研究背景的基础上，并结合中国企业融入全球经济的过程中面临的实际问题，可以发现新的竞合问题。例如，立足于全球价值链转向"全球创新链"的变化的宏大北京，进而"催生"我国后发企业积极走创新驱动发展道路这一独特的经济现象所诱发的中国企业竞合问题值得深入探究。具体表现为：以内生增长理论和嵌入性理论为指导，并综合经济学、管理学和系统论等知识体系，在大量实地调研与案例研究的基础上，以技术嵌入性为核心问题，从构念、隔离、分离和支持四个方面对中国后发企业进入全球价值链的"苹果皮"路线展开研究。第二，克服企业间竞合的实践研究与理论研究不对称。现有理论研究明显滞后于企业竞合实践的发展，对于很多已存在的竞合现象缺乏足够的理论关注与明确的理论解释，不能从理论层面高度提升现有的竞合关系模式，没有提炼出有效指导企业竞合实践的战略模式。例如，对于中国企业应对全球价值链的嵌入性就是这样一个重要的理论研究问题——对中国企业来说，这仍是中国当代一种很典型的经济现象。传统眼光看产业强调"产"，而跨国公司看产业强调"链"。跨国公司的产业链一般有七个环节，跨国公司与中国企业合作，外包出去的主要是生产制造环节，这是跨国公司"两头在内，中间在外"的战略模式。但从跨国公司的全球价值链上看，这种外包部分是价值最低的环节，也是社会成本较高的环节。

关于上述问题，有价值展开进一步的理论探讨，对中国企业嵌入全球价值链过程中面临的竞合问题极有意义。自从卡尔·波兰尼（Karl Polanyi，1944）提出"嵌入性"概念之后，便陆续有学者研究提出一些相关的看法。对于"嵌入性"[①] 的概念，在社会组织、区域发展和组

---

① "嵌入性"一词源于西方，其英语是 embeddedness，国内研究者有不同的译法，有译为"嵌入性"，有译为"根植性"。从现有文献看，大多数学者采用"嵌入性"，也有一些学者采用"根植性"。在一些文献中，嵌入性与根植性经常被交替使用，并不严格区别，如王缉慈原来把 embeddedness 译成根植性，后来认同社会学习惯，改译成嵌入性，本书认为在技术研发方面嵌入性要比根植性更合适。

织管理等研究领域得到广泛的运用。特别是 Granovetter(1985) 提出"经济行为嵌入于社会结构"的论断。国内学者结合中国参与全球价值链的实践，对该问题研究取得了新的认识：一是从单向嵌入到双向嵌入。陈景辉等（2008）基于嵌入性理论，首次提出并论证了跨国公司嵌入与东道国产业集聚的"双向嵌入观"概念，进而为产业集聚，以及企业层面的合作与协同创新提出了双向嵌入的研究视角。黄永春等（2014）研究发现，中国传统产业嵌入全球价值链的对象呈现出单一性，即主要依赖于全球价值链的"链主"，而当前新兴产业则更倾向于借助国家价值链的创新资源。二是基于内生与外生的嵌入性。有学者在论证中国产业集聚的外生性明显和内生性缺陷时，把经济学的内生性与外生性概念引入了基于 FDI 产业集聚的嵌入性研究中，以揭示产业集聚特征与类型。根据发达国家产业集聚的发展实践及相关嵌入性研究发现，集群的内生性嵌入是外生性嵌入的基础与竞争优势的源泉，外生性嵌入只是保持与扩大竞争优势的方式与手段。刘林青等（2010）从租金的角度研究全球价值链中企业竞争优势问题，认为企业层面的租金应该在整个全球价值链租金体系中处于核心位置，且是内生性的。第三，现有竞合研究对竞合关系的界定均以契约为基础，对于契约框架之外的企业间竞合关系缺乏足够的理论关注。因此，应结合现有竞合研究对于中国企业的竞合研究的明显不足，深度发掘西方竞合理论与中国特色市场环境的有效契合并展开深入研究，提出专门的、权威性的研究以便适用于中国企业实践的竞合模式构建。总体而言，现有文献对企业间竞合行为的研究，都没有超越契约约束的范畴。需要强调的是，竞合领域所说的契约，包括了"关系契约"①等不完全契约形式，而不是仅限于古典契约理论下的"正式契约"（关于二者的区别及对于企业间竞合关系的影响后文将有详细

_____

①　关系契约是对古典契约理论的批判演变而来，主要为解决正式契约与现实存在的矛盾，是对古典契约理论的超越，扩大契约的根源与范围。伴随企业间关系由竞合或合作转变为竞合，关系契约的作用愈加明显。

论述）。目前已形成普遍共识的是，关系契约对于维系企业间竞合关系的作用明显优于正式契约，这种新型契约约束机制也是企业间竞合关系研究的趋势与热点。与契约性竞合相比，非契约性竞合领域的理论研究相对滞后于竞合实践的发展，对已出现的非契约性竞合模式缺乏有说服力的理论解释与机理研究。第四，开展切入"全球创新链"与嵌入其高端的研究。从国内外现有研究文献看，近年来，与全球价值链及其嵌入性问题相关度较高的研究论文六十多篇，但多属于经济学视角的研究。尽管已有文献对全球价值链本身，以及后发企业嵌入全价值链高端，及其在全球价值链中演进路径等都有一定的研究，但对中国企业如何以创新驱动发展方式切入"全球创新链"以及嵌入其高端的研究，尚属少见。关于嵌入性理论、单向嵌入性理论、双向嵌入关系理论等的研究，都取得了一定的研究进展，为本书的进一步研究奠定了基础，但以重视将嵌入性理论引入经济社会学为主，而忽视技术创新战略的嵌入性研究。特别是，在全球价值链深度分解，以及全球价值链转向"全球创新链"的情境下，对技术嵌入性与非契约性技术嵌入以及中国企业进入全球价值链的技术路线问题提供出有说服力的研究成果。

根据上述理论分析与系统梳理，竞合理论研究创立至今，历经了不同的发展阶段。早期以理论构建为主，注重理论观点的创新与理论框架的建构；渐趋成熟后开展定性与定量研究，注重采用案例研究和测量工具检验理论观点，并探索不同类型竞合关系与组织绩效的关联。结合前述解构分析，竞合研究的体系结构与成果分布呈现如下特征：第一，基础性研究（理论初创期）多体现为不同理论视角的竞合诠释或解读。因情境的时空差异，未能呈现清晰的理论脉络与完善的框架体系，但在竞合的概念、内涵及基础理论构建方面已达成共识。第二，竞合的质性实践研究（理论发展期）呈现明显的规律性。一方面，从产业链、供应链及价值链层面，探索纵向竞合的关系模式、类型及效果；另一方面，从产业集群、战略联盟及跨国公司内部等视角，展开横向竞合的系统研究。研究方法多为跨案例实证结合长期跟踪调研，但案例样本多为欧美国家的工业企业及高技术密集型企业，对战略性新兴产业涉猎不多、对中国情境下的竞合关注不够。第三，竞合的量化实践研究（理论成熟期）侧重于绩效测量与指标体系构建（一般遵循"前因变量—中介变量—结果变量"的基本框架），但样本在行业属性、区域分布等方面的代表性与典型性仍旧不足。需要强调的是，不同阶段和研究内容在同一时点是交叉进行、相互交融的，共同呈现竞合理论的整体面貌。伴随理论的成熟与分野，现有竞合理论的体系构建（内容与结构）是否完善？是否存在尚未触及的竞合空间？能否通过理论观点的整合与创新，提升竞合研究的思想深度与理论高度，并探明未来的演进趋势？本书试图通过竞合理论的再深入与创新性解读来解答上述问题。

基于此，现有竞合研究仍存在如下亟须解读的问题：第一，竞合战略的理论构建问题。现有理论构建的系统性不强。尽管布兰登伯格等人创建的早期竞合理论框架具备严谨的体系，但后续竞合研究的发展脉络、结构体系及内在逻辑仍需要深层次的理论挖掘。并且，需要一整套完整的理论逻辑，将现有研究进行串联，提炼出理论演进的主线，以进一步理清竞合战略力量发展的起源、发展现状及未来方向。第二，理论研究与实践研究的同步化。现有理论研究明显滞后于竞合实践，对已出现的特殊竞合现象（如隔离机制效果）缺乏理论关注与深层面的机理解读。因此，理论研究与实践探索需要进一步加强联系，学术界要对企业的竞合现象更加敏感，增强理论对实际的解释能力与提升能力。第三，对符合中国情境的竞合战略模式创建研究不足。源于西方的竞合理论与中国特殊情境的耦合性研究（文化根植性与社会嵌入性）仍未见权威性成果发布。中国企业融入全球经济和国外企业进驻中国市场，都面临同样的竞合困境，即文化、制度差异导致的交易成本过高问题。一方面是如何有效地扎根于中国情境，研究适宜中国企业竞合战略实践的理论范式；另一方面要开展中西方竞合战略比较研究，以便正确地指导实践；

第四，理论的基本假设止步于契约框架之内，竞合关系（或竞合效果）的实现基础是企业间缔结的合同（Agreement）或竞争与合作协定（Rules for Cooperating and Competing）（Johanna Dahl，2014），对理论边界之外的竞合现象——如"基于隔离机制的竞合共生模式"（Nike & Adidas）缺乏深入研究。需指出的是，这里的契约包括"关系契约"等不完全契约的形式，而非仅限于古典契约框架内的"正式契约"。现有研究已触及的边界是：非正式契约对于竞合关系的维系效果明显优于正式契约。

综上，本研究基于现有文献的系统梳理与回顾，结合企业竞合实践中已出现的理论尚不能解释的竞合模式与特殊现象提出创新性研究视角。特别是对实践中出现的基于隔离机制的竞合共生模式（如 Nike & Adidas），相应研究止步于隔离机制对企业核心能力的保护，未进一步探讨隔离机制作用下竞合共生关系与竞合效益的生成机理。因此，应立足中国国情与制度情境，关注基于企业的实践案例与相关理论，深入研究这一典型的非契约性竞合模式的内在机理，并以此为基础，构建一个契约框架之外的、基于隔离机制的竞合关系分析框架。本研究寄望于以下研究可以解决以上现实疑问和理论关切：一方面，可以重构竞合战略的框架体系，对现有竞合研究进行充实与完善；另一方面，对中国企业嵌入全球价值链，打破 OEM 锁定来提供一条可行性战略路径——基于隔离机制的技术性嵌入。

第二章　隔离机制原理：基于差别优势

第一节　隔离机制原理

一、隔离机制的基础性研究

隔离机制（Isolation Mechanism）最初为生物地理学概念，意指在自然界造成物种之间不能自由交配或交配后不能产生能育后代的种种原因，具体可以划分为地理隔离、季节隔离、形态隔离及行为隔离四种方式。1984年，美国学者鲁梅尔特最早将这一生态学词汇引入企业管理领域（尤其是战略管理研究），并赋予其特定的管理学含义，即为保持企业的独立性，防止企业的核心竞争能力被学习、模仿或转移，维持企业持续的租金流和持久性竞争优势的经济力量，包括稀缺资源的产权和各种各样的准权利，形式有保护层、信息不对称以及制止模仿竞争的摩擦（Rumelt，1984）。他将隔离机制在组织环境中的存在的意义理解为"排除企业租金事后均等化的一种现象（如法律规章、转换成本、专利、品牌、名声等）"（刘伟，2008）。

从隔离机制相关理论演进的角度来看，可以梳理出清晰的理论脉络。对隔离机制的研究是伴随着对战略管理的研究而发展起来的。在隔离机制的概念被正式引入战略管理范畴之前，国外已有学者提出了可作为隔离机制雏形的相关理论。其中，最早提出类似理论观点的是沃纳菲尔德（Wernerfelt，1984），他最早提出了"资源位置障碍"（Resouree Position Barriers）的概念。所谓资源位置障碍，是指先拥有某种资源的企业能维持与其他企业的差别，并可影响后来的拥有者企业的成本和收益。形成资源障碍是对率先拥有资源者的一种保护机制，使企业与竞争对手相比具备某种资源优势，可能为拥有资源者带来高回报。但他的观点存在一定的争议，有其他学者对上述观点提出了理论质疑。例如，学者 Miller 和 Shamsie（1996，2003）认为，大多数基于所有权的资源受到因环境变化而退化的威胁，而基于知识的资源在变化的情况下可能能够保存。G.Hamel 与 C.K.Prahalad（1990）提出了一个拓展资源观的观点：与物理资产不同，企业的核心能力一旦形成就产生了天然的隔离机制，且不易因环境变化与被模仿而削弱。Mahoney 和 Pandian（1992）从新制度经济学的角度对隔离机制进行了全新解读，他们引入了"资产专用性"与"有限理性假设"两个概念，来分析隔离机制作用及其效果。首先，资产专用性产生的隔离机制作用主要体现为基于初始资产投入的进入壁垒。一方面，这一效果得以实现是源自企业资产存量在现有领域形成的沉没成本，但会因不同企业资源与能力的异质性而存在不同；另一方面，这一效果会进一步促使企业的资产存量（资源与能力）在现有基础上实现升级。其次，有限理性假设形成的隔离机制作用是指企业只能基于有限的信息、资源及机会条件下作出决策，即企业的选择是有限的。从原理上来说，隔离机制的最终效果是上述两种条件下的综合作用，其实质可以体现为两个层面：第一个层面是在个体企业之间（包括经营范围与竞争范围）建立隔离带，建立划分差别化市场的有效机制，以缓解或规避企业间的过度竞争；第二个层面是在竞争隔离的基础上实现企业核心资源与能力的升级，进而构建超过产业平均水平的竞争优势，以获取超额的经济租金。

隔离机制研究的集大成者鲁梅尔特（Rumelt，1984）将隔离机制的作用机理和最终效果进行了系统梳理。总体上可归纳为三类：分别为所有权（Property Rights）、学习与开发成本（Learning and Development Costs）及因果关系模糊（Causal Ambiguity）。第一，所有权是指应用于企业异质性资源的归属与排他性；第二，学习和开发成本产生的隔离机制作用在于阻碍企业资源和能力的复制与模仿；第三，因果关系模糊的效果在于从根本上杜绝企业间对资源与能力的相互模仿。鲁梅尔特（Rumelt，1984）强调，隔离机制可以为企业建立核心竞争能力的模仿壁垒以获取持久性的竞争优势。在后续研究中，另一批代表性学者戴维·贝赞可（David Besanko，1999）等人进一步将隔离机制的效用机制细分为模仿障碍（Impediments to Imitation）与提前行动者优势（Early-mover Advantage）两部分。模仿障碍主要包括法律限制（Legal Restrictions）、获取投入或顾客的优先渠道（Superior Access to Inputs/Customers）、市场容量与规模经济（Market Size and Scale Economics）以及无形障碍（Intangible Barriers）如因果模糊、历史环境和社会复杂性。先行动者的优势则包括学习曲线（Learning Curve）、声誉及买方不确定性（Reputation and Buyer Uncertainty）、转换成本（Switching Costs）和网络外部性（Network Effect）等。此外，国内学者（刘伟，2008）提出一种观点，将隔离机制划分为外生性隔离机制与内生性隔离机制。其中，外生性隔离机制的构成主要包括制度性隔离机制、进入壁垒隔离机制、独特性资源隔离机制及独特地理位置四种形态；而内生性隔离机制则源自企业家能力、组织能力及企业文化三个方面。从作用机制的产生根源的角度来说，隔离机制的组成要素又可以进一步划分为若干更为细致具体的子要素；从最终效果来说，内生性隔离机制与外生性隔离机制的共同作用构筑了企业竞争优势的模仿壁垒。

在以上隔离机制的基础性研究成果之外，现有隔离机制的研究最为集中的理论热点可以概括为以下三种理论视角：基于资源基础观的隔离机制、基于知识观的隔离机制以及基于因果模糊的隔离机制。上述三个方向的研究成果与隔离机制的基础性研究共同构成了隔离机制研究的分析框架。

二、基于资源基础观的隔离机制研究

基于资源基础观的隔离机制观点可以大致划分为两大类：一方面，是 Wernerfelt，Rumelt 及 Barney 等学者为典型代表，探究企业资源异质性、隔离机制与企业竞争优势之间关系的一系列理论。该理论集中于解释资源的构成和性质及其对企业竞争优势的影响。Wernerfelt（1984）将企业资源定义为"依附于企业的半永久性的有形和无形资产"。而 Grant（1991）与 Barney（1991）进一步将企业资源的定义细化，具体可分为财务资源、物化资源、技术资源、商誉资源、人力资源和组织资源等同质性资源和知识、经验、技能、判断力、适应力等富于变化而千差万别的异质性资源。另一方面，是以 Teece（1997），Prahalad 与 Hamel（1994）等人基于企业核心能力与隔离机制的相关学说。这一观点所隐含的前提假设是，企业的核心能力也可以被视为企业的一种特殊资源，仍未能超越资源基础观的理论范畴。所以将上述观点并为一处展开分析。综合以上文献，学者们对基于资源基础观的隔离机制的定义与理解是建立在两个理论假设之上的，一是资源的异质性（Heterogeneity），二是资源的不可移动性（Immobility）。

Wernerfelt（1984）在其代表作《企业的资源观》中融合了 Penrose 等人的理论观点，正式建立了基于战略资源观的理论框架。Wernerfelt 将企业界定为独特的资源组合而非产品市场活动的载体，并提出"资源定位壁垒"的观点来阐述资源与企业利润之间的关系。此外，他还提出了企业在某一领域建立先发优势是一种重要资源的理论观点。基于资源观的理论贡献主要在于催生了战略研究视角的转变，由外部环境分析转移至内部资源与能力探讨。同时，Rumelt（1984）在正式提出"隔离机制"概念之外，还指出企业"初始资源禀赋可以是同质的，但隔离机制的存在将会导致资源产生不完全模仿性的异质化变迁"。资源学派观点的融合已达成了一定的共识：企业资源与隔离机制的共同作用会为企业带来持久竞争优势与超常回报。Rumelt（1991）的实证研究指出，企业的资源禀赋、资源定位阻碍了长期回报率在行业内的均衡，企业战略研究的重点应集中于企业资源异质性的来源：行业效应只解释了回报率差异的8%，但公司效应和业务单元效应却分别解释了回报率差异的25%和46%。而Barney（1991，2001）的理论观点也是以资源的异质性为基础的。他在研究中根据异质性资源的不完全流动性假设构建了"VRII理论模型"，该模型指出持续竞争优势源自有价值性的、稀缺的、不能完全模仿的以及不能完全替代性的资源。Peteraf（1993）的研究显示，异质性、竞争的事后限制、不完全流动性及竞争的事前限制四个条件，是决定资源是否会产生持续竞争优势的关键因素，并据此构建"资源与绩效"的通用分析模型。Conner（1991），Mahoney和Pandian（1992）等人先后将资源基础观与主流经济学理论，包括产业经济学、演化经济学、产权理论、代理理论等进行比较分析，指出隔离机制的"资源观"可以作为一种具备普遍适用性的企业成长理论。

资源基础观框架内的一个主流观点是隔离机制的"能力观"，即将企业的核心能力视为企业的一种异质性资源。该观点认为，企业特有的"能力"将产生隔离机制作用的效果，进而维持持久的竞争优势。Prahalad与Hamel（1990）在划时代意义的论文《企业核心能力》指出，企业的持久性竞争优势源于"核心能力"（Core Competence），即"组织中的积累性学识，特别是关于如何协调不同的生产技能和有机结合多种技术的学识"。但后续研究中，有学者质疑了核心能力学说的可持续性。最具代表性，也是最具影响力的观点是，Teece（1997）提出企业的核心能力易导致"核心刚性"，进而形成路径依赖而削弱竞争优势。为规避这种情况，企业应具备"给定路径依赖和市场定位前提下赢取新的和创造性竞争优势的能力"，并将其命名为企业的"动态能力"，这一观点影响至今，同样具有划时代的影响力。他指出，过程（Process）、定位（Positions）与路径依赖（Paths Dependence）综合体的企业动态能力可以产生持续的竞争优势，动态能力具有的复杂性和难以复制性将形成"能力的模仿壁垒"。Eisenhardt 和 Martin（2000）等人则对将长期竞争优势定位于动态能力的说法提出质疑，并认为企业间的动态能力存在一定的共性基础，进而 Helfat 和 Peteraf（2003）提出了企业能力演化的一般路径并构建模型：当企业能力发展到成熟阶段后可具体分为能力舍弃（Retirement）、能力收缩（Retrenchment）、能力续展（Renewal）、能力复制（Replication）、能力移用（Redeployment）以及能力组合（Recombination）六个阶段，这一层面的隔离机制作用集中体现在"能力复制"、"能力移用"等阶段。总体而言，这一领域的研究的核心问题在于隔离机制在企业异质性资源、核心能力与企业竞争优势之间的保护作用，以及隔离机制作用的不同形式与原理。

三、基于知识观的隔离机制研究

这一领域的学者普遍将知识作为一种有效的隔离机制，视企业为一个知识构成的系统，并将基于知识观的隔离机制视为基于资源（能力）基础观的隔离机制视角的深化与延伸。因为有观点指出，企业所掌握的独有知识（尤其是隐性知识）也是一种异质性资源。同时，企业制造知识、传递知识的能力也是一种核心能力。但因知识观的研究是绝对的热点领域，因此将知识观独立于资源观之外是目前学界广泛接受的主流观点。所以，本研究沿袭这一惯例。知识观的主要观点主要体现两个方面：一方面，隔离机制的作用体现为系统动态演化（一种均衡状态跃迁至另一种均衡状态）过程中，防止因知识流动而导致的竞争优势削弱与丧失；另一方面，企业主动地获取知识流动与更新可以促进隔离机制的进一步巩固与升级，以建立持久性竞争优势。还有学者对上述观点进行充实：例如 Kogut 和 Zander（1992）提出，由于其意会性和社会复杂性，因此将企业的知识存量作为企业持续竞争优势的决定因素。Miller 与 Shamsie（1996）指出知识形成企业隔离机制的效果源于其本身的"意会性"与"普遍适用性"：一方面，知识的普遍适用性导致企业知识最具备形成竞争优势的潜力；另一方面，知识的意会性导致企业知识的不易模仿与不可复制。此外，Hitt，Ireland 与 Hoskisson（1999）等人也将组织知识视为企业持续竞争优势的重要来源。

再从另一种观点来看——基于企业资源的角度：Grant（1996）将知识界定为企业最重要的资源之一，并基于资源观的理论基础对"知识的转移性"、"整合性"及"可占有性"进行系统探讨。在后续研究中，他还对"企业存在""企业内部协调""企业层级结构"以及"企业边界"等问题进行了深入研究。其他学者如 Conner 与 Prahalad（1996），Shanley 与 Peteraf（2004）等人也将隔离机制的"知识观"视为"资源观"的一个特殊视角或理论延伸。此外，Barney（1991）提出了基于知识观的隔离机制的三种来源：（1）特定历史条件；（2）因果模糊（Causal Ambiguity）；（3）社会复杂性（Social Complexity）。按照知识资源所形成的隔离机制的效果差异，可以将企业的知识资源分为两种：显性知识（Explicit knowledge）与隐性知识（Tacit Knowledge）。但提出这一划分方式最早的学者是 Polany，他于 1966 年将知识划分为显性知识与意会型知识（即隐性知识）两种类型。两种不同类型的知识资源在隔离机制上则是完全不同的，如表 2-1 所示。显性知识产生的隔离机制作用在于以法律为基础的清晰产权界定，属于一种强制性的保障机制；而隐性知识产生的隔离机制作用则是源自其难以表述、难以清晰界定的产权边界与内涵，进而形成的难以模仿与复制——主要是由于隐性知识的模糊性而导致的竞争对手无从模仿，甚至不知道需要模仿的知识是什么（汪浩、宣国良，2003），属于一种非强制性的保障机制。

企业拥有的众多难以模仿的资源中，（企业特有的）知识属于最有效、最难以模仿（甚至无从模仿）的一种。基于知识观的隔离机制作用主要源自隐性知识的模糊性，这一点类似于动态能力的作用机理：Lippman 和 Rumelt（1982,2003）认为，有些竞争优势的来源非常复杂，甚至连企业本身都不知道其中缘由，更别说他们的竞争对手。动态能力的复杂性特征使这种能力的模仿变得极为困难。企业的核心竞争力源自企业的核心资源与能力，而有形的资源极易被对手迅速模仿。因此，构成企业持久竞争优势的资源或能力必然是无形的，是企业所掌控的独特性知识资源，特别是隐性知识。显然，对于企业知识资源与隔离机制作用之间关系的探讨，目前尚存争论。尽管有观点认为，知识资源具备不可交易资产的黏着性及资源耐久性，但在网络化结构的新竞争环境下，知识流动的速率与频率较之传统竞争明显提升，知识资源的隔离机制作用主要体现为隐性知识的不可模仿性。Lippman 和 Rumelt（1982）指出，企业为了保护这些知识必然要设置各种障碍，以避免各种模仿和替代。也就是说，针对隐性知识，企业采用的"隔离机制"只能是从自身管理的角度实施。这些隐性知识资源包括：非专利技术、管理技能、企业文化、内部管理方法等。Johannessen、Olsen 和 Olaisen（1999）将隐性知识分为四类：系统知识（Systemic Knowledge）；默示知识（Tacit Knowledge）；隐藏知识（Hidden Knowledge）；关系知识（Relationship Knowledge）。汪浩、宣国良（2003）进一步将上述三人的研究成果整理汇总成表 2-2，以显示隐性知识的种类与特征。

表 2-1　不同知识资源的隔离机制

知识资源种类	隔离机制类型	强制性程度
显性知识资源	产权制度、法律	外部法律约束强
隐性知识资源	组织结构、空间距离、创新变化	企业自身防范

资料来源：汪浩、宣国良：《创造知识"租"的学习型战略联盟结构分析》，《财经研究》2003 年 12 月。

表 2-2 隐性知识的种类与特点

知识的种类	获得的途径	了解的对象	如何分享	分享的媒介
系统知识	共同学习	思想方法	计算机模拟	系统工具
默示知识	使用/做/实验	了解操作	师徒方式	亲身实践
隐藏知识	社会实践	怎样才能知道	专题集体学习	重点提问和思想模型
关系知识	交往	知道是谁	团队学习	社会安排

资料来源：汪浩、宣国良：《创造知识"租"的学习型战略联盟结构分析》，《财经研究》2003 年 12 月。

四、基于因果模糊的隔离机制研究

除知识资源（尤其是隐性知识）之外，对于隔离机制与企业竞争优势间关系的另一个研究热点领域是"因果模糊"（Causal Ambiguity），即行为和结果之间的因果关系模糊不清，指的是企业间效率差异原因的不确定性。Lippman 与 Rumelt（1982）认为，模糊是关于不清楚何种因素才是影响企业业绩优异或劣等、限制模仿和限制要素流动的重要因素。Mosakowski（1997）对"因果模糊"进行了深入细致的研究，并按照时间维度、投入要素不确定性及因果模糊是否可消除三个维度将其划分为四个类型：（1）无法消除的因果模糊；（2）事前无法消除，但事后可消除的因果模糊；（3）投入要素不确定性事前可消除，但事后不可消除的因果模糊；（4）事前事后均不可消除的因果模糊。Samaddar 与 Priestley（2003）将上述学者的观点统一界定为"因模糊"（Causal Ambiguity），他们还提出了与之对应的概念"果模糊"（Outcome Ambiguity），及知识源无力辨识与知识转移有关的可能结果。周晓东、项保华（2003）认为，因果模糊是竞争优势构成及无法模仿的不确定性，而李佳（2006）则将公司广义资源（异质性资源、知识、竞争力）等与持续竞争优势之间的关系全部纳入因果模糊的研究范畴。总而言之，因果模糊是指企业独特资源（或能力）与企业持续竞争优势之间难以模仿、难以阐述的种种联系，包括异质性资源、企业独有的知识（尤其是隐性知识）等能够形成模仿壁垒并产生隔离机制效果，关键是因果模糊的存在。因此，因果模糊因其难以模仿性，可以形成天然的隔离机制效果，维系企业竞争的独特与持久，这与隐性知识所形成的隔离机制具有机理层面的联动性，甚至在某些角度存在一定的因果性。国内学者李佳（2006）通过对国内外学者关于因果模糊的研究成果进行归纳与分析，从资源、竞争力及知识（默会知识）等多个维度构建理论模型，提炼因果模糊与企业竞争优势之间的内在逻辑，具体包括独特性资源的因果模糊、核心竞争力的因果模糊、默会知识的因果模糊、决策过程的因果模糊及社会资本的因果模糊（如图2-1）。

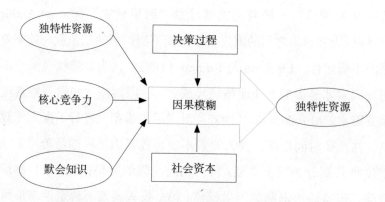

图2-1　基于因果模糊的持续竞争优势的内在逻辑

资料来源：李佳：《因果模糊与持续竞争优势的形成》，《中国工业经济》2006年第4期。

从隔离机制的理论脉络可以看出，统一性的理论观点尚存争议，现有成果中的代表性观点可以概括归纳为表2-3：

表 2–3　隔离机制理论发展历程

代表学者	理论贡献	研究角度
Wernerfelt（1984）	最早提出"资源位置障碍"的隔离机制作用，构建隔离机制的理论雏形	资源基础理论
Rumelt（1984）	将"隔离机制"引入战略管理领域，提出精确概念 基本理论框架的构建及机理研究 隔离机制形式划分并进行具体解释	基础性研究
G.Hamel C.K.Prahalad（1990）	对隔离机制的资源观进行拓展，指出企业核心能力可以形成"天然的隔离机制作用"	核心能力观
Mahoney Pandian（1992）	从资产专用性及有限理性的角度解读隔离机制，指出二者综合作用形成的进入壁垒及模仿障碍	新制度经济学
Grant（1996）	对隔离机制的资源基础观进行理论拓展	资源基础观
Miller Shamsie （1996，2003）	对比分析企业有形资源及无形资源的隔离作用，并指出知识资源在环境变迁条件下更易保存（最难被模仿）	资源基础理论 （知识资源）
Teece（1997）	提出"动态能力"概念，并解释动态能力、隔离机制（能力模仿壁垒）及企业竞争优势直接的关系	动态能力观
Mosakowski（1997）	对"因果模糊"机理进行细致研究，并将这一效果划分为"因模糊"与"果模糊"	因果模糊
David Besanko（1999）	隔离机制效用的理论框架：模仿障碍与先动优势，并对上述两种效用进行细致划分	战略经济学

资料来源：本书根据隔离机制理论演进汇总而成。

对于隔离机制的理论观点还存在一定的争议，不同的学者对于隔离机制的解读基于不同的理论研究视角，但存在较为明显的差异，没有构成一个系统的理论框架体系。本书基于企业间差别优势的视角，从竞合理论的角度重新解读隔离机制，探究具备差别优势的企业间，通过隔离机制作用产生竞合效果的基本原理。这一全新的竞合现象属于一个企业间长期动态互动过程，从原理的角度来看，这一效果无论在时间性、契约约束、作用形式及实际效果等方面都有别于传统理论对隔离机制的解读，并超出了原有的时间框架。

第二节　隔离机制、异质性及竞争优势

隔离机制、异质性资源与企业的竞争优势之间存在着链条式的逻辑联系。从资源的异质性角度来看，鲁梅尔特认为，企业初始的资源禀赋可以是同质的，而隔离机制的存在令同质化资源产生异质性变迁，并具备不可完全模仿的特性。Rumelt 和 S.Lippman（1982）认为资源的无法模仿性（Uncertainly Imitable）是维持竞争优势的关键，Barney（1991）则进一步提出企业的异质性资源的不可流动性导致的"资源位置障碍"与抑制竞争对手模仿的"独立性机制"会产生率先行动者优势并保障经济租的持久，具体包括：（1）对成功仿制认知限制。由于资源的模糊性、综合性与复杂性导致竞争对手难以识别。（2）仿制者的时间劣势。一些资源是通过长期积累形成的，需要时间，具有路径依赖特征，如品牌使得竞争对手难以仿制。（3）资源位置壁垒。先行者具有占位优势，现有的规模、能力与不可逆转的专用性资产投资会让后来者望而却步。鲁梅尔特提出"因果模糊"（Casual Ambiguity）这一代表企业间绩效差异根源的不确定性概念，并认为这是能够产生隔离机制的重要原因之一。它导致竞争对手的模仿困难（甚至不知道模仿什么），进而保持企业资源与能力的异质性。他同时还认为在很大程度上迈克尔·波特（2005）所定义的"流动性壁垒"与隔离机制中的"资源位置障碍"存在相似之处。根据他的研究，在影响企业租金来源的诸多因素中，企业的独特性因素（即异质性资源）的重要性比重为83.03%，产业因素仅

为 8.28%，而学习与模仿是导致企业趋同化的两大重要因素，并且存在三种隔离机制克服上述威胁最为有效，即所有权、学习成本与因果模糊。

从竞争优势的角度来看，企业建立竞争优势应该是一个过程，而非一个时点。因此，隔离机制与企业根据内部异质性资源或核心能力构建持续竞争优势之间的逻辑关系必然会涉及一个概念（SuchmanMark，1995）：制度化的环境要求企业的结构和行为必须与之相契合，而不能以企业的内部效率为主。在这种制度化的环境下，产业一旦成熟，有一种力量使企业展现出相似的行为和结构，这就是企业的异质同形性（Isomorphism）。这一概念也是制约企业形成持久竞争优势的主要因素。企业拥有 5 种资源或能力，可以使企业保持竞争优势（乔治·戴伊，2003）：（1）极有价值的资产或能力，企业可用以为实现卓越的客户价值作出巨大贡献；（2）可靠的、不会迅速贬值的或者是迅速耗尽和不可更新的资产或能力，企业可用以应对日新月异的技术变化、满足迅速变化的客户需求；（3）不可捉摸性，即竞争对手不能清楚地了解企业的优势源；（4）不可复制性，即便竞争对手对企业的优势源有所了解，但要么由于无法获得相同的资产，要么因为无法得到能够产生相同作用的不同的资源，所以，他们仍然无法复制这种优势；（5）报复性，市场后进者始终面临市场进入者对其竞争性行为或竞争努力进行报复的威胁。后三者——不可捉摸性、不可复制性、报复性——为模仿跟进者建立了壁垒，从而使企业所具有的竞争优势得以延续。企业的异质性资源可以产生竞争对手难以模仿的隔离机制效果，进而形成竞争优势。但由于"异质同形性"的存在，会产生一种催生产业趋同行为的制度性力量，令企业的竞争优势被模仿或复制，进而失去领先地位。

一方面，从企业的角度来说，竞争对手之间的模仿行为是一种主动的利益驱动行为；另一方面，从企业外部环境的角度来说，处于成熟产业阶段的企业会因产业趋同因素及其他环境因素（如制度、产业结构等）导致企业间呈现相似行为倾向。这一作用（异质同形性）会被三种机制强化（DiMaggio & W. Powell，1983）：（1）模仿同形性（Mimetic Isomorphism），即企业因无法确立目标而通过相互模仿与复制获取过程合理性的行为；（2）强制同形性（Coercive Isomorphism），即强制企业接受与其他组织结构、技术与行为的外在压力，多体现为政府法规、法律、契约等强制执行力；（3）规范同形性（Normative Isomorphism），即企业接受某一特定技术或专业标准。上述强化机制"推动了企业通过模仿使其结构和行为趋同"（马君等，2005），会加速企业同质化进程，这一进程在企业嵌入某一特定网络（如产业集群）时，会因为群聚效应（Agglomeration Affect）与关联效应（Linkage Effect）而变得尤其明显。

按照资源基础理论与核心能力学说的观点，企业持久的竞争优势源自独特性资源与能力。因此，隔离机制与企业竞争优势之间的逻辑关系可以理解为"企业异质性资源→隔离机制→企业竞争优势"的链条式关系，而隔离机制的主要作用即是克服异质同形性的客观存在而衍生的异质性趋同倾向：一方面，隔离机制构筑的模仿障碍，为企业获取"李嘉图租金"（企业拥有有价值、稀缺和不可替代的资源要素而产生的经济租金）创造条件；另一方面，上述效果为企业创新，进而获取"熊彼特租金"（通过技术革新等创新行为而获取的经济租金）奠定了资源基础。至此，我们可以理顺隔离机制、异质性及企业竞争优势之间的逻辑关系及作用机理。

第三节　基于差别优势的隔离机制效果

一、绝对优势、比较优势与差别优势

基于上述理论分析，本书认为现有理论（资源基础理论、新制度经

济学等）对隔离机制的解读，重点集中于对企业核心竞争能力的保护及构筑持久性竞争优势与模仿障碍为目的，没有超越竞争理论的范畴。本书试图突破竞争理论对隔离机制研究的视角局限，立足于企业间竞合理论来重新解读隔离机制，分析基于差别优势产生竞合效益的机制作用。本书从隔离机制效果产生的根源作为研究切入点，以探寻基于差别优势的隔离机制效果（隔离机制的竞合效益）如何实现。本章节提出这一理论设想的基本原理：隔离机制效果得以实现的根源在于企业间存在难以相互模仿的差别优势，隔离机制的竞合效益的本质是一种基于差别优势的隔离机制效果。因此，本书对隔离机制的解读重点在于探讨隔离机制效果的前一道工序，即深入分析隔离机制效果的根性基础及其内在的作用机理。

　　现有隔离机制存在局限可以体现为：第一，上述对隔离机制的研究文献显示，目前隔离机制的研究成果都侧重于诠释企业如何建立一个有效的内部防卫的隔离效果来维持企业的竞争优势，偏重于企业内部异质性资源的获取。然而企业的"隔离机制"具有"双刃"的性质，它不仅保护了企业免受竞争的威胁，使竞争对手很难逼近其领先的地位，但同时，在企业某一战略受到挑战时，它们很可能又会限制了公司自身的反应能力。第二，隔离机制不仅是一种手段（阻止竞争对手入侵），也是一种能力（维持竞争优势）。但这种能力同样随着时间的推移会出现"能力刚性"的特征，因此具有时效性。原有的隔离机制随着时间的推移可能不再具有效力，这就要求企业时时审视内外部环境，不断加强与建立新的隔离机制。

　　相对于现有隔离机制的理论研究，本书所界定的隔离机制效果从以下方面作出了新的研究尝试，本书认为：第一，企业不仅应该从异质性资源角度出发建立内部的隔离机制，而且也要从产业的角度来考虑建立企业外部隔离机制；会伴随时间的推移，不断提升作用效果，从根源上巩固企业的异质性资源（核心资源或核心能力）。第二，企业的隔离机制具有时间性，因为企业本身是一个自组织，是一个开放的系统。它不断地与外界进行物质、能量和信息交换，通过反馈进行自控和自调，以达到适应外界环境变化的目的，使企业结构不断完善和企业水平不断提高。企业要不断注意外部环境的变化，时刻审视自我，防止企业建立起的隔离机制由于缺乏对外信息的交流而僵化从而阻碍企业自身的发展。

因此，本书提出基于差别优势的隔离机制效果，即满足上述两个隔离机制研究的主要创新方向：第一，基于差别优势的隔离机制效果，是从产业层面探讨存在竞争关系的企业之间产生的竞合效果对产业整体利益的促进与提升，超越了原有理论，从企业内部异质性资源单纯构建竞争优势的角度重新探讨隔离机制的作用及效果；第二，基于差别优势的隔离机制效果是探讨企业间非契约性竞合效益的生成机理、实际效果及其演进路径，是一种适用于网络经济时代的新型隔离机制作用形式。

所谓差别优势，是本书重点界定的一个概念，用以指竞争对手之间相互难以模仿、并有效维持双方竞争均势与平衡的优势，其根源是企业的异质性资源，包括核心资源及核心能力，其中一个很重要的标准是竞争对手难以模仿或无法模仿，典型的如只能意会无法言传的隐性知识。迈克尔·波特的产业竞争理论中提出了"差别化"战略及其产生的竞争优势，其产生的理论根源及战略效果与本书提出的"差别优势"相类似，当仍存在一定的区别。一方面，是应用领域的区别。本书所界定的差别优势概念，重点在于解释隔离机制作用得以发生的根源，并作为本书的逻辑起点，导出基于差别优势的隔离机制作用的理论逻辑链条。而波特提出的差别化战略作为一种通用战略，应用于产业竞争的各个层面。另一方面，是战略思维及战略效果之间的差异。差别优势的界定是基于竞合思维，强调与竞争对手之间多赢共生的战略效果。而波特的差别化战略是基于竞争思维，优势建立及获利的基础是对手利益的损失，强调

"损人利己"的战略效果。

在传统理论竞合框架内，较为常用的概念是绝对优势与比较优势，这里有必要强调并辨析二者与差别优势的区别：绝对优势（Absolute Advantage）源于亚当·斯密的绝对优势原理，即当两个国家使用同样的生产要素（劳动）生产同一种产品，劳动生产率高的一方确立绝对优势，其考核指标侧重于效率的差异，属于经济学范畴的概念；比较优势（Comparative Advantage）指的是生产同样产品机会成本更小的一方所具备的优势，其考核指标侧重于机会成本的差异，属于经济学范畴的概念，与绝对优势相对应。而本书所界定的"差别优势"概念源自两个基础：第一，这一概念是与"绝对优势"及"比较优势"相比较而提出的，是具备理论支撑的；第二，差别优势源自企业实践中特殊竞争现象的提炼与理论提升——Nike 与 Adidas 基于隔离机制的竞争现象，是具备实践支撑的。此外，这一概念界定和探讨的是管理学范畴的问题（尤其是战略管理领域），考核指标侧重于运作成熟度、相互难以模仿程度和有效性程度。

具体到企业的经营实践，本书通过引入 Nike 与 Adidas 的竞争案例，并借助迈克尔·波特的"五力模型"分析框架，以证明隔离机制的竞合效益——基于差别优势的隔离机制效果在企业经营实践中的存在（图2-2）。二者战略模式相似，都是经营外包和资源整合，但核心能力或核心资源不同。Adidas 从研发能力到"大众定制系统"，是基于核心策略的战略链条，而 Nike 从隔离机制到网络营销能力，是基于核心能力（尤其是形成隐性知识的能力）的战略链条。相互之间难以模仿或不模仿，但各自都有开拓市场和做大产业的有效性。

通过上文的理论推演，本书拟通过对 Nike 等三组案例的探索性研究，对隔离机制的竞合效益在企业经营实践中的存在现象进行总结与理论提炼，并进一步探究隔离机制的竞合效益生成机理与演进路径。

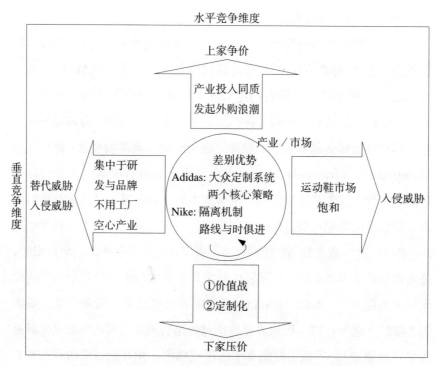

图 2-2　基于差别优势的隔离机制实例：Nike 与 Adidas[①]

资料来源：本书根据 Nike 和 Adidas 的实际案例整理绘制。

　　与上述两种优势相比较，本书认为差别优势虽属于企业异质性资源（特别是企业的隐性知识），但各有优势，且相互难以模仿，它是隔离机制的根本性基础。按照本书的理论逻辑，异质性、差别优势及隔离机制三个概念之间存在一种链条式的逻辑关系：差别优势是异质性（企业资源或能力）的下一道工序，差别优势是异质性在竞争中的外在体现，异质性是产生差别优势的内在根源。而隔离机制的作用是克服企业产生"异质同形性"的有效方式，即克服企业异质性资源或能力因制度同化

---

　　① 图 1 内容来源于本书对 Nike 和 Adidas 两家公司案例的整理与汇集而成，并将上述企业案例内容中隔离机制的作用效果嵌入到迈克尔·波特（Michael E. Porter）的"五力模型"框架中。

或产业成熟而衍生的趋同倾向。同时，作为链条上产生竞合效果的触发点及作用机制，通过形成基于差别优势的隔离机制效果使企业资源或能力的异质性得到巩固与升级。

隔离机制在保障企业的核心资源与能力（模仿障碍、先动优势或二者的综合作用）不被模仿或学习的同时，划分市场隔离带与产业保护带从而实现竞合效果，其演进路径为"核心资源与能力→差别优势→隔离机制→竞合效果→核心资源与能力的巩固与升级"。需要指出的是，这是一个动态演进的多次互动循环过程，而非静态的一次性演变。企业的核心资源与能力是形成差别优势的基础，进而是隔离机制效果形成的基础。由此，可以清晰界定"异质性"、差别优势及隔离机制三者之间的关系。"异质性"是针对"同质性"而提出的，最初为遗传学概念，后引入企业管理领域。而"差别优势"是在绝对优势与比较优势的基础上提出的（见表2-4）。

表2-4　三种优势与考核指标

序	三种优势	知识领域	考核指标
1	绝对优势	经济学	劳动生产率
2	比较优势	经济学	机会成本
3	差别优势	管理学（战略管理）	运作成熟、相互难以模仿[①]、各自有效

资料来源：本书根据对差别优势的比较研究整理而成。

基于上述分析，可以得出以下结论：第一，现有隔离机制的相关研究限于企业间竞争战略的理论框架内，而本书试图立足企业间竞合战略的独特视角对其进行重新解读。本书从差别优势的理论视角，来解释企业竞合实践中的特殊现象：基于差别优势的隔离机制效果，是本书对隔离机制研究视角的一次突破性的尝试，力求可以丰富隔离机制的理论研

[①]　本书观点在逻辑上认为，竞争者之间各自有效是相互难以模仿（包括创造性模仿）的前提，故非模仿性的差异化战略能够提高自己的有效性，但不能削弱对方的有效性。

究；第二，基于差别优势的隔离效果，是在现有竞合理论研究视角之外的一次理论尝试，本书试图通过总结现象、探究原理、推演机制、提炼规律，立足这一创新性的研究视角，从竞合理论层面与实践层面实现完善现有竞合理论研究框架体系的目的，补充竞合理论未经探索的研究空间；第三，本书在探讨基于差别优势的隔离机制原理的基础上，试图加强企业竞争实践的案例研究，以实现理论与实践的结合与相互验证，从案例研究的角度，推演上述现象的内在运行机理。

二、基于差别优势与比较优势的企业竞合效应

（一）竞合问题研究的转移

企业间的竞合关系分为两大类：一是横向竞合关系，指的是企业与竞争对手、联盟伙伴及其他类型合作者之间的竞合行为，即市场竞合。二是纵向竞合关系，指的是上下游合作伙伴间的竞合行为，即供应链内部的竞合问题。

有关市场竞合的相关研究。李健和金占明（2008）在通过研究战略联盟企业之间竞合关系的基础上，根据企业间竞争与合作的强弱之分，进行了两两组合，提出了竞合关系的二维模型。邱国栋和韩文海（2012）运用跨案例研究方法提出市场中的企业间存在非契约性竞合，并分析了企业间基于隔离机制的竞合效应。现有对市场竞合的研究由契约性竞合转移到非契约性竞合，对市场中的企业间的竞合效应也有较为深入的探讨。

有关供应链内部竞合的相关研究。鲍丽娜和李萌萌（2013）研究了集群内企业与其供应商等相关机构的竞争与合作关系，及企业间的竞合关系对创新的影响。万幼清和王云云（2014）提出集群内部竞争企业和上下游企业间的竞合关系对企业间的协同创新是至关重要的，比单纯的竞争关系与合作关系的作用更大。现有研究尚未进入上下游企业间竞合，也缺乏对其形成机理的研究，对供应链上下游企业间竞合效应的理

论研究滞后于实践的发展。

　　本书以如下竞合现象为例，导引出有关竞合领域新问题的提出。隔离机制① 不仅在竞争关系中起作用，进而引起非契约性市场竞合效应，而且也在供应链上企业间合作关系中起作用，进而引起供应链竞合效应。实践已经证实，基于隔离机制的供应链竞合效应（如宝洁与沃尔玛），使企业获得更大价值。本书在已有理论研究的基础上，主要运用理论推演与跨案例分析相结合的研究方法，通过基于差别优势和比较优势这两个不同的角度，试图研究竞合领域的新问题，即从市场竞合研究转向供应链内部竞合（图 2-3 中从"①"—"②"），探讨供应链内部竞合效应的形成机理，并验证其竞合效应的存在与差异。基于此，进一步深化基于隔离机制的竞合效应存在的不同维度及效果差异。

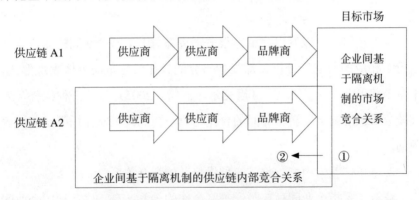

图 2-3　竞合效应研究的新问题

资料来源：邱国栋、白汎：《基于差别优势和比较优势的企业竞合效应研究》，《财经问题研究》2016 年第 6 期。

―――――――――

　　① 隔离机制最早由 Rumelt 引入企业管理领域，并定义为保持企业的独立性，防止企业的核心竞争能力被学习、模仿或转移，维持企业持续的租金流和持久性竞争优势的经济力量。笔者认为，基于差别优势形成竞合关系的供应链企业间形成隔离机制，而供应链企业间又存在协同效应，达到 1+1 > 2 的效果，两种力量使得企业既能保护核心资源与能力，又能相互协作，从而达到共同进步的目的。关于隔离机制的理论解析和与企业间竞合的相关内容请参见本章前述研究。

（二）基于"五力模型"与"三种优势"的竞合关系解析

1. 供应链上企业间的竞合研究

Kotzab 和 Teller（2003）运用案例研究方法，对供应链渠道上下游企业间的竞合关系进行了研究。主要研究结果显示，合作主要是发生在企业中那些远离消费者的后勤部门，而竞争则主要发生在企业中那些靠近消费者的营销部门。黎继子和刘春玲（2006）提出集群内供应链上的竞合对象有七类，通过这七类企业在一个动态的环境中形成相互合作与竞争的关系，有利于集群内供应链上企业间的高效合作以及有利于集群形成产业优势。万幼清和王云云（2014）研究了在协同创新系统中，集群内企业间竞合关系的动因和影响因素，以及供应链企业间的竞合关系。

从上述研究可以看出，虽然很多学者都对上下游企业间的竞合关系进行了相应的研究与分析，却很少研究既合作又竞争的具体表现形式，本章节将基于"五力模型"（迈克尔·波特，2005）与"三种优势"来具体分析供应链上下游企业间的合作与竞争在隔离机制作用下是如何表现的。

2. 基于"五力模型"与"三种优势"的竞合关系

竞合关系指企业间存在既竞争又合作的关系，在一些活动中企业间保持合作的关系，同时在另一些活动中企业间保持竞争的关系。基于威廉姆森（2002）提出的资产专用性[①] 可知，供应链上下游企业间存在依赖关系，双方通过交易产品与服务来满足自身的需求，通过共享知识与技能来提升自身的能力与竞争力。由波特（2005）的"五力模型"可知，产业中存在五种竞争力量，上下游企业间存在讨价还价的竞争关系，一

---

① 威廉姆森在科斯的基础上进一步丰富了交易费用经济学，提出交易过程不确定性、资产专用性和交易经常性是影响交易费用的三个要素。本书资产专用性指一方在技术、资源和能力等方面对另一方的依赖程度，依赖程度越强，其资产专用性越强。

方压价，一方抬价。双方在交易过程中对交易条件进行竞争以争取自身利益最大化；双方为了占据主导地位进行竞争以争取更大的利益，不断提升自身的能力。综上所述，供应链上下游企业间形成的竞合关系是以合作为主导的，企业间表现出来的竞争关系是合作中的竞争。

资源基础理论认为企业间具有的独特资源与能力是企业获取竞争优势的源泉。核心能力理论认为核心能力是企业获取竞争优势的源泉。邱国栋和韩文海（2012）首次提出差别优势[①]，认为差别优势是竞争对手间的核心资源与能力具有难以模仿性。当差别优势被引用到供应链上下游企业之间时，即可基于差别优势的概念，将绝对优势与比较优势引入管理学，以分别界定绝对优势与比较优势的概念。

差别优势指双方都有对方难以模仿的核心资源与能力，都是行业内的最优者，或在某一方面最优。一方与有差别优势的另一方合作，相互具有资产专用性，相互不可替代，都具有较强的讨价还价能力，双方的合作与竞争都是基于两方利益最大化，合作稳定。

绝对优势指一方的优势绝对优于另一方或同行。一方与有绝对优势的另一方合作，前者有资产专用性，对后者的依赖程度最大。后者占据绝对的主导地位，具有不可替代性，在合作过程中，其具有较强的讨价还价能力，并有可能存在机会主义行为，或者寻找其他企业合作，取代原有企业，从而使自身利益最大化。

比较优势指一方在某一方面的资源能力是自身最优的。一方（绝对优势）与具有比较优势的另一方合作，后者依赖前者的优势资源与核心能力，是合作的弱势方。由于在合作中不处于主导地位，讨价还价的能力相对较弱，随着另一方因强势而产生的机会主义行为，弱势方随时有被替代的可能性。因而在这样的合作态势中，对于弱势方具有被替代与合作不稳定性。

---

① 相关研究见本章前述研究关于"差别优势"的概念解析

3. 基于差别优势和比较优势的竞合效应

（1）基于差别优势的竞合效应

企业间基于差别优势形成竞合关系，双方都有优势资源与核心能力，相互依赖，具有相互资产专用性。在合作中，即便在供应链同一价值层中存在其他企业，由于双方都具有独特资源与核心能力，形成隔离机制作用，所以相互难以替代，都是主动的一方。企业为了自身的发展以及更好的合作，不断了解对方的价值观等方面，自身进行调整与改善，相互作用而行动。双方进行合作，学习对方核心能力以外的技术和知识，逐渐完善自身，不断提升自身的能力与竞争力。通过不断密切配合，使资源与能力互补，双方的竞合产生了协同效应，使得企业之间创造最大的价值，都实现了自身利益最大化，并带动了整条供应链的发展，提高了供应链的竞争力。其系统基模如图 2-4 所示。

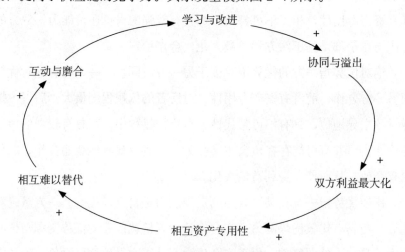

图 2-4　基于差别优势的增强环路系统基模

资料来源：邱国栋、白汎：《基于差别优势和比较优势的企业竞合效应研究》，《财经问题研究》2016 年第 7 期。

（2）基于比较优势的竞合效应

企业间基于比较优势形成竞合关系，双方之中必然存在强势方和弱势方。强势方拥有独特资源和核心能力，弱势方依赖于其资源与能力来提升自身的能力与竞争力，对强势方具有资产专用性。而强势方不依赖弱势方，反而可能会寻找其他具有优势的企业取代弱势方，对弱势方没有资产专用性。虽然在供应链同价值层上存在很多企业，但强势方在供应链上占据主导地位，具有难以替代性，而弱势方却面临着被替代的可能。为了保持各自的地位以及争取自身的利益，双方在合作过程中不断竞争，以争取获得最大的价值。弱势方在合作过程中处于被动地位，受强势方的影响或牵制而发生行动，不利于自身的利益，但为了共同的利益，强势方会在技术等方面帮助弱势方，使其产品或服务达到自身的要求。经过不断地调整与改善，弱势方不断弥补不足，提高自身的能力与竞争力，强势方逐渐实现自身利益最大化。

双方人员不断地交流知识与技能，企业之间进行密切配合，共享信息，在竞争中激励自身，使得双方创新等能力不断增强，企业获得了发展，也带动了供应链的发展，提高了供应链的竞争力。因此，上下游企业进行竞合产生协同效应，即双方进行竞合获得的价值大于企业纯粹合作获得的价值，达到 1+1 > 2 的效果，而不是 1+1=2。其增强环路系统基模① 如图 2-5 所示。

以现实中基于比较优势形成竞合关系的企业为例，如三洋冷链与其供应商大连华鹰玻璃加工厂（以下简称"华鹰"）。三洋冷链是中日合资企业，其在技术和管理上具有优势，属于强势方，在供应链中居于主导地位，华鹰与其合作，依赖于三洋制冷链先进的生产技术以提升自身的竞争力，对三洋冷链具有资产专用性。由于华鹰在合作过程中处于被动地位，在产品等方面要按照三洋冷链的要求做，而且讨价还价的能力较弱，不能获得最大利益。但是在三洋冷链的培训与指导下，通过学习其先

---

① 圣吉（P.M.Shenge）在《第五项修炼——学习组织的艺术与实务》中把"增强环路"描述为"雪球效应"，并建立系统基模以揭示此类效应的本质性特征。基于此，本书亦分别建立基于比较优势和差别优势的"增强环路"系统基模，以利于对两种效应进行比较。

进技术和管理模式，华鹰产品的质量得到大大提升，技术得到显著提高，并建立了完善的管理体系，而三洋冷链也降低了成本，实现了自身利益最大化，双方实现了双赢。双方不断进步，共同研发，加快了对顾客需求的反映，并能够及时提供满足顾客需求的产品，提升供应链的竞争力。

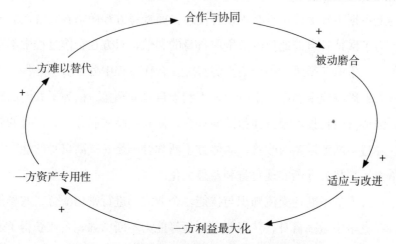

图 2-5　基于比较优势的增强环路系统环路

资料来源：邱国栋、白汛：《基于差别优势和比较优势的企业竞合效应研究》，《财经问题研究》2016 年第 7 期。

4.两种竞合效应的比较

以上通过建立基于差别优势和基于比较优势的两种增强环路系统基模，对两种竞合效应的系统机理进行了理论解析，但如何通过量化比较以检验基于两种优势的竞合效应强度，还需要提出测量指标，并进行跨案例分析与求证。本书在相关文献梳理，总结归纳出竞合效应的测量指标，并在前期研究中通过多个案例对测量指标进行描述比较，分析基于差别优势的竞合效应和基于比较优势的竞合效应，并得出结论。

（1）供应链内部竞合效应的测量指标

供应链上企业间竞合产生了溢出，即在原有目标的基础上获得更大的价值。Zineldin（2004）与王锋（2011）通过研究指出，企业间形成良好的竞合关系，可以为双方带来额外的收益，如增加规模经济、降低成本和产生协同效应等。

在当下的市场环境下，竞争将会变得越来越激烈以及残酷，它不仅发生在企业与企业之间，各个供应链之间也发生着激烈的竞争，而链条上的上下游企业之间所形成的竞合关系可以有效地提高该链条的整体竞争力。黎继子和刘春玲（2006）研究了集群内单条供应链内企业之间的竞合，以及多条供应链间跨链间的竞合，通过深入分析得出，在单条供应链上，企业间进行竞合可以提升整条供应链的竞争力。邹艳等（2011）通过不断的研究总结得到，供应链上的上下游企业之间所进行的合作、共同设计以及研发，会直接或间接地增强这条供应链其他节点上企业间的竞争力。上下游企业间不仅进行交易，还会在知识与技能等方面进行各种交流与互动。李煜华等（2013）分析得出，产业集群内部竞争企业间与上下游企业间的合作与竞争博弈关系有利于集群企业的协同创新。李林蔚等（2014）通过实证研究得出，伙伴间的竞合关系有利于企业从合作伙伴处获取知识。

由上述可知，企业间的竞合效应大于纯粹的合作效应。企业间保持纯粹的合作关系，将使企业的专业化和分工程度提高，使得企业注重发挥自身已有的优势来完成目标。而竞合则使双方企业相互激励与促进，并且不断交流，产生溢出效应，企业能够超额完成目标，产生创新等收益，供应链的竞争力也得到强化。因此，本书将提出的供应链内竞合效应的测量指标是基于目标的溢出、竞争力的溢出和互动的溢出三个方面。

企业间基于两种优势形成竞合效应，其程度不同，通过建立相应的标准以区分其竞合效应的大小。基于目标的溢出，以企业完成目标后获得的额外收益为依据，额外收益越多，各方面提升的程度越大，则溢出越大，竞合效应越大。基于竞争力的溢出，以链条的效率为依据，若供应链的效率越高，对顾客需求的响应速度越快，则溢出越大，竞合效应越大。基于互动的溢出，以企业获得的创新能力为依据，若双方企业创新能力都获得明显的提升，则实现双赢，其竞合效应包括每一方因创新能力明显提升而获得的增量效益。企业在竞合过程中获得的创新产出越多，或者研究新事物的效率越高，其竞合效应也越大。综上所述，如表2-5所示。

表 2-5　竞合效应的测量指标

指标	指标的含义	测量项	评价标准
基于目标的溢出	企业家进行合作都要完成一定的目标，但在完成目标的基础上，会获得其他的收益或者超额完成目标任务，这部分收益或者超出目标的部分就是溢出	①企业超额完成目标；②企业降低了成本；③企业获得新的企业资源与能力，增强企业自身的竞争力	企业获得的额外收益越多，各方面提升的程度越大，则溢出越大，竞合效应越大
基于竞争力的溢出	企业之间所形成的竞合关系不仅仅可以提升自身的竞争力，还可以提高企业所在供应链的整体竞争力，使企业可以更好地满足不同性质顾客的需求，使得供应链的效率提高，进而降低运营成本	①企业能更好更快地满足不同顾客的需求；②供应链的运营成本降低；③供应链的效率提高	企业的发展速度越快，供应链的效率越高，对顾客的响应速度越快，则溢出越大，竞合效应越大
基于互动的溢出	企业间的竞争与合作都是互动的过程，通过共享知识与技能，共同研发新事物，不断交流与学习，提高企业的创新能力，而且企业也不断争取自身利益最大化，最终实现双赢	①企业之间在诸如知识和技能方面进行深入的交流；②企业创新能力提高；③企业共同研发新事物	双方企业创新能力都获得明显的提升，实现双赢，其竞合效应包括每一方因创新能力明显提升而获得的增量效益。双方创新产出越多，研究新事物的效率越高，进而竞合效应也越大

资料来源：邱国栋、白汎：《基于差别优势和比较优势的企业竞合效应研究》，《财经问题研究》2016 年第 7 期。

（2）供应链内部竞合效应：一组来自案例分析的证据

这里所列的实例，源自前期的案例研究，现将案例分析的过程与结论详录如下。

第一，案例样本选择标准与资料的搜集和整理。案例研究针对的是基于两种优势的供应链内部竞合效应，因此，选取两组案例，每组案例都包含两条供应链，其中一条供应链的情境是上下游企业间基于差别优势所形成的竞合，而另一条供应链的情境则是上下游的企业间基于比较优势所形成的竞合。彭新敏等（2011）提出研究案例的选择需要从数据的可获取性、案例的典型性以及研究开展的便利性等角度进行分析。在案例选择上，主要是从案例的典型性与可比性两个角度对案例进行筛选。其选择标准为：首先，根据韦尔奇的"数一数二"原则确定典型性，如基于差别优势形成竞合的供应链应是行业内的领先者。其次，两组形成竞合关系的企业自从第一次合作后，均保持了稳定且不断深入的竞合关系，其合作的规模和领域不断进行扩大和延伸，并且企业都取得了进步。再次，每条供应链上的企业都处在供应链的相同位置，都是供应商与零售商的关系，这样可以确保案例的可比性。最后，每组案例中两条供应链处在同一行业，这样就能保证选取两组案例即可对两个行业进行研究，提高了研究的外部效度。在资料的搜集与整理方面，遵循 Glaser 和 Strauss（1967）在经过大量案例研究的基础上提出的标准：在进行案例研究时，采用具有来源多样化和多角度特点的案例数据资料，可以在很大程度上促使研究的基础和内容更加坚实与有效。基于此，在案例资料搜集时，采用了多种不同的途径搜集了大量与案例相关的一手与二手资料。一手资料来源于实地访谈和电话访谈，对象主要为企业的经理人员和基层员工，以问卷形式进行半结构化访谈。二手资料主要来源于文献查询和资料查询。文献查询主要通过检索相关学术研究的数据库和行业发展统计报告等搜集相关信息，如中国知网。资料查询主要来源于外界对企业的报道或者分析资料、在集团网站上搜集的资料和企业年报。在获得了所有资料之后，对指向性一致的资料进行了对比分析，通过资料的"三角验证"进一步提升研究的信度与效度。

第二，基于测量指标的案例分析结果。案例选取的两个样本，宝洁集团是全球日用消费品公司的佼佼者，具有比世界绝大多数企业都要强大的产品生产能力与货物配送能力。纳爱斯集团是中国洗涤行业的"龙头"企业，走自主创新道路，具有比较优势。沃尔玛是世界第一大的国际化连锁零售集团，具有强大的销售能力和完善的信息系统。因此，第一组案例基于差别优势的供应链以宝洁供应链为例，基于比较优势的供应链以纳爱斯供应链为例。海尔是国内家电行业的领先者，拥有强大的售后服务体系以及消费者认可的高质量产品。美菱是中国重要的电器制造商之一，在冰箱方面做得比较出色，但是整体实力还需要增强，而且一直注重自主创新，具有比较优势。国美是国内家电零售连锁巨头，具有遍布全国的销售渠道和完善的信息系统。因此，第二组案例基于差别优势的供应链以海尔供应链为例，基于比较优势的供应链以美菱供应链为例。按照表2—5总结的三项竞合效应的测量指标，根据获得的一手资料和二手资料，分析每条供应链上的各个测量项，并根据评价标准分析每组案例中两条供应链竞合效应的大小，从而证明基于差别优势和比较优势的竞合效应的存在，并比较这两种不同的优势所产生的竞合效应的大小，结果如表2—6所示。

表2-6　基于差别优势和比较优势的竞合效应存在的验证

指标／样本	基于目标的溢出	基于竞争力的溢出	基于互动的溢出
	企业超额完成目标；企业降低了成本；企业获得新的资源与能力以增强自身竞争力	企业能更好更快地满足不同顾客的需求；供应链运营成本降低或效率提高	企业间在知识和技能等方面深入交流；企业创新能力提高；共同研发新事物

指标 / 样本		基于目标的溢出	基于竞争力的溢出	基于互动的溢出
第一组案例	宝洁供应链	①合作后沃尔玛分店的利润比之前增长近48％，宝洁集团产品销售收入和利润也比以前增长50％以上；②宝洁集团帮助沃尔玛安装持续补货系统，实行CPFR流程，大大减少了双方因交易以及库存而产生的成本，使宝洁集团库存尽量地接近零，沃尔玛产品销售成本相比同行平均标准降低近3％；③双方还在信息管理系统、物流仓储体系和客户关系管理等方面深入合作，最大限度地降低成本，提高效率	沃尔玛与宝洁之间实行单环节的直接交易制度，不用通过批发商等环节，缩短了供应链，提高供应链的效率。基于此，沃尔玛从配送中心为其每一家分店配送货时，时间均可保证在48小时以内，商店物流配送能力的增强，可以尽快地满足不同性质的消费者需求。合作双方的库存成本以及销售成本大大降低，并使其所在的供应链的运营成本大大降低，从而提升了整个供应链的竞争力	宝洁和沃尔玛不仅在物流层面上进行了合作，还在信息和人员等多个领域也进行了多方面的交流。沃尔玛与宝洁共享他们公司消费者的信息，基于此，宝洁集团可以更好地了解使用其产品的最终顾客的各种需求以及偏好等，增强了其对产品的研发与生产能力，使其在新产品的研发效率方面较之前提高了约40％；通过共同进行人员培训，共同设计管理系统，不断提升创新和管理能力
	纳爱斯供应链	①与沃尔玛合作后，纳爱斯的洗衣粉和洗洁精等产品销量每年都有50％—100％的增长；②纳爱斯吸取沃尔玛的管理方法，生产和物流环节的成本降低了约30％；③纳爱斯加强管理，不断提升自身的能力和竞争力	纳爱斯的产品既直接供给沃尔玛，降低供应链的运营成本，又经由其他经销商进入沃尔玛，能够更灵活地供给产品，降低了风险，而且可以获得多方市场信息，从而提高供应链的反应速度，更好地满足消费者的需求	双方在生产和物流等方面合作，沃尔玛帮助纳爱斯进行改进；纳爱斯向沃尔玛学习创新技术，提升自身创新能力，其创新产出提升了约25％。纳爱斯通过沃尔玛获得顾客信息，共同交流，研发新产品

指标/样本		基于目标的溢出	基于竞争力的溢出	基于互动的溢出
第二组案例	海尔供应链	①海尔与国美合作规模不断扩大，从6亿元的订单增加到200亿元；②国美不收取海尔的进场费，海尔为国美提供的产品具有更高的性价比，并且更具有市场竞争力，使得海尔降低了约30%的成本，国美也降低了约25%的成本。双方还开辟供货和结款等方面的"绿色通道"；③双方在物流、服务等方面合作，共同提升能力，不断增强自身竞争力	"国美海尔事业部"的成立，整合了合作双方的物流体系，使双方更好地实现公司的B2B和B2C业务，整体提升了他们供应链的效率。双方共享其公司用户的各种不同数据，主要包括用户对其产品的反馈信息和购买偏好等，搜集的这些数据可以将消费者市场发生的变化及时准确地反映给海尔，进而做出快速的调整	合作双方通过成立"国美海尔事业部"，使两家在财务、销售和研发等方面进行深入交流合作，双方还共享有用的信息与知识，相互学习，并在此基础上不断创造出新的理念与知识。海尔研发产品的速度提升了约30%。双方由单纯的产销关系延伸至市场调研、产品研制和物流管理等多个领域，共同研发新产品，提高创新能力
	美菱供应链	①美菱与国美一直合作，在2010年签订50亿元销售规模的战略合作协议，并取得良好成绩；②双方实行定制化产品战略，使得成本都降低了约10%，规模变大，为零供双方带来更多的合理利润；③美菱特意为国美提供促销商品、最优质的产品和服务，同时国美也将在产品的品牌定位以及销售等方面为美菱提供支持，使双方的市场份额得到提升	双方在合作过程中实行的定制化产品合作模式对供应链的整合起到了极大的促进作用，大大地降低了他们的供应链成本。国美开放ERP信息平台，在多个环节双方共享信息，提升周转效率、降低缺货率，提高了供应链的效率，降低交易成本，更好地满足消费者的需求	双方在后台系统和平台等方面进行无缝对接，共同进行产品的生产和经营活动。并且，因优质资源互补，共同研发、统一生产与销售，使美菱新产品的数量约有10%的提升，产品的研发速度也提高了约15%，双方都提升了创新能力

资料来源：邱国栋、白汎：《基于差别优势和比较优势的企业竞合效应研究》，《财经问题研究》2016年第7期。

（3）结果讨论：两种优势的竞合效应比较

通过上述三项测量指标的分析可知，每条供应链上的企业都存在竞合效应，只是竞合效应的程度不同。根据表2-6的内容，本研究基于两种优势形成竞合关系企业的三个竞合测量指标的内容，比较两种优势的竞合效应大小。宝洁集团与沃尔玛的竞合，在公司的利润方面，合作双方都较之以前提升了约50%，在运营成本方面，宝洁集团的产品库存在最大限度上接近于零，沃尔玛的产品销售成本也比同行业的平均标准降低了将近3%，双方之间进行竞合获得的是共同的进步；而纳爱斯集团与沃尔玛的竞合，沃尔玛主要是对纳爱斯集团进行帮助，获得的提升相对较小，尽管纳爱斯集团在销售额和成本上都有很大的进步，但纳爱斯集团也仅仅是在原有的基础上降低了30%的成本。因此，宝洁与沃尔玛获得的竞合效应大于纳爱斯与沃尔玛获得的竞合效应。海尔与国美竞合，同样是双方都获得提升，企业间的合作规模不断扩大，达到200亿元，双方的成本都降低了20%以上；美菱与国美竞合，双方都有一定的提升，但是提升的幅度较小，合作规模仅达到50亿元，成本降低了10%左右。因此，海尔与国美获得的竞合效应大于美菱与国美获得的竞合效应。故在基于目标的溢出方面，基于差别优势的竞合效应大于基于比较优势的竞合效应。

宝洁、纳爱斯与沃尔玛的竞合，都实行直接交易制度，缩短了供应链，提高了供应链的效率。但由于纳爱斯的技术和信息系统等方面与宝洁有一定的差距，而且宝洁与沃尔玛在系统和信息等方面的合作范围与程度都要高于纳爱斯与沃尔玛的合作，因此，相对于纳爱斯供应链，宝洁供应链能够更快地满足顾客的需求，其效率也更高，宝洁与沃尔玛获得的竞合效应大于纳爱斯与沃尔玛获得的竞合效应。海尔与国美成立"国美海尔事业部"，在各个方面进行合作，双方更好地获得所需的信息，使得其供应链的效率较高，保证及时满足顾客的需求；而美菱与国美合作领域少，信息获取不完善，并且美菱的技术等方面与海尔有一定的差距，其供应链的提高低于海尔供应链的提升，因此，海尔与国美获得的竞合效应大于美菱与国美获得的竞合效应。故在基于竞争力的溢出方面，基于差别优势的竞合效应大于基于比较优势的竞合效应。

宝洁与沃尔玛在研发、信息、资金和市场等多个领域进行知识与技能的交流，双方共同设计与研发有利于提升发展的系统动力，其创新能力都获得提升，而且宝洁的研发效率提升了40%；纳爱斯与沃尔玛在生产与物流等方面进行知识与技能的交流，涉及领域少，主要是沃尔玛帮助纳爱斯进行改进，进而使纳爱斯的创新能力获得提升，公司的创新产出较之前提高了约25%，但是纳爱斯自身的独立创新能力并没有因此而得到一个明显的提升。因此，宝洁与沃尔玛获得的竞合效应大于纳爱斯与沃尔玛获得的竞合效应。海尔与国美成立"国美海尔事业部"，在多个领域都进行了知识与技能的交流，并且共同研发，共同提升创新能力，海尔研发产品的速度提高了约30%；美菱与国美在生产与经营等方面进行知识与技能的交流，涉及领域少，而且主要是美菱的创新能力获得提升，其新产品的研发速度提高了约15%。因此，海尔与国美获得的竞合效应大于美菱与国美获得的竞合效应。故在基于互动的溢出方面，基于差别优势的竞合效应大于基于比较优势的竞合效应。

综上所述，针对竞合的三个测量指标得出，基于比较优势的企业进行竞合，双方合作的领域相对较少，而且由于强势方的资源能力较强，主要对弱势方进行帮助并使其获得利益，从而体现出来的主要是弱势方获得提升，而强势方提升不大；基于差别优势的企业形成竞合，双方的合作领域较多，而且双方互有不可替代的优势资源与能力，企业间相互学习并共同提升，真正实现双赢。所以，基于差别优势的竞合效应大于基于比较优势的竞合效应，企业间基于差别优势形成竞合关系是一种更高级的竞合状态，使企业获得更大的价值（吴斯丹、毛蕴诗，2014；吴文清、张海红、赵黎明，2015）。

5.结论：基于差别优势和比较优势的竞合效应

因此，将竞合研究从市场竞合研究推向供应链竞合研究，拓展了竞合理论，并通过理论推演与案例分析两种方法，对基于差别优势的竞合效应与基于比较优势的竞合效应进行了深入探讨。得出结论：供应链上下游企业间基于差别优势和基于比较优势形成竞合关系都会产生竞合效应，体现在基于目标、竞争力与互动的溢出上；上下游企业间基于差别优势形成竞合关系，企业间互有不可替代与模仿的核心能力与资源，并且产生信息对称下的隔离机制作用，双方竞合能够获得最大的价值，产生最大的竞合效应。

由结论可知，上下游企业间基于差别优势能获得最大的竞合效应，若供应链上各个企业都具有不可替代的核心能力与资源，上下游企业间基于差别优势形成竞合关系，则各个企业都通过上述论证的效应机理形成基于差别优势的协同与溢出效应，获得最大的竞合效应，使得整条供应链也获得最大的竞合效应，最终达到"供应链竞合均衡状态"。而基于差别优势形成多环节竞合均衡状态，供应链获得最大的竞合效应，具有最佳的竞争优势，即形成最佳"链优势"。这一观点不仅拓展了现有竞合研究的理论边界，也为企业的升级与发展提供了理论指导与实践参考。当今社会，竞争不仅仅是企业间的竞争，更是供应链与供应链之间的竞争。因此，企业不仅要注重自身发展，也要注重与上下游企业之间建立良好的竞合关系。上述分析与研究结论可以帮助企业了解并发现自身的优势，加强并充分利用自身的核心竞争力，选择合适的企业进行竞合，从而获得更大的收益。当企业之间都能形成良好的竞合关系，就能带动供应链的发展，提高供应链的整体竞争力。

本书所选用的案例，其数量与覆盖的行业或领域有限，更多的影响因素或普适性问题还需要对更多案例的进一步研究（本书第三章、第四章将有更深入研究与详细论述）。"供应链竞合均衡状态"只是在理论上推理的一种理想状态，实践中的实际状态还需要进一步研究。本章虽然对竞合效应的测量指标进行了提炼与总结，但还需要进一步精确，最好用更加精确的量表来测量。竞合关系不仅存在于竞争企业间，供应链上下游企业间，还存在于链与链之间，竞合效应的研究可以推广到链与链之间。

第三章　跨案例分析：
隔离机制的竞合效应实证

第一节　研究设计

一、研究问题

本章节案例研究的核心问题，在于探索基于隔离机制的竞合效应生成机理，并致力于在经验资料的基础上总结规律，提炼观点并构建理论模型，因此，本章内容属于理论构建型（Theory Building）的探索性研究。而案例研究是解决"怎么样、为什么"（罗伯特·K.殷，2004，第3版）的最佳研究方法。根据 Yin（2003）的观点，相对于单案例研究而言，多案例更适用于理论构建的研究，多案例研究结论与单案例研究相比，总体质量更高；Eisenhardt（1989）在综合了扎根理论、定性数据分析方法及三角证据法等理论基础上，认为多案例研究得出经验数据更令人信服，当多个案例的分析结果指向同一结论时，将有效提高案例研究结论的有效性、普适性及科学性。扎根理论（Grounded Theory）亦强调不同案例间的反复验证以寻找共性，并提高构念效度。基于此，本书宜采用跨案例研究，通过深入文献与经验资料发掘、提炼理论观点，并以此为基础构建理论模型。

本章节的案例研究是通过对样本数据进行考察与提炼，其主要线索为：（1）样本企业对于自身差别优势的认识程度？（2）基于差别优势的隔离机制效果在企业经营实践中是否真实存在？（3）具备差别优势的企业之间是否有隔离机制的竞合效益生成？（4）上述效果存在的具体现象和表现形式是什么？（5）上述现象与表现形式之间是否存在内在关联？关系结构如何？（6）在不同企业属性和行业差异的企业间竞争中是否存在普适性的内在机理？在此基础上，比较分析不同证据来源之间一致性与差异性，提炼具有内在关联的理论范畴并构建理论模型。

二、样本选取

本研究选取的3组案例样本遵循以下标准：（1）在各自领域保持持续成长并具有较高的产业地位，即杰克·韦尔奇的"数一数二"原则；（2）互为行业内的主要竞争对手，且拥有彼此难以模仿的差别优势；（3）在各自领域拥有至少一个势均力敌的竞争对手，即不具备垄断性优势；（4）案例样本覆盖行业范围较广（覆盖6个行业），具有典型性与代表性。

案例样本数量的选取标准则按照Sanders（1982）的观点：以3—6个案例组合进行跨案例研究较为适合，所以为提高案例研究的信度标准，本书依照差别优势的不同选定6家企业作为核心样本：基于核心能力的战略链条的 Nike 与 Apple，基于核心策略的战略链条的 KFC 与 IKEA，基于核心价值观的战略链条的海尔与蒙牛①。同时，在垂直竞争

① 这里所提到的"基于核心能力的战略链条""基于核心策略的战略链条"及"基于核心价值观的战略链条"都属于差别优势的具体表现形式。其中的"核心能力""核心策略"及"核心价值观"为企业核心竞争力的外在表现形式（不同企业间会有明显的差别），如 Nike 的战略链条中的"核心能力"表现为研发创新能力及隐性知识；KFC 的战略链条中的"核心策略"表现为快速扩张的本土化经营策略、组合经营策略等；海尔的战略链条中的"核心价值观"表现为"真诚到永远"的创新、服务文化。

维度选取企业上游的供应商（外包商）进行比较分析；在水平竞争维度选取 6 家核心企业的主要竞争对手进行比较分析。样本包括中国企业与跨国公司，覆盖食品行业、零售行业、家居用品行业、饮料行业、乳制品行业及工业制造业，跨地域、跨行业的样本选取更具代表性、典型性，案例分析结果更具普适性。选取案例样本的研究重点侧重于中国本土市场，一方面有利于案例研究样本资料的收集并获取经验资料之外的直观感受，另一方面有利于本书的研究成果符合中国"本土情境"，更据"文化根植性"，以便有效指导中国企业的竞争实践。案例样本的基本概况与背景资料如表 3-1 所示，差别优势比较如表 3-2 所示。

表 3-1　案例核心样本简介

样本	差别优势	考察行业/市场	背景简介	竞者者
Nike	基于核心能力的战略链条	运动服装行业（中国市场）	Nike 自 1972 年创建以来，仅 10 年就超越 Adidas 成为全球第一体育品牌，立基于"轻资产运营战略"与核心能力基础上的"耐克模式"令 Nike 的成功无法复制，与最主要的竞争对手 Adidas 形成市场均势，共同领跑体育用品（尤其是运动鞋）市场。	Adidas 等
Apple		IT 行业（中国市场）	Apple 始终定位市场高端，以善于开发顾客新需求及持续创新为核心能力，在系统软件市场打破微软的垄断地位，在平板电脑、智能手机等市场的突破性创新令 Apple 保持行业领先与持续成长，与 Microsoft、SONY、NOKIA 等形成市场均势，共同引领行业。截至 2011 年，Apple 已超越 NOKIA 成为全球第一大手机厂商。	SUMSUNG 等

样本	差别优势	考察行业/市场	背景简介	竞者者
海尔	基于核心价值观的战略链条	家电行业（中国市场）	海尔秉承以"真诚到永远"的服务精神与创新文化构成的核心价值观，不断开拓新市场。通过技术创新，将家电市场从城市扩展至农村，并与地处同城的竞争对手海信、澳柯玛等多家企业合作打造区域性战略集群，提升区域整体竞争力。	海信等
蒙牛		乳制品行业（中国市场）	蒙牛以"大德文化+竞合战略=卓越"为核心价值观，持续高速成长，创造"蒙牛速度""蒙牛奇迹"，创业13年就成为唯一跻身世界乳业20强的中国企业。同时，与同城对手伊利合作打造"中国乳都"的区域名牌，共同开拓中国乳业市场。	伊利等
KFC	基于核心策略的战略链条	食品行业（中国市场）	KFC以快速扩张与全球范围内的本土化经营为核心策略，并与KFC同属百胜餐饮集团的必胜客、塔可钟等快餐店组合经营以形成战略协同，产生网络外溢效应。以中国市场为例，早于McDonald's5年进驻的KFC，2007年已拥有店面2000余家，而前者只有1100家。但二者从未发生过恶性竞争，并共同不断扩大全球快餐市场。	McDonald's等
IKEA		家居用品行业（中国市场）	IKEA以低成本、时尚与环保并重的核心策略，开创了家居用品市场的新模式，体验式营销、本土化经营、逆向定价等策略令IKEA成功拓展家居用品的市场边界，重新定义了目标顾客群体，与传统家居零售商共同提升行业整体规模。	JYSK（居适家）等

资料来源：本书根据上述企业资料整理。

表 3-2 水平竞争维度样本企业的差别优势分析

样本	战略相似	差别优势	事实依据
Nike	资源整合 经营外包	基于核心能力的战略链条（创新能力，隐性知识，网络营销能力）	Nike 创始人谈及隐性知识："如果你的秘密根本就没有机会暴露在你的竞争对手有可能接触的环境中，那岂不是更安全？"
Adidas		基于核心策略的战略链条（大众定制系统，研发能力）	总经理高嘉礼表示："Adidas 通向 2015 战略，布局至三线城市，新增 2500 家店面，盈利翻一番"。
海尔	区域资源整合 市场导向型创新（技术、管理）	基于核心价值观的战略链条（创新文化，"真诚到永远"，"一个世界一个家"）	张瑞敏论创新："在一个管理好的企业内部没有激动人心的事情发生"，"没有思路，就没有出路"（"砸冰箱"，管理落地，倒三角结构，市场链与模块化）。
海信		基于核心能力的战略链条（技术创新能力，质量管理能力）	海信电器总经理刘洪新："海信要立足自主创新，加大研发投入，超前布局高端产品和市场，率先进行产业结构调整"。
KFC	全球战略布局 连锁经营（直营+加盟）	基于核心策略的战略链条（快速扩张，本土化，组合经营模式）	百胜集团大中华区总裁苏敬轼："我唯一的感受就是中国市场很大，我们完全有机会将肯德基做到历史上从未有过的高度"，在中国市场坚持扩张与本土化经营。
McDon-ald's		基于核心能力的战略链条（网络营销能力，供应链管控能力，文化传播能力）	McDonald's 大中华区负责人："竞争对手做了，麦当劳一定不做，它一定会从其他地方去战胜对手。"
Apple	持续创新 轻资产运营	基于核心能力的战略链条（核心技术垄断，产品创新引领顾客，实现卓越品质能力）	史蒂夫·乔布斯："不要管顾客想什么……因为顾客根本不知道自己想要什么！"，"活着就是为了改变世界，难道还有其他原因吗？"

样本	战略相似	差别优势	事实依据
SUM-SUNG	持续创新 轻资产 运营	基于核心策略的战略链条（均衡策略"快速学习＋模仿式创新＋低成本＋人本理念"）	企业经营要维系五个方面的均衡：技术更新、生产效率、市场营销、人际关系和收益。
蒙牛	区域资源整合 前向一体化（掌控奶源地）	基于核心价值观的战略链条（大胜靠德，"大德文化＋竞合战略＝卓越"）	只有消费者、股东、银行、员工、社会、合作伙伴的"均衡收益"才是真正意义的"可持续收益"；只有与最大多数人民大众命运关联的事业才是真正"可持续的事业"。
伊利		基于核心策略的战略链条（"政府"营销、定位品牌高端、"精细管理"）	伊利愿景："成为世界一流的健康食品集团"；伊利总裁潘刚的"大营销"概念："不做则已，要做就做大手笔。"
IKEA	低成本运营 低碳供应链 环保理念	基于核心策略的战略链条（全球本土化：融入本地生活，供应商培训与文化植入）	"生活，从家开始"的经营理念：改善大多数人的生活水平，而且要改善这些人的本身——"人性化、简单、方便、自给自足"。
JYSK		基于核心价值观的战略链条（商业精神＋协作精神＋企业精神，"写意生活、舒适睡眠"）	商业精神：用心服务、控制成本、值得信赖、目标明确、精通专业；协作精神：互帮互助、相互尊重、灵活机动、诚恳坦率、积极乐观；企业精神：敬业守信、忠诚可靠、精诚合作、勇于发言。

资料来源：本书根据上述 12 家企业资料整理。

三、数据收集与整理

巴顿按照"证据三角形"针对性的差异评估出四种主要的类型（罗

伯特·K.殷，2004）：（1）资料三角形，指通过不同证据来源形成的资料相互验证；（2）研究者三角形，指通过不同的评估人员对相同资料的不同研究结果之间存在的差异及相互检验；（3）理论三角形，指的是对相同资料集合从不同理论维度的解读与提炼；（4）方法论三角形，指的是通过不同的方法对经验资料分析得出的结论之间进行相互验证。但无论哪一种类型的证据三角形，其核心都是要求经验资料或分析结论间的交叉检验与相互印证：案例研究的内容与事实之间形成稳定的证据三角，以解决本案例研究的"建构效度"（Construct Validity）的问题。

因此，本章节的案例研究根据"证据三角"原则（Triangulation），案例样本的采集与整理遵循以下原则：（1）坚持使用多种证据来源。主要包括文献、档案记录、访谈、直接观察与参与式观察等，具体细分的资料来源如表4所示；（2）建立案例研究数据库；（3）在案例研究报告、案例研究数据库、引用具体证据来源、研究方案及研究问题之间构建"证据链"。案例研究的一个重要优势就是有机会收集不同的证据来展示整个事件丰富的画面，通过对同一现象进行多种手段的研究，多种数据汇集与相互验证来确认新的发现，避免由于偏见影响最终判断，提高研究的构念效度。根据案例研究的要求，本研究采用多种途径搜集大量一手与二手资料（具体资料来源于采集途径如表3-3所示）。

表3-3 资料收集来源与采集途径

资料来源		样本企业	一手资料采集途径
一手资料	①企业参观访问与座谈 ②实地考察与调研 ③电子邮件与电话访谈	资料采集过程	Nike公司（大中华区）	①电话访谈区域经理与总部工作人员；②对实体店面（大连）实地调研；③对连锁店经理及员工进行半结构化访谈

	资料来源	样本企业	一手资料采集途径
一手资料	④聆听企业负责人演讲 ⑤与企业部门负责人的非正式场合交流等	资料采集过程	Adidas 公司（大中华区）	①电话访谈总部管理人员；②对实体店面（大连）实地调研；③连锁店经理及员工进行半结构化访谈；④聆听集团主席北大演讲（录像资料）
			海尔集团（中国市场）	①参观访问海尔青岛总部与"海尔大学"（参与式观察）；②与高层管理人员座谈并讨论；③聆听张瑞敏哈佛大学演讲；④与高层管理人员、研发及制造部门负责人进行深度访谈；⑤采访生产线员工
			海信集团（中国市场）	①参观访问青岛海信总部（参与式观察）；②与集团管理人员座谈并讨论；③对研发部门与制造部门负责人进行深度访谈
	①企业参观访问与座谈 ②实地考察与调研 ③电子邮件与电话访谈 ④聆听企业负责人演讲 ⑤与企业部门负责人的非正式场合交流等		KFC 公司（大中华区）	①电话访谈 KFC 物流部门与采购部门；②连锁店（大连）实地调研并进行深度访谈；③聆听百胜集团中国区总裁苏敬轼主题演讲
			McDonald's 公司（大中华区）	①聆听训练总监邵珊演讲；②电话访谈发展部工作人员；③店面（大连）实地调研与直接观察；④连锁店经理与员工半结构化访谈
二手资料	①企业年度报告 ②企业内部资料 ③企业官方网站与刊物 ④媒体独家专访		Apple 公司（大中华区）	①电话访谈区域市场（智能手机业务）负责人员；②对实体店面（大连）实地调研；③对品牌直营店（大连地区）经理及员工进行半结构化访谈；④聆听前苹果公司 CEO 史蒂夫·乔布斯演讲（录像资料）

资料来源		样本企业	一手资料采集途径
二手资料	⑤媒体新闻与论著文章 ⑥权威机构研究报告	资料采集过程	
		SUMSUNG公司（大中华区）	①对实体店面（大连）实地调研；②对代理店（或直营店）经理及员工进行半结构化访谈
		蒙牛集团（中国市场）	①电话访谈区域经理与总部工作人员；②对大连地区分销商（液态奶业务）进行实地调研；③对大连地区销售经理及员工进行半结构化访谈；④参与大连促销活动与宣传路演；⑤聆听前总裁牛根生演讲（录像资料）
		伊利集团（中国市场）	①电话访谈区域经理与总部工作人员；②对大连地区分销商（液态奶业务）进行实地调研；③对大连地区销售经理及员工进行半结构化访谈；④参与大连促销活动与宣传路演
		IKEA公司（大中华区）	①参观访问大连实体店（参与式观察）；②与大连地区管理人员座谈并讨论；③对市场部门与销售部门负责人进行深度访谈；④聆听宜家总裁英格瓦演讲（录像资料）
		JYSK公司（大中华区）	①参观访问上海实体店（参与式观察）；②与上海地区实体店管理人员座谈并讨论；③对市场部门负责人进行深度访谈

资料来源：本书根据上述 12 家企业资料整理。

第二节 案例分析与研究发现

本研究根据"扎根理论"对样本资料进行三级编码：一级编码为开放式编码（Open Coding），即排除个人倾向及理论观点的约束，尽可能不漏掉 3 组样本企业的任何重要信息（如表 3-4 至表 3-11）。本研究将收集的原始资料（一手资料和二手资料）全部打散，按照研究主题进行初始概念的提炼，根据样本资料呈现出来的共性特征与内在联系重新组织，归纳为不同的初始范畴。由于原始资料来自不同的渠道，因此存在大量的交叉、重复甚至冲突，为保证案例研究结果的信度与效度，本研究根据以下标准采用证据并提炼相关范畴：（1）一手资料与二手资料存在冲突的，以一手资料为准（二手资料相对于一手资料而言，存在难以避免的时滞性及倾向性）；（2）一手资料之间存在冲突的，以样本企业的市场表现为标准，保留差异度最小的证据；（3）多数情况下，保留与研究主题关联性强且出现频率较高的资料证据（呈现频率 2 次以上）；（4）为避免遗漏出现频率较低的关键信息及影响案例研究结果的信度，本研究依据上文提出的案例考察的核心问题及主要线索，仅保留一手资料，二手资料则不予采用。按照上述标准，本研究的三组案例最终总结出 1200 条初始概念，为排除个人倾向与理论定见，保持证据的信度与效度，最终保留并采用的证据尽可能为一手资料与二手资料交叉验证的基础之上（个别单独出现的关键证据除外）。

表 3-4　开放式编码及初始范畴提炼[①]

范畴	样本	现象（初始概念）	效果
产业链协同：双赢效果	Nike	**A04** Nike 的运营模式为跨国公司典型的"6+1"模式：核心资源锁定于产业链高价值环节（高附加值的研发设计、市场营销及品牌维护等环节），将低价值环节（如生产制造业务）外包给具有廉价劳动力的发展中国家，产	①高产品附加值、高价值生成与传递

<hr>

① 表 3-4 为根据样本企业经营实践中隔离机制的竞合效益的具体现象与效果总结，A 组编码为以 Nike 为核心样本的第一组样本资料、B 组编码为以海尔为核心样本的第二组样本资料、C 组编码为以 KFC 为核心样本的第三组样本资料。表格中采用的是在一手资料与二手资料相互检验基础上保留并节选的编码内容，每段末尾括号内文字为提炼的初始概念。

范畴	样本	现象（初始概念）	效果
产业链协同：双赢效果	Nike	业链条为一条"微笑曲线"①（"6+1"模式、价值链高端锁定） **A14** 网络经济与知识经济条件下，以智力资本为基础价值驱动轻资产运营模式，不设工厂，规避大规模资本投入的风险（轻资产运营） **A71** 外包商的低成本、专业制造能力、灵活生产能力及东道国廉价资源为 Nike 的产品有效降低成本，大幅度提升利润（生产制造外包） **A19** Nike 所有的产品都不由自己制造，全部外包，OEM 东道国的廉价资源与 Nike 的研发设计能力形成资源互补，避免了 Nike 公司自建工厂的固定资本投入风险及相关成本（虚拟化生产，降低风险与成本） **A32** Nike 采取全球采购的战略组合：高成本国家与低成本国家的有效组合，原料采购及低技术生产制造在低成本国家进行，如中国大陆地区及东南亚国家；将较高技术及复杂度的生产制造业务放在高成本国家，如韩国、台湾等（全球采购，战略协同） **A56** Nike 以互联网为基础的全球采购系统实现全球采购、存储、物流信息与数据同步化，为供应商、制造商（外包）及销售商提供信息互动平台，提高 Nike 全球供应链的效率，并大幅度降低运营成本（信息同步化，供应链协同）	②规避大规模资本投入风险 ③获取廉价资源，降低成本 ④产业链协同：资源互补，信息同步
	供应商/外包商	**A63** Nike 的产品逐渐向"功能性"与"专业性"演化，供应商按照产品标准的变换改进工艺水平与作业流程，逐渐由单纯制造企业升级为服务型制造业（服务型制造业、产业升级）	①向服务型制造业转型带动产业升级

---

　　①　微笑曲线 (Smiling Curve) 是国内重要科技业者宏基集团创办人施振荣先生，在 1992 年为了"再造宏基"提出了有名的"微笑曲线"（Smiling Curve）理论。微笑曲线两端朝上：在产业链中，附加值更多体现在两端，研发设计、营销与销售，处于中间环节的制造附加值最低。

范畴	样本	现象（初始概念）	效果
产业链协同：双赢效果	供应商／外包商	**A65**"Nike 运动鞋的销售周期缩减为 8—9 月，以前每半个月下一次订单，现在每星期下一次订单；鞋型的生命周期由以往的 5—6 个月缩短到 3 个月左右。因此代工厂必须缩短生产流程"（缩短供应链，短订单流程） **A66** Nike 的产品升级提升了对供应商／外包商工艺技术水平的要求，提高了供应商／外包商的门槛，并精简数量："很多鞋厂接到的多是耐克的大单，他们顶多有三个品牌客户"（精简供应商） **A76** Nike 锁定产业链高价值区间获取高额利润的同时，为维系与供应商／外包商合作关系的稳固，为其提供 10% 左右的折扣，保障供应商／外包商与 Nike 共同获利（获取折扣） **A69** 供应商／外包商通过 Nike 的全球采购系统可以随时获取并更新 Nike 的需求信息，保持双方信息与经营活动的"无缝对接"，有效安排生产与运输，并将库存保持在最低标准，最大程度节约库存成本（供应链协同：同步化效果，降低成本） **A83** Nike 的产品向功能化与专业化升级倒逼供应商／外包商提升生产工艺，尤其是高技术含量的专业运动鞋的生产制造能力，及多品种与个性化定制的灵活生产能力（专业制造能力，灵活生产能力）	② 获取 Nike 提供的折扣 ③参与全球竞争 ④与 Nike 实现供应链协同，共同获利
	Apple	**B05** Apple 公司的运作是典型的"6+1"模式，利用企业的技术优势将核心资源锁定于价值链高端环节：研发设计、市场营销与品牌维护，将技术含量低，产品附加值低的生产制造与组装环节全部外包，实现虚拟化生产（"6+1"模式、价值链高端锁定） **B12** Apple 公司以美国加州总部为中心，全球范围内实施以智力资本为核心的创新驱动战略，不设工厂，专注于产品创新与品牌推广，实现轻资产运营，规避因固定资产而进行大规模资本投入的风险（轻资产运营，降低风险）	①价值链高端环节锁定，高价值生成与传递

范畴	样本	现象（初始概念）	效果
产业链协同：双赢效果	Apple	**B13** Apple 智能手机 iPhone 系列的组装环节全部外包到美国本土以外，并采取订单竞标的方式，严格筛选供应商／外包商，并有效大幅度压低价格，降低成本（战略外包，订单竞标，降低成本） **B50** Apple 智能手机 iPhone 系列为降低成本并高度保护知识产权，采取"加州设计，中国组装"的模块化运作，极端重视"原型机"概念，并要求供应商／外包商"必须在没有外界干扰的条件下生产"以防止泄密（模块化运作，"原型机"概念） **B71** Apple 为追求产品品质的完美，常在产品上市的前几天变更创意，并要求代工厂立即组织员工加班进行修改（以富士康为例，曾多次接到 Apple 公司的通知后在凌晨组织已休息的员工连夜加班），在产品上市前达到 Apple 公司的要求（同步化效果） **B89** Apple 在全球范围内战略布局供应链网络，各环节业务实现战略协同并"无缝对接"：手机的研发设计在美国加州，手机芯片均由台湾 TSMC 台积电代工生产，组装业务由鸿海集团在中国大陆的富士康工厂完成（全球供应链，战略协同）	②技术垄断，维持高价值生成能力 ③规避大规模资本投入风险并降低成本 ④获取廉价资源并实现全球协同
	供应商／外包商	**B52** Apple 公司产品的高技术含量与卓越的品质要求提升了供应商／外包商的工艺技术水平与管理能力，全球订单竞标间接带动了各地供应商／外包商的整体产业升级（产业升级） **B36** Apple 以全球竞标的方式，对通过严格筛选程序的为数不多的供应商／外包商提供大额订单，但严格控制生产流程与生产周期，将原料投产到产品上市所需要的时间控制到最短（大订单＋短流程、精简供应链） **B21** Apple 供应商／外包商必须保证全部生产过程都在"不受外界干扰"的状态下进行——典型案例如富士康，一旦泄密，将会丢失订单并受到 Apple 公司的严厉制裁（核心机密掌控能力）	①提升整体工业技术水平，实现产业升级 ②与 Apple 实现供应链协同效果，共同获利

范畴	样本	现象（初始概念）	效果
产业链协同：双赢效果	供应商/外包商	**B65** 供应商/外包商既要保证在临时接到 Apple 临时更改创意的通知可以随时组织员工投产的能力，又要保证物流供应与 Apple 需求的一致性与同步化效果达到最佳，否则将产生巨额成本（供应链协同：同步化效果） **B79** Apple 公司不到最后一分钟绝不向供应商/外包商透露信息与技术细节，同时又要求产品品质与零部件规格必须"独一无二"，因此按 Apple 要求制造的产品一旦剩余只能成为废品（即时生产能力、低成本运作能力） **B97** 苹果为保持产品不同于主流产品，要求零部件定制而拒绝使用成品零件，"无论尺寸还是规格，必须独一无二"（专业制造能力）	③掌握新技术，由代工型向服务型制造业转型升级 ④提升全球市场的竞争能力
	海尔	**C11** 海尔与供应商共同研发，通过供应链终端及时反馈的顾客需求信息，进行针对性产品开发与技术改进，即使在产品上市之后，仍然保持对市场需求变更的敏感性，共同致力于提供个性化产品设计与服务，成本下降17%（共同研发，个性化定制） **C29** 2009年，海尔作出重大战略调整，全面实施"去制造化"战略，由"专业制造型"企业向"营销服务型"企业转型，战略重点之一对供应链进行"即需即供"的零库存改造，取消各地工贸公司的仓库，保证海尔的每条生产线都有订单（即需即供模式） **C44** 海尔主导的整条供应链通过信息同步化实现协调效应：销售商及时反馈顾客需求，终端驱动生产，以"市场链"为纽带进行产品与服务创新（市场导向型创新） **C61** 海尔总裁张瑞敏：任何企业都有三张表：资产负债表、损益表和现金流量表，海尔把他们变成每个员工的"SBU 经营效果兑现表"。3万名员工，3万张表，每个人都必须创新，每个人都成为一个公司，整个企业就会非常有力量（SBU 个体化）	①个性化定制 ②大幅度降低成本 ③零库存改造，打造低碳供应链 ④供应链整合，实现 SBU 个体化

范畴	样本	现象（初始概念）	效果
产业链协同：双赢效果	海尔	**C99** 海尔在"市场链"业务流程再造的基础上，由张瑞敏提出"人单合一"的竞争模式：每个人都有自己的订单，都要对订单负责。以企业中的个人，将供应商、企业与市场联系起来，形成"市场链"（市场链，人单合一） **C86** 海尔高调提出"低碳"战略，联合三菱、霍尼韦尔等 8 家全球顶尖的大型供应商，主导建立全球首条"全球无氟变频空调低碳产业链"，降低供应链的碳排放（低碳供应链）	
	供应商／分销商	**C60** 2009 年起，海尔主导"即需即供模式"的零库存改造，供应商通过与海尔建立"同步并行工程"进行积极响应，采用 CIMS、JIT 等方式保障海尔订单的同时，接近零库存水平（同步并行工程） **C83** 供应商与海尔共同设计，共同优化产品功能、成本结构及研发速度，为供应商创造价值（模块化供应模式） **C88** 与海尔的共同设计带动供应商的专业制造能力与灵活生产能力的整体升级，大订单产生的规模经济降低 10% 的成本（产业技术升级） **C68** 供应商通过与海尔共同进行供应链整合，并通过 CRM 快速响应客户需求，提升供应链敏捷程度（敏捷供应链） **C95** 海尔与供应商、分销商的无缝合作，有利于海尔掌握第一手的供应链信息，进而降低库存与供应链管理成本（改进成本结构） **C81** 海尔的创新流程是基于"市场链"的倒逼创新，信息流是有终端销售反馈至海尔的设计研发部门（市场链，倒逼式创新）	①产业技术升级 ②参与全球竞争 ③降低成本 ④提升研发设计能力
	蒙牛	**D19** 蒙牛自创业初期，即致力于与奶农建立"信任关系"，保持长期合作，形成"公司＋奶站＋农户"的供应链运作模式。蒙牛通过合理收购、资金与技术扶持成功调动奶农合作的积极性，保证稳定的奶源供应（信任合作）	

范畴	样本	现象（初始概念）	效果
产业链协同：双赢效果	蒙牛	**D38** 蒙牛为应对市场环境变迁，由"公司＋奶站＋农户"模式转型为"公司＋现代农场"及后向一体化的自建奶源地模式，以获取更大程度的规模经济，改进成本结构（改进供应模式，降低成本） **D23** 蒙牛利用政府、银行的政策与资金支持，整合区域资源：在内蒙古奶源地建立近千个牧场园区，并利用社会资源建立近三千个奶站，以获取范围经济（区域资源整合，范围经济） **D27** 蒙牛通过资金支持对奶农进行养殖技术扶持，2011年，蒙牛与以色列阿菲金集团合作，安排专家常驻牧场，并全面引进以色列先进技术，获取优质奶源级（获取优质奶源） **D59** 近年来，蒙牛开始全面整合销售渠道，对市场表现良好的大型销售商提供特殊政策支持，并借助分销商的强大渠道积极推动蒙牛产品"家庭配送"服务体系（渠道整合） **D56** 2009年，蒙牛携手KFC，获取KFC强大的供应链网络，包括2000家KFC店面的销售渠道，实现供应链信息共享及供应链协同，消灭非增值成本（供应链协同）	①降低成本 ②获取稳定优质的奶源 ③区域资源整合 ④战略协同
	供应商/分销商	**D40** 蒙牛自创业初期即致力于与奶农建立长期稳固的合作关系，采取"公司＋奶站＋农户"的供应链运营模式：蒙牛利用政府、银行等社会资源为奶农提供低息贷款进行资金扶持，同时组织技术人员提供全方位养殖技术指导与培训，以调动奶农积极性并获取优质奶源（资金扶持、技术指导） **D29** 2006年下半年开始，蒙牛集团正式启动供应链系统的信息化改造工程，计划用5年左右的时间实现供应链系统整体升级为敏捷供应链："Smart Chain, SCM"——聪明牛供应链系统（敏捷供应链） **D87** 近年来，在蒙牛的主导与扶持下，内蒙古奶源地逐渐由原始的"奶站＋农户"的基地型饲养模式	

范畴	样本	现象（初始概念）	效果
产业链协同：双赢效果	供应商/分销商	转型升级为规模化、工业化饲养模式："只收牛，不收奶"，全部机械化挤奶。技术能力与管理指标整体性提升，实现区域内产业升级（产业转型与升级，规模经济） **D56** 蒙牛对供应链管理的基本理念是"以协同性战略，整合供应链上下游之间的资源与操作流程，以优化结构、降低成本、提升效率，以最好地为最终顾客提供优质服务"（供应链协同） **D77** 蒙牛为保证获得稳定、优质奶源，与内蒙古奶源地的奶农建立以"相互信任"为基础的长期合作关系：通过合理价格收购奶农的奶牛，调动供应商积极性并与之结盟，实现利益共享，合作双赢（结盟供应商，利益共享） **D39** 蒙牛为保证销售渠道的稳固并杜绝渠道成员机会主义行为及销售网络状态混乱等现象，创建"双赢合作，共同发展"的销售模式，向销售商派发股份，形成利益共同体，建立"忠诚＋双赢"的供销关系（结盟销售商，利益共享）	①供应链整体升级 ②利用区域资源及低成本与蒙牛共同获利 ③通过与蒙牛合作实现产业升级 ④与蒙牛结盟，建立战略合作关系
	KFC	**E18** KFC 在全球范围内采购原料，根据不同地区的资源禀赋或区位优势进行区别性大量采购，充分利用本地廉价资源及规模经济节约成本（资源互补） **E35** KFC 充分利用中国的廉价资源与区位优势，将其作为全球战略采购中心与物流中心，已实现 100%产品原料本土化，85%的产品包装原料本土化，（供应链本土化） **E11** KFC 凭借自身的差别优势将核心资源锁定于营销等价值链高端环节，将原料供应、产品包装生产制造等环节外包，规避自建工厂与直营店面的大规模资本投入（高价值创造、规避资本投入风险） **E37** KFC 根据全球不同地区资源禀赋及区位优势的差异进行不同原料的大规模采购，并通过物料采购系统以最低廉的成本实现全球范围内的最合理、最高效的分工协作网络，实现范围经济（全球采购，战略协同）	①成本节约 ②急速扩张，规避资本投入风险

范畴	样本	现象（初始概念）	效果
产业链协同：双赢效果	KFC	**E69** KFC通过严格的招标程序在大规模产品原料供应商之间形成竞争机制：包括定期的供应商投标、新老供应商逐年竞标、供应商考核与淘汰机制等，以确保优质货源并降低成本（供应商竞标，降低成本） **E84** KFC的终端销售环节采取连锁加盟的方式，自1987年进驻中国市场以来，便以这种方式急速扩张，占领市场的同时获取在全国市场的网络协同与范围经济（急速扩张模式）	③资源互补 ④战略协同，获取范围经济
	供应商/分销商	**E56** 自1996始，KFC通过"星级系统"（star system）对所有中国供应商进行评估与培训：在质量、技术、财务、诚信、沟通等方面进行全方位升级——KFC供应商："经过星级系统评估的厂家，可以轻而易举地通过国家ISO9002质量认证"（供应商培训） **E38** 除对中国供应商进行管理与技术培训之外，KFC同样重视企业文化的植入与先进管理理念的输出，保证供应商在经营理念、管理方式、员工价值观等方面与KFC保持高度一致（企业文化植入） **E164** 百胜集团大中国区公关事务总监陈耀东表示：十多年来，KFC在中国不仅自身的发展迅速，同时还带动、发展了国内一大批本土相关行业标准化的建立，形成了一个规模庞大、良性循环的"经济链"（关联效应） **E77** KFC与香港大成、福建圣农、山东新昌三家肉鸡供应商鉴定合作协议，对少数优质供应商改变以往竞标的供应模式，采取"3年长期承诺＋成本定价"的"成本定价"供应模式，确保KFC货源稳定的同时，保障优质供应商的获利（长期合作、共同获利） **E123** KFC带来的跨国公司先进的组织架构、产品开发模式及工艺流程等会成为中国供应商及本地企业竞相模仿、学习的对象，会起到很好的示范效应，间接带动本地产业升级（示范效应、产业升级）	①激活产业，参与全球竞争 ②获取折扣与培训 ③产业升级、建立行业新标准 ④理念升级、重塑企业文化

范畴	样本	现象（初始概念）	效果
产业链协同：双赢效果	供应商/分销商	**E155** 2009 年，KFC 与蒙牛签订合作协议，蒙牛获得 KFC 在国内近 2000 家门店的销售渠道，KFC 获得强势品牌联合的协同效应。供应商与 KFC 间的供应链协同形成同步效果，最大幅度降低库存（供应链协同，降低库存）	
	IKEA	**F13** IKEA 供应链的采购环节、制造环节及销售环节都是覆盖全球的网络，通过企业总部的网络平台实现信息共享与行动协同，获取同步化效果（全球供应链，同步化效果） **F04** IKEA 将全部物流配送业务外包给第三方物流公司，生产制造业务全部外包，免除自建物流体系与工厂的巨额资本投入的风险。IKEA 的产品全部采用平板式纸板包装，以密集式物流提升效率与降低碳排放，同时利用物流网直接连接仓库与港口，取消仓储与搬运环节来降低成本（轻资产运营，降低资本投入风险） **F17** IKEA 的一个重点战略是全球战略布局，包括全球采购基地、物流外包体系及产品分销网络。IKEA 通过中心网络实现供应链的战略协同，获取网络间的互补效果、共用效果及范围经济（战略协同，范围经济） **F35** IKEA 的全球采购战略的实质是利用原料产地的地域性优势获取廉价资源，同时利用交通便利、辐射区域广等区位优势降低物流成本（获取廉价资源） **F24** IKEA 将全球采购网络划分为 17 个采购区域，利用不同区域间的差异性地域优势采购不同的原料来降低成本并获取规模经济；IKEA 通过构建成本分析矩阵对跨国采购产生的如关税、汇率、物流配送等多种成本因素进行分析与协调，以获取协同效应与范围经济（全球采购，降低成本） **F38** IKEA 要求产品从研发设计环节开始，到原料采购、生产制造、交付销售、物流运输等整条供应链必须秉承绿色环保理念，必须考虑并严格控制环境成本：包括资源利用率、资源回收及废品处理等，构建一个持续供应低成本绿色产品的复杂系统（绿色供应链）	①轻资产运营，降低资本投入风险 ②战略协同：同步化效果 ③获取廉价资源 ④范围经济，降低成本

范畴	样本	现象（初始概念）	效果
产业链协同：双赢效果	供应商／外包商	**F67** IKEA 对供应商的选择与筛选程序极为严格，只有保证质量且成本最低的厂商可以中标获取大订单。IKEA 的高标准直接导致供应商在产品工艺与制造技术方面的大幅提升，并间接拉动本地产业的整体升级（本地产业升级） **F52** 所有通过竞标成为 IKEA 供应商的企业必须接受培训与考核，考核条目 2000 多条，包括质量、环保、物流、员工薪酬、劳动实现及工作条件等多个方面，这也直接带动供应商／外包商经营管理水平的提升（接受培训，管理升级） **F57** 在成本、经营业绩等可量化指标之外，IKEA 还高度重视供应商／外包商与其经营理念的一致性，强调对供应商／外包商进行企业文化与经营理念植入，直接提升后者的全球化视野与经营理念（文化植入，理念升级） **F60** IKEA 的低碳环保理念始终贯穿整条供应链的运作，本土供应商／外包商与 IKEA 的合作过程中实现向低碳供应链的转型与升级（低碳供应链） **F84** 供应商／外包商 IKEA 合作过程中，在工艺技术、专业制造及产品设计等方面会产生学习效应与知识获取，帮助本地企业在获利后可以逐渐由 OEM 模式转型升级为具备专业制造能力与灵活生产能力的服务型制造业（知识获取，向服务型制造业转型） **F77** IKEA 的物流网络通过信息平台直接连通仓库与港口，消除仓储与搬运环节，实现供应链同步化的协同效应，实现零库存（供应链协同：同步化效果，零库存）	①本地产业升级 ②接受培训与文化植入，技能与理念升级 ③知识获取，向服务转型 ④供应链协同，降低库存

资料来源：本书根据上述 12 家企业资料整理。

表 3-5 开放式编码及初始范畴提炼

范畴	样本	现象（初始概念）	效果
产业链异质共生	Nike	**A01** 差别优势：创新能力、"隐性知识"、网络营销能力（基于核心能力的战略链条） **A16** Nike 凭借差别优势将核心资源锁定于价值链高端环节：研发设计与市场营销，将低附加值的生产制造环节全部外包，**A57** Nike 强大的研发设计能力与营销能力与供应商 / 外包商的低成本、专业制造能力及供应商 / 外包商所在地的廉价资源与劳动力形成资源互补（资源互补） **A35** 高价值生成进一步巩固 Nike 的核心能力："保持年收入的固定比例投入研发与营销环节，目前是年收入的 4% 投入到产品研发环节。仅 2011 财年，Nike 公司用于全球市场的营销推广与广告宣传的费用即达到 24.48 亿美元，占年收入的比例为 11.73%。"（提升核心能力） **A52** 战略外包与供应链协同令 Nike 节约大量成本并提升利润，有能力进一步增大研发、营销及员工培训的资本投入，进一步强化企业文化，提升建立在 "隐性知识" 基础上的竞争优势（巩固 "隐性知识"）	①资源进一步锁定产业链高价值环节 ②高价值生成巩固核心能力 ③资源互补，异质共生
	供应商 / 外包商	**A48** 差别优势：灵活生产能力，专业制造能力，低成本，廉价资源与劳动力（基于资源互补的战略链条） **A53** 供应商 / 外包商与 Nike 建立长期合作关系，为响应 Nike "功能与时尚并重" 的产品要求，主动提升工艺技术水平与专业制造能力，由传统的原料加工 /OEM 代工企业向拥有专业能力的服务型制造企业转型（战略合作关系、提升核心能力） **A64** 缩短供应链周期：2009 年以来，Nike 鞋型的生命周期由 5—6 个月缩短为 3 个月左右，较以往少了一半，供应商 / 外包商必须压缩订单周期并缩短生产流程："以前是每半个月下一次订单，现在是每周下一次订单"（即时生产、敏捷供应链）	①巩固多种类的灵活生产能力 ②提升高技术含量的专业制造能力

范畴	样本	现象（初始概念）	效果
产业链异质共生	供应商/外包商	**A68** Nike 自 2009 年起，精简在华供应商/外包商数目，将大宗业务订单集中交付给少数合作伙伴，目的是精简供应链，降低成本与优质供应商/外包商共同获利："Nike 将与那些能够满足耐克的消费者需要、提供优质运动产品和科技的合同工厂集团建立合作，继续与遵守 Nike 企业责任原则的合同工厂合作"（精简供应链，优质供应商/外包商）	③提升优质供应商/外包商盈利能力
	Apple	**B01** 差别优势：核心技术垄断，产品研发设计能力，开发潜在顾客并实现卓越品质的能力（基于核心能力的战略链条） **B43** Apple 凭借卓越的产品研发及网络营销能力锁定产业链高价值环节，将低附加值的生产制造外包，供应商/外包商凭借低成本专业制造、廉价资源及劳动力与 Apple 形成资源互补（资源互补） **B26** 高附加值产品产生的高额利润，令 Apple 有能力在技术研发、广告宣传与品牌推广、网络营销、网罗高素质人才等方面投入巨资，进一步提升核心能力（提升核心能力） **B30** Apple 对供应商/外包商的选取与要求极为苛刻：后者必须保证在最短的时间内以最低成本完成订单并准时交付，还要绝对保密。但符合 Apple 要求的供应商也可以获取长期合同与巨额订单，大幅度提升生产工业与技术能力（长期合作，异质共生）	①核心资源锁定产业链高附加值环节，巩固核心竞争力 ②高额利润进一步提升核心能力，与供应商/外包商异质共生
	供应商/外包商	**B53** 差别优势：廉价资源与劳动力，低成本、专业制造能力、灵活生产能力（基于资源互补的战略链条） **B62** Apple 对产品本身和零配件都要求独一无二，无论是设计、品质，还是规格、型号，因此合作厂商必须建立专门生产线，并针对性提升生产工艺与技术水平（专业制造能力，技术升级） **B91** 每当 Apple 即将有新产品发布，其合作厂商即将面临在产品发布前一周甚至几天内突然接到	①资源互补降低各自成本、提升利润并巩固各自的核心竞争力

范畴	样本	现象（初始概念）	效果
产业链异质共生	供应商/外包商	Apple 的紧急通知，临时更改创意或调整产品细节，合作厂商必须迅速组织大量员工集中作业，保障产品质量、低成本的同时按时交付订单（灵活生产能力，敏捷供应链） **B94** Apple 对产品的要求是"卓越品质＋最低成本＋即时生产＋准时交付＋绝对保密"，这要求合作厂商要同时具备"低成本＋专业制造能力＋灵活生产能力＋高管理与控制能力"，条件的苛刻也导致合作双方必须保持紧密合作的长期战略合作伙伴关系，互利共赢（战略合作伙伴，异质共生）	② Apple 的高品质要求带动本地产业升级
	海尔	**C01** 差别优势：创新文化与服务精神、"真诚到永远"、"一个世界一个家"（基于核心价值观的战略链条） **C72** 张瑞敏谈海尔与供应商的双赢创新模式："每个人都是责、权、利中心，人人是经理，人人是老板，把每个人的潜能都释放出来"，让每个人都面对市场成为 SBU，实现"人单合一"（人单合一、SBU 个体化） **C85** 海尔与供应商共同设计的"模块化供应模式"令海尔的生产效率提高 55%，成本下降 17%。在"倒三角"组织结构的倒逼模式下，大幅度提升产品功能与研发速度，降低次品率（降低成本、提升核心能力） **C77** 海尔与青岛产业集群内的供应商之间，保持长期合作的战略伙伴关系，并带动一大批供应商共同研发设计，信息共享，打造区域性创新网络（战略合作伙伴，异质共生）	①提升个性化服务与生产制造能力 ②节省的资源进一步改进研发能力
	供应商/分销商	**C52** 差别优势：二次创新能力、即时生产能力（基于技术互补的战略链条） **C76** 集群内供应商凭借高技术相关、地域优势及二次创新能力傍依海尔，拉动集群整体产业升级（二次创新能力、集群内产业结构升级）	①海尔与供应商降低成本并提升各自核心能力

范畴	样本	现象（初始概念）	效果
产业链异质共生	供应商／分销商	**C86** 集群内供应商与海尔共同开发的"模块化供应模式"令海尔供应商生产成本下降 10%，订单量提升 1 倍，大幅度改进成本结构（降低成本） **C90** 集群内供应商通过参与海尔的共同设计研发，获取知识更新与技术升级的效果，同时海尔的企业文化与经营理念的植入催生了管理升级，具备参与全球竞争的意识与能力（提升核心能力）	②共同带动集群内产业结构升级
产业链异质共生	蒙牛	**D01** 差别优势：大胜靠德，"大德文化＋竞合战略＝卓越"（基于核心价值观的战略链条） **D57** 与当地奶农的良好合作关系，为蒙牛提供了稳定而优质的奶源，集中设立的奶站与农场为蒙牛实现规模经济，大幅度降低成本并进一步提升核心竞争力（提升核心能力，降低成本） **D44** 内蒙古牧区的优质廉价奶源因缺乏商业化运作与管理经验处于原生态待开发状态，蒙牛的区域资源整合模式带动了当地产业的整体升级，并实现了规范的商业化运营，自身获利的同时促进地方经济的发展（异质共生） **D98** 蒙牛作为核心企业，带动内蒙古牧区的本地企业形成区域产业集群，彼此间建立战略合作关系，集群内战略协同进一步提升并巩固合作双方的核心竞争力（战略合作，协同效应）	①降低成本，获取稳定、优质奶源 ②整合区域资源，提升核心竞争力
产业链异质共生	供应商／分销商	**D55** 差别优势：低成本，廉价资源与劳动力，成熟的分销网络（基于资源互补的战略链条） **D107** 通过考察澳大利亚、新西兰牧场，国内建立示范农场并提供技术培训，提升奶源地科学化、规范化及规模化程度，实现奶源地产业升级（提升专业技能，产业升级） **D57** 由"公司＋奶站＋奶农"到"公司＋OEM"的供应模式，蒙牛都积极联络地方政府与商业银行，为合作供应商的贷款融资、养殖技术、管理培训等进行全方位支持（获取全方位扶持）	①资金与技术扶持带动供应商产业升级

范畴	样本	现象（初始概念）	效果
产业链异质共生	供应商 / 分销商	**D116** 蒙牛十分"大德文化"与"蒙牛精神"的传递与输出，并积极对供应商 / 分销商进行管理培训及企业文化植入，并坚信价值观与经营理念的一致性可以提升供应商 / 分销商的忠诚度与合作效果（文化植入，异质共生）	②专业能力与管理水平提升降低各自成本，互利共生
	KFC	**E01** 差别优势：快速扩张、本土化、组合经营模式（基于核心策略的战略链条） **E62** KFC 与通过严格竞标与评估程序的供应商建立战略合作伙伴关系，并通过提供大订单、价格折扣及专业培训的方式促使后者与 KFC 共同成长，KFC 与供应商之间由垂直链条的竞争关系转化为合作关系（异质共生） **E45** KFC 自登陆中国伊始即确立远景目标：将 KFC 做成中国餐饮第一品牌，甚至是中国最受欢迎的餐饮品牌，并确立了"直营连锁 + 特许加盟"的提速战略，"KFC 的成功进一步加快中国市场的战略布局，并以每天一家新店面的速度进行扩张"（巩固核心能力） **E49** KFC 充分利用中国是农业大国的便利条件，全面实施供应链本土化以降低成本并加速本土文化融入，推动利润最大化进程（供应链本土化，降低成本）	①资源进一步锁定于价值链高端环节 ②进一步巩固核心能力
	供应商 / 分销商	**E55** 差别优势：廉价资源与低成本、专业能力（基于资源互补的战略链条） **E70** 本土供应商与 KFC 建立长期战略合作关系，并获取后者的利润分成，"中国与 KFC 相关的 22 个上游产业中，没有一个部门的利润乘数是负的——利润率皆为正数，很多行业都介于 1—2 之间，KFC 实现了对本土产业的关联效应与扩张效应"（异质共生、关联效应） **E95** 自 1987 年 KFC 进入中国市场，原料供应 100% 本土化，售出鸡肉 25 万吨，产品包装材料 85%	

范畴	样本	现象（初始概念）	效果
产业链异质共生	供应商/分销商	以上本土化。同时供应商接受 KFC 的技术扶持与人员培训，提升管理能力与质量标准（供应商培训） **E99** KFC 企业文化的植入与管理培训，直接提升本土供应商的经营理念与管理意识，并间接促进了本地行业间的竞争意识与整体性产业升级（文化植入，鲶鱼效应）	①经营与管理能力提升 ②专业技能提升及参与国际竞争能力
	IKEA	**F01** 差别优势：全球本土化：融入本地生活，供应商培训与文化植入，逆向定价＋个性设计＋平板式包装（基于核心能力的战略链条） **F66** IKEA 凭借差别优势将企业的核心资源锁定于产业链高价值区间——产品设计、市场营销及终端销售，将生产制造业务全部外包；IKEA 高超的产品设计及市场营销能力与全球采购货源地的廉价资源及外包商的廉价劳力、低成本及专业生产能力形成资源互补（资源互补） **F85** IKEA 大中华区公关总监许丽德表示，自2009 年起 IKEA 开始整合供应商并裁员，裁撤第三类供应商，全面步入"质量时代"IKEA 将供应商分为三类：第一类为能够与宜家共同成长，完全支持宜家的理念，也有多年合作的企业。第二类为虽然在某些业务能力上达不到宜家的要求，但愿意与宜家一起提升自己的商品或服务品质的企业。第三类则为有着自己的理念，和宜家的差距较大，也无法提升。如有些供应商只能在价格上做到极致，对品质却无法提升。（异质共生，质量管理升级） **F88** 目前 IKEA 是全球唯一获得巨大成功"渠道经营＋产品经营"的企业，凭借全球采购政策、独特产品设计、制造外包及统一板式包装大幅降低成本，获取高额利润投入品牌经营与实体店运作，巩固竞争优势（巩固核心竞争力）	①核心资源进一步锁定于价值链高端环节：产品设计、营销与销售 ②高价值创造进一步提升核心技能：巩固竞争优势
		F54 差别优势：廉价资源与劳动力，低成本与专业制造能力，政策扶持（基于资源互补的战略链条）	

范畴	样本	现象（初始概念）	效果
产业链异质共生	供应商/外包商	**F61** IKEA 十分重视供应商/外包商与自身在企业文化方面的吻合性，强调通过企业文化植入来提升并改善后者与 IKEA 经营理念的一致性及参与全球竞争的适应性（理念植入，参与全球竞争） **F73** IKEA 会为符合竞标成功的供应商提供培训并设立合作考核标准：从质量、环保、物流、员工薪酬、劳动实现及工作条件等多个方面。IKEA 愿意帮助供应商/外包商在专业能力、管理水平方面全方位成长（供应商培训与折扣，提升专业能力） **F87** IKEA 长期合作的供应商范围两类：第一类是能够与宜家共同成长，完全支持宜家的理念并愿意多年合作；第二类虽然在某些业务能力上达不到宜家的要求，但愿意与宜家一起提升自己的商品或服务品质的企业（战略合作关系，异质共生）	①专业制造能力及运营管理能力提升 ②经营理念与国际接轨，获取参与全球竞争机会

资料来源：本书根据上述 12 家企业资料整理。

表 3-6 开放式编码及初始范畴提炼

范畴	样本	现象（初始概念）	效果
资源相互锁定：嵌入关系	Nike 供应商/外包商/分销商	①产业链上游：**A23** Nike 作为核心企业主导中国本土供应链，与少数符合 Nike 的产品工艺要求及责任准则的供应商/外包商签订长期合同，建立战略合作关系（供应链嵌入、资源相互锁定）；**A56** Nike 在获取高额利润的同时，会为长期合作、拥有大订单的供应商/外包商提供价格折扣，保障供应商/外包商共同获利（非对称的资产专用性）；**A44** 尽管 Nike 不再像以往向大量工厂发放订单，针对性缩减在华供应商/外包商数量并提供准入门槛，但仍将中国作为全球采购、制造与物流中心："Nike 对中国的承诺坚定不移。中国仍是耐克最大的鞋类、服装和装备生产供应国，也是 Nike 全球的第二大市场。"（嵌入关系，长期合作）	① Nike 与供应商/外包商的相互嵌入关系形成进入壁垒，保护产业利益

范畴	样本	现象（初始概念）	效果
资源相互锁定：嵌入关系	供应商／外包商／分销商	②产业链下游：**A99** 自 2009 年 Nike 库存危机以来，对多级代理制度进行变革，采用"大代理"策略：将渠道集中掌控在少数大型代理商手中并签订长期合同，如百丽、宝胜两家全国性代理商掌握了 Nike 在华的 7500 多家门店中的绝大部分，逐步淘汰小经销商（非对称的资产专用性）；**A79** 2009 年起，Nike 关闭在华唯一自有工厂，将在华供应商／外包商集中布局东南——对技术、工艺要求甚高的业务逐渐由江苏、广东转移至福建，于 2011 年在江苏太仓建成其在亚洲最大的物流中心并正式投入运营（资源相互锁定）；**A80** 江苏太仓物流中心投入运营后，中国将继比利时、美国、日本等国之后成为 Nike 全球采购基地与七大物流中心之一，预计在 2015 年全部投入使用后，将提供 1500 个长期工作岗位，并减少 15% 的交货时间（缩短供应链）	② Nike 与产业链上下游合作企业建立非对称的资产专用性关系 ③双向嵌入关系锁定了产业链上下游间的共同利益，保障竞合关系持久稳固
	Apple	①上游：**B59** Apple 以严格的审核标准在全球范围内筛选供应商／外包商，并要求签订惩罚极为严厉的保密协议，对合格的供应商／外包商提供大订单与长期合同。	①苹果与供应商／外包商因供应链嵌入构筑了高技术壁垒
	供应商／外包商／分销商	**B75** 苹果的技术标准对供应商／外包商的专业制造能力要求极高，所有组件无论规格还是型号都独一无二，且必须保证品质卓越，因此专门为制造产品的生产线一旦投产，即无法投作他用（供应链嵌入，非对称的资产专业性）②下游：**B24** 苹果手机在中国的销售渠道分为两种：直营体验店＋电讯网点捆绑销售（中国移动＋中国联通），目前中国市场收入占苹果 10%，至 2015 年将占 5 成，目前中国大陆仅 5 家苹果直营店，CEO 蒂姆·库克表示：2012 将增设 25 家直营店面（资源相互锁定，渠道建设）	②苹果的销售模式及与分销商的利益捆绑及长期合作锁定彼此资源，构筑渠道进入壁垒

范畴	样本	现象（初始概念）	效果
资源相互锁定：嵌入关系	海尔	①上游：**C38** 海尔与青岛本地供应商建立长期合作的集群内供应链网络（资源相互锁定）；**C42** 海尔作为核心企业之一，主导并建立青岛通信及电子信息产业集群，并积极推动集群内技术交流与建立区域性合作网络（集群嵌入、非对称的资产专用性）	①海尔与供应商因集群嵌入形成高技术壁垒，保护产业
	供应商/分销商	②下游：**C49** 海尔"日日顺"连锁作为其三、四级市场的主要分销商布局产业链下游，掌控渠道，提升对主要分销商国美、苏宁的话语权（一体化嵌入）；**C47** 海尔作为第一大供应商，与主要分销商国美、苏宁等建立长期战略合作关系（资源相互锁定）	②海尔与产业链上下游的长期合作形成资源的相互锁定
	蒙牛	①上游：**D42** 蒙牛的供应链运作模式为三种："公司＋奶站＋农户"的传统模式、"公司＋规范农场"的探索模式、"公司＋OEM"的创新模式。三种模式下，蒙牛都以共同获利原则，为供应商通过资金及技术扶持，并对其提供一定的培训；**D41** 为保障奶源稳定，蒙牛投资在马鞍山建立牧场并成立子公司（供应链嵌入，资源相互锁定）	①蒙牛与供应商的资源相互锁定及利益捆绑形成了较高的壁垒
	供应商/分销商	②下游：**D83** 蒙牛竞标的方式对分销商进行选择，并十分注重后期管理，2004 年成立"蒙牛商学院"，对供应商进行培训，致力于蒙牛精神及企业文化的植入，提升分销商的忠诚度与专业能力（非对称的资产专用性） **D73** 蒙牛正致力于"渠道革命"，斥巨资建立品牌专卖连锁，2009 年起已在 30 多个城市投资设立连锁分公司，并积极招标加盟商，预计 5 年内开始 5000—50000 家连锁店（资源相互锁定）	②蒙牛与产业链下游分销商长期合作提高进入障碍，自建渠道提升了蒙牛渠道安全性及话语权
	KFC	①上游：**E56** KFC 通过星级系统（STAR SYSTEM）的全球评估体系严格筛选供应商：主	

范畴	样本	现象（初始概念）	效果
资源相互锁定：嵌入关系	供应商/分销商	要集中在"质量、技术、财务、可靠性、沟通"五个方面，对合格供应商提供专业培训、文化植入及部分折扣（非对称的资产专用性）；**E16** 主导中国本土供应链并建立长期合作关系，将中国作为全球采购基地与物流中心，同时积极推动 KFC 的国外供应商如雀巢、百事可乐的本土化进程（供应链嵌入、资源相互锁定）。②下游：**E73** KFC 秉承"利益一致"对特许加盟商加盟费折扣、加盟融资帮助与利润分成等扶持政策，共同获利，长期合作（资源相互锁定）；**E38** KFC 对符合评估标准的加盟商技术扶持与培训服务，并重视企业文化植入以确保加盟商经营理念的一致性（非对称的资产专用性）	① KFC 与供应商相互锁定的嵌入提高了进入障碍 ②企业文化与经营理念植入巩固了这一障碍
	IKEA 供应商/外包商	①上游：**F58** IKEA 主导中国本土供应链——将中国作为全球采购中心与亚太物流集散地，建立长期合作关系（供应链嵌入、资源相互锁定）；**F21** IKEA 对供应商/外包商严格筛选，核心标准有以下四个方面："持续的价格改进；严格的供货表现/服务水平；质量好且健康的产品；环保及社会责任"，并提供培训提升其专业能力，通过文化植入巩固文化根植性与价值观一致性（非对称的资产专用性，文化植入）。②下游：**F79** 目前 IKEA 在中国市场的 10 家店面均为自营店，全球市场中只有一少部分为特许加盟，其他均为自营店面，严格控制渠道（渠道掌控，资源锁定）	① IKEA 与供应商/外包商的相互嵌入关系提高了进入障碍，并通过文化植入进行巩固 ② IKEA 自营店面严格掌控下游渠道，构筑高进入障碍

资料来源：本书根据上述 12 家企业资料整理。

160

表 3-7　开放式编码及初始范畴提炼

范畴	样本	现象（初始概念）	效果
竞争 博弈	Nike	**本土化战略博弈**：博弈结果是二者都选择引入中国文化元素进行本土化营销与产品系列研发，并积极推动企业文化输出与本土化融合 　　**A113** Nike 签约刘翔与姚明，成为 22 项运动的国家队服装赞助商。耐克大中华市场部总监潘建华："我们长期的目标是让刘翔在 2008 年能够代表耐克传达一个声音"；**A132** Adidas 自 1980 年代始与中国足协建立战略合作关系，耗资 1 亿美元成为"北京奥运合作伙伴"，签约赵蕊蕊、冯坤等中国女排明星（营销本土化） 　　**A127** Nike 以许海峰、郎平、朱建华在 1984 洛杉矶奥运会故事为灵感，推出"黄金一代"复古文化系列产品，融入龙图腾、鸟巢等概念的运动鞋系列；**A145** Adidas 推出标有"中国印""北京 2008"字样，运用"祥云"、龙等图案及明亮传统颜色的运动服装、装备产品系列（产品研发本土化） 　　**A110** 2007 年 1 月 15 日，Nike 公司副总裁兼中国总经理魏翰霆正式启动北京 798 艺术区的"Nike706 空间"——Nike 主题运动文化展馆，用以向中国消费者传递 Nike 企业文化与品牌精神：自由不屈的运动精神，功能化、时尚化的创意生活； 　　**A128** Adidas 采用"亲善"战术——举办街头篮球赛，与中国年轻人进行情感交流与文化互动。Adidas（中国）建成"亚洲设计中心"以实现挖掘并融合中国元素，进行营销概念创新与新产品设计开发。同时，Adidas 还联合中国本土代理商宝胜建立一个具有垂直组织结构的专门团队，该团队将参与产品的设计、生产、销售和市场营销（企业文化输出，本土化融合）	①更多产品价值：中国元素的系列产品 ②更多服务价值：个性化产品定制 ③更多的企业文化与中国社会与传统文化的融合，增强品牌根植性
	Adidas		

范畴	样本	现象（初始概念）	效果
竞争博弈	Apple	①**战略扩张博弈**：**B29**Apple 集中布局大城市，设立直营"苹果体验店"，同时借力遍布全国的中国移动与中国联通营业网点，捆绑销售；（直营店集中布局大城市，借力布局农村市场）；**B67** 三星选择扩张至中国农村地区，尽可能扩大销售范围："截至 2012 年 5 月，三星电子（中国）首席执行官金荣夏2 星期都没有出现在北京的任何会议上，而是驱车 5000 公里深入中国各地农村，最西到达四川绵阳的三星专卖店，最南到达广东江门新会区"。（布局农村市场） ②**产品设计博弈**：**B122** 三星为对抗苹果手机的卓越品质，致力于提高手机的价格性能比，如在保持相对低价的同时，为手机配备尽可能大的屏幕（3.7—10.1 英寸不等）及提升其他组件的性能，如摄像头像素、电池容量等（产品性能升级，高性价比）；**B129** 苹果面对三星短期内超越其成为中国市场智能手机销量第一的现实，表示将为手机配备更大的屏幕，现有 iPhone 屏幕均为 3.5 英寸（技术升级，提升性价比）	①更多产品价值：技术升级、产品性能提升与更新换代 ②更多服务价值：分销网络的规模与范围经济，提升消费者便利程度 ③提升市场福利
	SUM-SUNG	（同上）	
	海尔	①**多元化战略博弈**：博弈结果是双方共同选择实施多元化战略 **C112** 海尔以"服务支撑品牌"这一核心理念，立足白色家电市场实施多元化战略，品牌延伸至黑色家电、PC 业务等领域，虽然多元化领域的盈利状况并不乐观，但客观上为市场提供了价值；**C140** 海信以技术孵化模式为基础，构建以家电、通信、信息为主导的 3C 相关多元化产业结构（相关多元化） ②**一体化战略博弈**：博弈结果是双方共同选择实施一体化战略，但存在一定差异 **C125** 海信增发建设 5 条液晶模组一体化生产线和 5 条 LED 背光源生产线（后向一体化）；**C48**	①更多产品价值：系列产品研发与更新换代 ②更多服务价值：分销、物流与售后服务 注：尽管海尔在黑色家电及 PC 业务上业绩并不
	海信	（同上）	

范畴	样本	现象（初始概念）	效果
竞争博弈	海信	海尔 1999 年起全力打造"海尔物流"，除自身业务外，还为雀巢、乐百氏、HP 等跨国企业提供物流服务，2011 年 6 月，"海尔日日顺"成为海尔全资子公司，海尔各事业本部的研发业务与销售业务剥离，集团层面的一体化体系建立（前向一体化）	理想，但客观上的确提供更多产品价值与市场福利
	蒙牛	**①一体化战略博弈**：蒙牛与伊利都选择前向一体化的战略选择，以控制奶源地，获取稳定货源 **D139** 蒙牛采取投资兴建、战略收购等方式实现产业链纵向一体化，如 2005 年投资马鞍山兴建现代牧场，并通过"示范农场"提升货源质量 **D121** 伊利以股份募集的方式，通过收购、奶源地投资（如与杜尔伯特县政府联手打造一体化经济共同体等）等形式实现产业链纵向一体化（前向一体化）	①更多产品价值：一体化战略提升奶源质量，降低成本，提升消费者福利 ②更多市场福利 ③更多服务价值：更广泛的分销网络、更高品牌价值与消费体验
	伊利	**②扩张模式博弈**：竞争双方都采取急速扩张模式，蒙牛选择速度扩张模式，伊利选择规模扩张模式 **D61** 蒙牛追求"速度"扩张模式——在全国各地设立生产型事业部，只负责生产，不负责销售，低风险、高速复制的衍生模式——飞船定律，"掉下来，还是飞出去"，取决于是否达到或超过"环绕速度"（速度扩张，飞船定律） **D118** 伊利分别通过 2003 年、2006 年及 2009 年的三次大规模投资，主要是固定资本投资，如兴建新的生产线、引进新设备等，以提升工艺稳定货源及销售渠道，实现规模扩张（规模扩张）	
	KFC	**①战略扩张与战略收缩博弈**：博弈结果是二者采取相反的战略，KFC 采取战略扩张、McDonald's 采取战略收缩 **E44** KFC 自 1987 年登陆中国市场采取"战略性连锁经营"的急速扩张模式，已成为发展最快、	①更多产品价值：本土化产品开发
	McDonald's		

范畴	样本	现象（初始概念）	效果
竞争博弈	McDon-ald's	规模最大的快餐连锁（战略扩张）；**E130** McDonald's 选择留守大城市，放弃规模性扩张，关注利润增长，"在现有店面的基础上增加消费者已实现增长，而不是对现有的消费者增加更多的店面"（战略收缩） ②**本土化战略博弈**：**E108** KFC 从"融入本地生活"到"打造新快餐"，依据中国饮食习惯开发本土化产品系列，如豆浆、油条等（产品本土化）；**E137** McDonald's 秉承"为快乐腾一点空间"的核心理念，锁定以年轻人为主的顾客群体及大都市的生活节奏，进行店面形象、系统服务的整体升级（形象、服务本土化）	②更多服务价值：更为时尚、便捷的服务，店面形象系统升级
	IKEA	①**战略布局博弈**：IKEA 选择全国市场的分散式整体布局，JYSK 选择集中布局华东地区；**F52**IKEA 在中国市场的战略布局分散全国主要城市，目前在中国拥有 10 家店面，分布上海（2 家）、广州、深圳、成都、沈阳、大连、南京、天津，北京的 3 家店面将于 2013 投入营业，预计 2015 年扩张至 17 家（分散布局）；**F131**JYSK 于 2010 年才登陆中国市场，采取集中布局华东区域的战略，目前在中国市场拥有 8 家店面，7 家位于上海，1 家位于无锡，预计未来数年内在中国扩张至 500 家店面"在丹麦，我们有 90 多家，按照丹麦与中国的人口比例，中国市场开店前景是不可估量的"丹麦驻沪大使馆大使（集中布局） ②**本土化经营博弈**：IKEA 与 JYSK 均选择全面实施供应链本土化策略，以降低成本 **F32** 进驻中国市场以来，IKEA 逐年增加中国本土采购量。截至 2011 年，IKEA 中国采购量已占全球采购总量的 19%，国内 350 家供应商，超越波兰，成全球第一大采购基地	①更多产品价值：为市场提供更多时尚家居产品 ②更多市场福利：拉动时尚家居市场的整体发展，并带动相关产业发展
	JYSK		

范畴	样本	现象（初始概念）	效果
	JYSK	2005 年，上海成立松江物流分拨中心，亚太地区最大，负责该地区 16 家门店的物流配送及管理（供应链本土化）；**F61**JYSK 一半中国购买，一半进口，3—5 年内转为 80% 中国本土采购；由于进驻中国市场时间较晚，尚未在中国建立自有物流体系（采购本土化） 　　**F106**IKEA 在中国全部为自建店面，全球市场为自建与加盟结合，全部为大型购物中心，店面多为 10 万平方米左右，店面数量少，但辐射范围广，规模制胜（自建店面，大型购物中心）**F144**JYSK 采取租赁店面：JYSK 店面多在 1000—1500 平方米左右，远小于 IKEA 的大型购物中心，以专卖店形式出现，甚至可以在大型商场内部开设，店面小，数量多，以范围取胜（小型租赁，专卖店连锁）	

资料来源：本书根据上述 12 家企业资料整理。

表 3-8　开放式编码及初始范畴提炼

范畴	样本	现象（初始概念）	效果
相互难以模仿的竞争	Nike	**A01** 研发能力与营销能力；**A02** 隐性知识：历史积淀、企业文化、优秀人才等，只可意会难以言传，令对手无从模仿（差别优势：基于核心能力的战略链条）	Nike 与 Adidas 基于差别优势形成的品牌定位："美国牛仔 VS 欧洲贵族"
	Adidas	**A06** 服务策略：大众定制系统；**A07** 共生营销：营销策略联动——本土化营销、主题营销、明星营销等（差别优势：基于核心策略的战略链条）	
	Apple	**B01** 技术创新与产品研发能力：**B02** iPhone 系列、iPad 系列——走在顾客前面，创造新需求——产品"追求卓越，别出心裁"；营销能力：饥饿营销、体验营销等；渠道掌控能力：直营＋捆绑销售（差别优势：基于核心能力的战略链条）	Apple 与 SUMSUNG 基于差别优势的品牌定位：

范畴	样本	现象（初始概念）	效果
相互难以模仿的竞争	SUM-SUNG	**B07** 快速学习：iPhone 系列引领市场后迅速开发 Galaxy 系列打破市场垄断；**B09** 模仿式创新：产品主打中、低端市场，区别 Apple 的高端定位；低成本：高性价比（差别优势：基于核心策略的战略链条）	"卓越引领高端 VS 品质服务大众"
	海尔	**C01** 白色家电的历史优势：技术创新、服务、市场；**C03** 文化创新："真诚到永远"，"一个世界一个家"，强调做精、做真、做细（差别优势：基于核心价值观的战略链条）	海尔与海信基于差别优势形成的市场定位："白色家电第一 VS 彩电行业高端"
	海信	**C07** 技术研发能力：平板核心技术的研发能力、新产品系列的研发速度、技术孵化能力、整机制造能力；**C10** 质量管理能力："唯一 10 年内两次获得'全国质量奖'的企业，99% =0，100% =1 的质量管理理念"（差别优势：基于核心能力的战略链条）	
	蒙牛	**D01** 大德文化："小胜凭智，大胜靠德"；"大德文化 + 竞合战略 = 卓越"；**D03** 文化模式："与自己较劲 + 经营人心"——"抓眼球""揪耳朵"都不如"暖人心"（差别优势：基于核心价值观的战略链条）	蒙牛与伊利基于差别优势形成的市场定位："草根"营销（冠名娱乐活动、赞助社会公益）VS"政府"营销（赞助大型官方活动）
	伊利	**D11** "湿营销"策略：回归人性的真诚关怀，沁入目标消费群体的内心；**D12** "政府"营销：长期投入，长远利益；**D15** 分众化与精准化：产品研发 + 市场定位——持续产品创新开发新市场，如乳糖不耐症市场、儿童奶市场（差别优势：基于核心策的战略链条）	
	KFC	**E01** 扩张策略：中国店面超 3000 家，覆盖 650 个城市；**E02** 本土化策略：开发中国特色食谱如豆浆、油条等；**E04** 组合经营策略：与必胜客、塔可钟联合促销、统一采购配货，实现战略协同（差别优势：基于核心策略的战略链条）	McDonald's 和 KFC 基于差别优势的竞争定位：

范畴	样本	现象（初始概念）	效果
相互难以模仿的竞争	McDonald's	**E13** 管理能力：瘦身供应链、全球统一化经营、关注利润；**E12** 营销能力：店面形象、服务系统升级；"为快乐腾一点空间"（差别优势：基于核心能力的战略链条）	McDonald's战略收缩拼品牌，KFC战略扩张拼渠道
	IKEA	**F01** 全球本土化战略：原料采购＋制造加工＋员工聘用——积极融入本地生活；**F02** 供应商培训与文化植入：提升文化根植性及与供应商／外包商文化一致性，加速文化融入（差别优势：基于核心策略的战略链条）	IKEA与JYSK基于差别优势的竞争定位：IKEA本土化融入本地生活；JYSK将北欧与现代风格复制到全世界
	JYSK	**F15** 核心价值观："商业精神＋协作精神＋企业精神"；"写意生活，舒适睡眠"；**F07**JYSK坚决不走高价路线并保持环境"零剥削"政策，坚持使用代表顾客、社会及环境责任的标签（差别优势：基于核心价值观的战略链条）	

资料来源：本书根据上述 12 家企业资料整理。

表 3-9 开放式编码及初始范畴提炼

范畴	样本	现象（初始概念）	效果
战略互动	Nike	① **A135** 2008 年，Adidas 投资 1 亿美元成为中国奥运第 7 家官方合作伙伴，Adidas 大中华区总裁桑德琳女士表示："从 1928 年创始人阿迪·达斯勒为奥运选手制作第一双钉鞋开始，阿迪达斯就始终不遗余力地支持奥运。以不断创新的产品帮助运动员创造佳绩是我们对于体育事业的一贯承诺。北京 2008 年奥运会将再一次证明我们的这一承诺。" **A113** Nike 作为非官方合作伙伴则"全场紧逼"整合营销战略布局：结盟腾讯，种类繁多的网络营销，"将信息获取、体育及娱乐精神的感悟、人与人之间的沟通及网民的自我表达融为一体，以品牌俘获人心"。另外，Nike 还与 22 支中国运动队签订合作协议，成为制定服装与器械赞助商（奥运营销，品牌赞助互动）	
	Adidas		

范畴	样本	现象（初始概念）	效果
战略互动	Adidas	② A114 Nike 签约姚明与刘翔："姚明和刘翔正是中国的乔丹和刘易斯——他们成绩出众，个性独特，且为人温和，为广大中国人所喜欢。"刘翔的意外退赛，Nike 连夜赶制《爱运动，即使它伤了你的心》的平面广告覆盖各大媒体，并通过腾讯的 Nike 品牌墙——"QQ 爱墙：祝福刘翔"，一夜之间掀起一场网络营销的风暴；A137 Adidas 签约中国女排明星赵蕊蕊、冯坤，签约国奥明星球员郑智，赞助中国国家跳水队并签约明星队员胡佳，签约国家女子篮球队员隋菲菲等，并汇集美国、欧洲等全球分部的优势资源，推出上述明星共同参演的"一起 2008 没什么不可能"的大型广告，宣扬品牌创意"为了碰撞出灵感，我们互相挑战"（明星营销互动） ③ A142 Adidas 推出主题为"一起 2008 没什么不可能"的营销组合策略：包括路演、街头篮球赛、户外广告与产品体验中心等多种营销宣传手段，彰显其"中国奥运官方合作伙伴"的地位；A120 Nike 以狙击营销进 行定点超越：高调宣称欲收购中国运动第一品牌李宁，并在 798 工厂举行"百战百胜"——历史上具有代表性的运动鞋展览，利用消费者对技术的膜拜，淡化公众对 Adidas 官方合作伙伴地位的关注（营销战略互动、创造性模仿）	Nike 与 Adidas 间战略互动状态的价值战共同做大运动服装市场的总体规模并做强产业：截至 2011 年，Nike 营收同比增长 18%，Adidas 同比增长 37%，营业店面扩张至 3—4 线城市
	Apple	B37 Apple 开发 iPhone 系列高端智能手机，短期内占领市场产生垄断性优势；SUMSUNG 迅速模仿并创新，开发 Galaxy 系列智能手机，主打中、低端市场，成为替代 iPhone 系列的首选产品	
	SUM-SUNG	B68 为应对 Apple 高品质，SUMSUNG 为手机配备更便捷的操作系统；为应对 SUMSUNG 的高性能价格比，Apple 即将为手机配备更大屏幕（产品研发互动） B88 Apple 对 SUMSUNG 提出诉讼，并向法院申请禁售令，因以模仿擅长的 SUMSUNG 涉嫌侵	

168

范畴	样本	现象（初始概念）	效果
战略互动	SUM-SUNG	犯苹果的技术专利，但这并不妨碍两家企业在其他领域的合作，如苹果每年要从三星购买几十亿元的组件；饥饿营销：Apple 采取极端饥饿营销模式："互惠与承诺一致——社会认同——喜好与权威——短缺"，产品细节、产品上市及购买途径严格控制，利用广告轰炸及产品发布会极度刺激消费者的购买欲望，提升产品附加值 **B127** SUMSUNG 对每天排队买 Galaxy 系列手机的前十名顾客进行奖励，只收取象征性费用即可购买手机，以应对 Apple 新产品的发布；另类营销：SUM-SUNG 雇佣大量营销人员聚集在苹果直营店前高举"Wake up"（澳大利亚一家倒计时网站）（营销策略互动） **B142** 苹果依靠自主创新，开发基于 iOS 系统的 iPhone 系列，凭借卓越品质主打高端市场；三星依靠"逆向工程"快速模仿与规模经济，凭借"机海战术"与苹果竞争，主打中、低端市场（经营模式互动，核心竞争力构筑）	共同做大智能手机产业并提供了更多产品价值与市场福利：提供不同价位层次的产品选择，截至 2012 年 1 季度，中国市场智能手机出货量较去年同期由 10170 万部增长至 14990 万部
	海尔	**C118** 海尔根据差别优势（白色家电市场的强势地位）利基白色家电市场——巩固冰箱、空调、洗衣机三大核心业务，横向布局黑色家电；**C144** 海信凭借差别优势利（黑色家电市场的强势地位）基黑色家电市场——主要为中高端彩电市场，收购科龙电器，横向布局白色家电（横向战略布局互动、相互学习与模仿）	共同做大中国家电市场的整体规模：截至 2010 年，国内家电市场营收突破 10400 亿元，白色家电突破 2500 亿元，黑色家电突破 1700 亿元
	海信	**C126** 海信依靠一体化技术创新，布局产业链上游：2005 年研发中国首枚数字视频处理芯片，2007 年建成中国彩电业第一条数字模组生产线，2009 年增发建设 5 条液晶模组一体化生产线和 5 条 LED 背光源生产线；**C48** 海尔以"服务支撑品牌"的核心理念布局产业链下游：1999 年起成立海尔物流，2011 年完成"海尔日日顺"全资收购，建立海尔集团层面的销售体系，重组海尔各事业本部销售业务（纵向战略布局互动、相互学习与模仿）	

范畴	样本	现象（初始概念）	效果
战略互动	蒙牛	**D111** 伊利针对乳糖不耐症的特殊人群开发解决这一问题的营养舒化奶；针对儿童成长对营养的特殊需求开发 QQ 星儿童成长牛奶；针对高端奶市场开发伊利"金典"牛奶	共同做大中国乳制品市场的整体规模：截至 2010 年底，中国液态奶产量达 1627.01 万吨，同比增长 9.71 %；乳制品营收 1725.85 亿元，同比增长 18.32 %，利润 89.01 亿元，同比增长 8.08%
	伊利	**D113** 蒙牛针对不耐症的特殊人群开发解决这一问题的"优益 C"系列；针对儿童市场开发的"未来星"儿童奶系列；针对高端奶市场开发的"特仑苏"系列（产品研发互动，相互学习与模仿） **D146** 蒙牛的公益营销：送奶工程，蒙牛为全国 500 所小学免费送奶——"每天一斤奶，强壮中国人"；草根营销：赞助冠名娱乐选秀活动"超女"，开辟衍生市场；"政治挂帅，事件营销"："神舟五号"事件——"举起你的右手，为中国加油" **D137** 伊利的"政府"营销：高利税＋赞助官方中央/地方的官方活动；"湿营销"：上海世博、"绿社会"、"科学喂养进万家"、"走进校园"等活动，通过微博、人人网等网络平台与消费者实现"交互式沟通"；"奥运"营销："有我中国强"、签约郭晶晶等奥运明星、"蒲公英计划"、"伊利奥运健康中国行"等（营销策略互动，创造性模仿） **D136** "长富乳业"弃蒙牛转投伊利，令伊利获得在华南甚至全国最大的奶源基地；**D139** 蒙牛则投巨资在马鞍山兴建奶源基地，伊利 2005 年合作世界乳业巨头维利奥，获得 LGG 益生菌在中国市场 5 年独家使用权，蒙牛与达能合作，获取 LGG 益生菌及 LABS 益生菌及冠益乳等的先进工艺（后向一体化与技术升级互动）	
	KFC	**E110** KFC 坚持本土化创新与组合经营模式：秉承"立足中国、融入生活"的核心理念，开发符合中国消费者饮食习惯的产品系列——"打造新快餐"，与"王老吉"合作推出凉茶饮料，2007 年与蒙牛结成策略联盟，加入"中国牛奶爱心心动，倡	

范畴	样本	现象（初始概念）	效果
战略互动	KFC	导国人健康运动好生活"；**E121** KFC 与同属百胜集团旗下的"必胜客"、"塔可钟"采取组合经营模式，获取战略协同效果与规模经济，增强差异化能力及消费者吸引力	共同做大中国快餐市场规模：KFC 的市场边界拓展至县、镇一级，店面数量增幅占全球市场 34.6%；McDonald's 的现有细分市场（大城市）保持 5% 以上的持续增长，且 2011 年中国市场投资追加 40%
战略互动	McDonald's	**E139** McDonald's 秉承"为快乐腾一点空间"的核心理念，采取与 KFC 相反的应对策略：中国市场所有门店形象整体升级：由红黄主题改为黑白相间与涂鸦风格、硬质木椅升级为软座沙发、推出"后 2010"时代的慢风格主题与针对大城市年轻人的"至潮至捷"时尚服务理念；**E136** "销售过于具有当地特色的产品，那些其他路边的摊贩也会群起而效仿，而且做得比你还好，反而会压低你产品的价格"（本土化战略互动、相反策略的创造性模仿）　　**E43** KFC 选择急速战略扩张：将店面扩张至 6 线城市（县、镇一级），中国市场店面超 3000 家，成继美国之后全球第二大市场；"在我眼里，中国市场好比一块璞玉，是全世界最重要的市场，而不是之一。中国经济快速发展的良好态势，十几个亿的庞大的消费人群，都使得在百胜的全球战略中，中国市场放在了首位。"苏敬轼说。　　**E131** McDonald's 选择集中留守大中城市，关注利润增长而非规模扩张（扩张战略互动、相反策略的创造性模仿）	
战略互动	IKEA	**F112** IKEA 的产品设计以塑料、层板及松木为原料，追求简洁、美观、实用、低价及环保，以传递瑞典南部斯莫兰自然、清新、健康的生活方式及北欧风格	不断做大中国时尚家居市场并为市场提供更多福利：两家企业为中国时尚家居市场提供了更多产品选择与全新理念，
战略互动	JYSK	JYSK 的产品设计以温暖、舒适、时尚、简约、实用为主，坚持源自丹麦的北欧风格与时尚现代的融合，坚持对环境"零剥削"的环保设计理念，产品原料均为可回收与低污染材料（产品设计互动，创造性模仿）	

范畴	样本	现象（初始概念）	效果
战略互动	JYSK	**F135**IKEA 在全球 38 个国家和地区近 310 家大型门市（其中 258 家为 IKEA 独自拥有），并采取全球采购策略，将中国作为全球采购与物流中心（华南、华中、华北），中国市场 10 家店面已完成初步的全国布局 JYSK 在全球 32 个国家超过 1500 家店面，全球范围内采取批量采购政策，并于 2010 年在中国开设首家店面，目前中国市场拥有 8 家店面，集中布局江苏、上海一带（全球战略布局互动，学习与模仿） **F122**IKEA 坚持"体验式营销＋透明式营销"的组合策略：通过开放式样板间增强消费者对 IKEA 的体验与感知，通过提供关于产品、价格、功能及原料等全方位的真实信息，增强消费者信任；JYSK 坚持"体验式营销＋文化营销"的营销理念，通过开放体验模式向顾客传递产品功能、用户体验及文化氛围，引导消费者对 JYSK 倡导的"写意生活、舒适睡眠"的心理认同（营销策略互动，创造性模仿）	IKEA 已完成中国市场的全国布局，10 家分店分布北京、上海、成都、沈阳、深圳、南京、大连；JYSK 已成功登陆中国市场，计划几年内开设 500 家店面

资料来源：本书根据上述 12 家企业资料整理。

表 3-10　开放式编码及初始范畴提炼

范畴	样本	现象（初始概念）	效果
	Nike	价值重构：**A107** Nike 在运动服装行业融入时尚休闲元素，推出旗下运动休闲品牌 Nike Live——"耐克生活"，并通过强势收购"Converse"等休闲品牌，将顾客群体从专业运动员扩展到所有热爱运动的年轻人（重新定义运动服装市场，建立横向优势）	保持在亚洲等新兴市场增速 10％以上，奠定行业第一地位

范畴	样本	现象（初始概念）	效果
重新定义市场／开辟全新市场	Adidas	**价值创新：A138** 2009 年与迪斯尼合作，融入时尚卡通元素，推出首个婴儿与童装系列产品"米奇和他的朋友们"，高度重视旗下运动休闲品牌"三叶草"与 Nike 的抗衡；**A139** 2010 年推出好莱坞电影《玩具总动员》配套系列产品（开辟运动品牌的童装市场，建立横向优势）	在专业运动、时尚休闲市场与 Nike 抗衡，维持领先地位
	Apple	**价值创新：B110** 以革命性产品研发推出智能手机 iPhone 系列，平面电脑 iPad 系列，颠覆性改变手机、音乐、电子书、动漫及 PC 产业，筹划上市的平板智能电视系列即将颠覆电视领域的传统理念，开发顾客完全未意识到的新需求，开辟全新市场空间（开辟 IT 产业全新市场，超越传统市场边界）	全球市值第一（不仅是 IT 产业），高端 IT 产品全球第一品牌
	SUM-SUNG	**价值重构：B144** 推出 Galaxy 系列智能手机，重新定义智能手机市场——覆盖中、低端市场，操作更简单，性价比更高，打破苹果对高端智能手机领域的垄断地位。截至 2012 年一季度，Gantner 发布最新报告，SUMSUNG 全球手机市场份额超越诺基亚全球第一（20.7%），智能手机市场份额超越苹果全球第一（近 30%）（重新定义智能手机市场，获取横向优势）	凭借后发优势超越 Apple、NOKIA，分获全球手机及智能手机市场占有率第一
	海尔	**价值创新：C123** 响应"家电下乡"政策，海尔根据农村市场特殊需求开发的产品系列全部中标；针对单身群体需求研发"小型家电"产品系列，开辟全新的家电细分市场（开辟小型家电与农村家电市场，建立横向优势）	中国家电行业第一品牌，白色家电市场第一
	海信	**价值重构：C146** 针对电视行业的技术变革，提出全新概念——电视业已全面开启"视频即电视"的智能化时代。2011 年，海信推出"云智能"电视的系列产品，引领中国智能电视市场的新需求（重新定义电视市场，建立横向优势）	中国高端电视市场领先，电视领域第一品牌

范畴	样本	现象（初始概念）	效果
重新定义市场/开辟全新市场	蒙牛	**价值重构：D109** 以文化营销重建定义牛奶市场，全力打造"高端牛奶"概念——"特仑苏"（蒙语：金牌牛奶）。通过公益活动关注国人心理健康，来整合特仑苏"愿每一个中国人身心健康"的品牌内涵："快乐生活＝身体健康＋心理健康"，超越传统牛奶市场的竞争边界（重新定义牛奶市场）	改变国人对牛奶及蒙牛品牌的认知，树立中国牛奶第一品牌
	伊利	**价值创新：D141** 伊利致力于分众化与精准化定位的"湿营销"策略：2007年，针对亚洲人饮用牛奶的乳糖不耐的体质特征，推出亚洲第一款解决该问题的"营养舒化奶"；开发第一款专门针对儿童的"QQ星活性乳酸菌饮料"，开辟全新的细分市场空间（开辟新的乳制品细分市场，建立横向优势）	开辟全新市场空间，挖掘顾客未意识到市场需求，获取横向优势
	KFC	**价值创新：E112** 根据中国顾客饮食习惯与特殊口味，开发中国本土化产品系列，将目标顾客群体扩展至偏好"中国味道"的人群。截至目前，KFC（中国）的销量与店面扩张增速已超越美国市场，约占全球市场的1/3（开辟快餐市场新空间，建立横向优势）	发展速度、店面规模与市场份额中国市场第一（份额近40%）
	McDonald's	**价值重构：E150** 通过整体店面升级、全新的目标市场与服务定位重新定义快餐市场："全新形象＋时尚理念＋服务升级"锁定大城市年轻一代，改变顾客对传统快餐印象，获取新的盈利空间（重新定义快餐市场）	定义"时尚快餐"市场的全新概念，盈利能力行业领先
	IKEA	**价值重构：F125**IKEA秉承"为尽可能多的顾客提供他们能够负担、设计精良、功能齐全、价格低廉的家居用品"的企业宗旨及以客户与社会利益为中心（社会责任与环境保护）的经营模式，重新定义了家居用品市场的市场边界与经验模式（重新定义家居零售市场，超越传统市场边界）	全球家居零售行业排名第一，为家居用品行业提供了全新经营模式

范畴	样本	现象（初始概念）	效果
	JYSK	**价值创新：F139**JYSK 通过整合"舒适生活＋坚决低价＋低碳环保"的三个理念，开辟时尚家居市场新的市场空间——定位中产，为卧室、起居室、浴室及庭院提供最好的产品："舒适睡眠，写意生活"，建立起欧洲市场的领导地位并成为 IKEA 最大的竞争对手（开辟时尚家居市场新空间，建立横向优势）	作为 IKEA 全球市场最大的竞争者，共同做大家居用品零售市场

资料来源：本书根据上述 12 家企业资料整理。

表 3–11　开放式编码及初始范畴提炼

范畴	样本	现象（初始概念）	效果
双向嵌入	Nike	**A25** 作为运动服装行业领先者嵌入中国本土供应链网络（领先者嵌入）	①全球资源整合 ②价值分享 ③领先者嵌入优势
	供应商／外包商	**A28** 作为全球原料供应商与专业制造商嵌入 Nike 全球价值链（外生性嵌入）	
	Apple	**B18** 作为 IT（主要为智能手机）行业领先者嵌入中国本土供应链网络（领先者嵌入）	①全球资源整合 ②价值分享 ③领先者嵌入优势
	供应商／外包商	**B33** 作为全球原料供应商与专业制造商嵌入 Apple 全球价值链（外生性嵌入）	
	海尔	**C42** 作为家电行业（主要是白色家电）领先者嵌入青岛电子信息产业集群供应链网络（领先者嵌入）	①区域资源整合 ②价值分享 ③集群嵌入引领产业升级
	供应商／分销商	**C55** 作为原料供应商及技术合作伙伴嵌入海尔的全球价值链（集群嵌入）	
	蒙牛	**D22** 作为乳制品行业领先者嵌入中国本土供应链网络（领先者嵌入）	①区域资源整合 ②价值分享 ③集群嵌入引领产业升级
	供应商／分销商	**D57** 作为主要原料供应商及渠道商嵌入内蒙古区域性乳制品产业集群的全球价值链（外生性嵌入）	

范畴	样本	现象（初始概念）	效果
双向嵌入	KFC	**E13** 作为快餐行业领先者嵌入中国本土供应链（领先者嵌入）	①全球资源整合 ②价值分享 ③领先者嵌入优势
	供应商／分销商	**E60** 作为全球原料供应商与物流服务商嵌入 KFC 全球价值链（外生性嵌入）	
	IKEA	**F29** 作为家居零售的行业领先者嵌入这国本土供应链（领先者嵌入）	①全球资源整合 ②价值分享 ③领先者嵌入优势
	供应商／外包商	**F54** 作为 IKEA 全球市场原料供应商与物流服务商嵌入 IKEA 全球价值链（外生性嵌入）	

资料来源：本书根据上述 12 家企业资料整理。

二级编码为主轴式编码（Axial Coding），即在一级编码发掘的初始范畴间建立联系，并深入探寻初始范畴之间的内在逻辑关系，以提炼出若干主范畴。需要明确的是，一级编码中提炼的 1200 条初始概念均围绕本研究的核心问题：隔离机制的竞合效应及竞合效益生成，且无论一手资料还是二手资料，最终都源自样本企业实际的市场表现，因此所有的初始概念都应该按照图 2-2 所界定的标准：划归为水平竞争维度与垂直竞争维度这两个基本类别之内。在两个基本类别下，根据初始概念所呈现的样本企业竞争思想、竞争的具体形式及竞争的实际效果，本研究对初始概念进行范畴提炼，发掘初始概念及各范畴之间呈现的属分关系：（1）首先按照竞争的具体形式、实际效果所呈现的共性特征，将一级编码中提炼的初始范畴进行归类。例如，海尔与海信在家电领域的战略布局及多样化战略方面采取了类似的策略，而 McDonald's 与 KFC 在扩张战略中采取截然相反的策略，但上述样本在竞争形式及竞争效果上呈现共性特征：均采取多轮战略互动并存在相互学习与创造性模仿，都具有提升市场总福利，保护并发展产业的实际效果。（2）在此基础上，本研究按照样本企业竞争行为所依据的战略思想（或竞争思维）进行理论提升并提炼为主范畴，并建立与初始范畴之间的属分关系。如样本企业在"重新定义市场"与"开辟全新市场"两个初始范畴内所涵盖的具体竞争行为包括"多点竞争""错位竞争""交叉回避""蓝海战略"等，但其共同的思想根源是依据竞争挑战者的"规避思维"，以起到回避正面竞争或直接竞争，获取竞争优势，保护并发展产业的实际效果。类似的，还有三组样本企业在竞争博弈状态、相互难以模仿状态及战略互动状态下的竞争行为均依据"竞争思维的价值战"，即通过提供更多的产品价值来替代单纯的价格战，提升市场总价值，保护并发展产业。

根据分析结果，本研究的主轴式编码共提炼出 5 个主范畴及 9 个对应的子范畴，并归纳主范畴及子范畴间的属分关系（见表 3-12）。以此为基础，本研究提炼企业间的差别优势、企业竞争行为、隔离机制及竞合的实际效果之间存在的内在逻辑：差别优势、隔离机制与竞合效果间存在相关关系，而上述主范畴及对应子范畴为上述相关关系的实现路径。这一分析结果也印证了前文提出的理论观点："核心资源与能力→差别优势→隔离机制→竞合效果→核心资源与能力的巩固与升级"。

三级编码为选择式编码（Selective Coding），即在二级编码过程中所呈现的主范畴之间的逻辑关系进行进一步的提炼与归纳，通过"建构性解释"（Explanation Building）来理顺各主范畴之间逻辑关系，描述案例研究所呈现出的整体框架以形成基本的理论框架。根据主轴式编码对主范畴与其他范畴间关系的分析结果，本研究所挖掘并提炼的"核心范畴"（Core Category）为"隔离机制的竞合效应生成机理"，并依此确立案例研究的"故事线"（Story Line）——各主范畴之间的关系结构及其与核心范畴间的内在机理联系（如表 3-13）。

表 3-12　主轴式编码及主范畴提炼

类别	主范畴	对应范畴	范畴内涵
水平维度	价值战（竞争思维）	竞争博弈	竞争博弈状态的价值战会提升市场福利与进入障碍，保护并发展产业
		相互难以模仿	相互难以模仿状态的价值战会产生划分市场隔离带与产业保护带的效果，做大做强产业与市场
		战略互动	战略互动状态的价值战会提升市场福利，保护并发展产业
	策略战（规避思维）	重新定义市场	基于规避思维的策略战会获取横向优势并发展产业
		开辟全新市场	
	竞合思维	双向嵌入	基于入侵障碍的竞合思维会产生领先者嵌入优势
垂直维度	价值战（合作思维）	产业链协同：双赢效果	产业链上下游之间基于差别优势的协同替代竞争，克服争价倾向，实现各环节的双赢效果
		产业链异质共生	产业链上下游之间通过隔离机制会提升各自核心能力，进一步巩固异质共生的双赢效果
	竞合思维	资源相互锁定：嵌入关系	产业链上下游之间通过隔离机制会形成相互锁定（具备资产专用性）的嵌入关系，形成产业保护

资料来源：本书根据案例分析结果整理。

表 3-13　选择性编码及范畴机理提炼

范畴机理		机理内涵
水平维度的价值战→	产业保护（横向）产业做大	通过"竞争博弈""难以模仿""战略互动"三种状态的价值战，隔离机制作用下的竞争行为为产业提供更多产品价值并做大产业的规模

范畴机理		机理内涵
水平维度的策略战→	横向优势产业做大	通过重新定义市场、开辟全新市场的策略实现"重建市场边界""超越产业竞争"的效果，建立自身横向竞争优势的同时实现产业整体层面的价值重构与价值创新
水平维度的竞合思维→	嵌入优势	将水平竞争、垂直竞争、竞争与合作联系起来进行系统思考，实现资源整合、领先者嵌入引发的产业集聚与竞合双赢的效果
垂直维度的价值战→	价值传递产业保护（纵向）	垂直维度基于差别优势的价值战替代了价格战，促进了产业链上下游之间的价值传递，形成了纵向障碍的产业保护
垂直维度的竞合思维→	嵌入优势	垂直产业链上下游之间的相互嵌入形成资源相互锁定的非完全对称的资产专用性关系，实现产业链上下游之间的异质共生的双赢效果

资料来源：本书根据案例分析结果整理。

第三节　案例分析结果

案例研究发现，样本企业在垂直竞争维度和水平竞争维度都存在相似的隔离机制效果：即都有非契约性竞合效应的生成。究其根源，是上述维度的竞争企业间具有相互难以模仿的差别优势。按照提炼范畴所呈现的内在理论逻辑进行梳理，可以发现非契约性竞合效益，总体上分为三个层面：树立纵向障碍的产业保护、获取横向竞争优势与领先者嵌入优势、产业与市场的做强做大。尽管不同竞争维度的竞合效益生成与实现方式存在差异，但样本数据所呈现的核心特征可以归纳为两点：一是对产业整体利益的保护，二是促进产业未来的发展。

综上所述，在样本资料的深入挖掘与系统分析的基础上，本研究构建了"隔离机制的竞合效应生成机理模型"（如图 3-1），来整体揭示隔离机制的竞合效应生成机理与演进路径。这一模型从垂直竞争、水平竞争两个维度打破了波特五力框架对于企业间竞争的限制，是竞合思维对传统竞争理念的突破：由单纯的企业个体逐利到企业群体间的竞合共生，由产业内的零和博弈到产业整体的帕累托改进与竞合效益生成——其本质是企业自身与产业整体的价值创造过程。

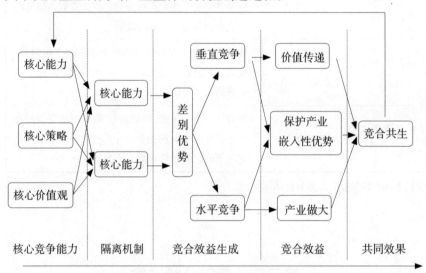

图 3-1　隔离机制的竞合效应生成机理模型

资料来源：本书根据案例分析结果绘制。

第四章 隔离机制的竞合效益生成机理

基于上述案例分析结果，本研究从实践层面总结了隔离机制的竞合效应的运行机制，推演其生成机理，并在此基础上构建理论模型——"隔离机制的竞合效应生成机理模型"，直观、形象、系统地展现企业实践中纷繁复杂的竞合现象及其背后的运行规律与内在机理。这一章，本研究将在上述研究成果的基础上，从水平竞争与垂直竞争两个基础维度①，对基于差别优势的隔离机制效果（划分市场隔离带与产业保护带，保护并发展产业）进行理论梳理——从理论层面厘清这一特殊竞合效果的理论逻辑，同时，并对隔离机制的竞合效应竞合共生机理展开深入分析与理论论证。

第一节 水平维度竞合效益生成

一、基于竞争思维的合作效果

本研究的水平竞争是指同行企业间的竞争，包括企业与企业之间、

---

① 垂直竞争在本书中的含义是指企业面临来自产业链上（供应商、顾客的）竞争，水平竞争是指来自潜在进入者、替代者及现有对手的竞争。上述界定是基于迈克尔·波特的五种竞争力量划分。

企业与链之间（具有稳固合作关系的供应链）、链与链之间的竞争。克服水平维度竞争压力的主要手段是以"价值战"和"策略战"为主。

按照营销学的观点，所谓"价值"（Value）就是顾客所得到（Gets）与所付出（Gives）之比（菲利普·科特勒，2001）。其中，顾客所得到的"利益"包括功能利益与情感利益，而顾客所付出的"成本"具体包括金钱成本、时间成本、精力成本及体力成本。"价值战"的实质即是致力于在企业与顾客之间创造、传递并分享这一价值并使其最大化，提高市场总福利。德鲁克强调，"企业是社会的一种器官"（彼得·德鲁克，2009 版），价值战的核心思想也是源自这一理论观点的战略延伸，是一种"社会营销理念"（Social Marketing Concept）的具体表现："通过确定目标市场的需要、欲望及利益，以保护或提高消费者及社会福利的方式，比竞争者更有效、更有利地提供目标市场所期待的满足。"（菲利普·科特勒，2001）

从深层次的理论根源与实际的作用形式来看，传统竞争理论（主要为产业竞争理论）与价值战思想指导的竞争存在明显差异如下。

第一，传统竞争理论界定的竞争是一个比较静态过程，而价值战思想界定的竞争是一个动态互动过程。竞争过程由被动适应市场响应顾客需求转变为强调灵活反应与迅速的战略调整，战略重点不再关注于业务本身而在于完整的流程、完整的系统。竞争能力的优劣取决于这一流程创造价值及为顾客让渡价值的能力，这也是价值战模式的重点，这需要超越传统竞争理论对于企业与顾客之间关系的界定（波特的产业竞争理论所强调的争价关系，是一种纯粹的竞争关系），而是建立一种长期互动、相互依存的"利益相关者"关系。尽管这不改变二者存在竞争关系的本质，但竞争的重点（或目的）已由争夺价值分配转移至价值创新，由争夺现有价值到共同创造并共享更多的价值；动态竞争环境下，战略制定要从整条价值链作为分析基点而非企业或行业本身，越来越多的企业关注的焦点已升级为"全球价值链"系统（Global Value Chain,

GVC）。企业间竞争互动过程的实质，是通过战略选择在全球价值链中寻求合适的价值定位，进而以竞争或合作来实现价值链各价值创造环节的重构与整体升级，各企业也通过这一过程实现价值升级与重新定位，甚至以合作来实现多个环节间的价值分享与共赢（彭新武，2008）。整个链条的各价值区间的良性互动与重组有利于价值创新与动态演进与升级，提升各环节企业的总福利。"成功的公司应把战略看作是有系统的社会创新，即对复杂的商业系统进行连续的设计和再设计"。（彭新武，2008）

　　第二，两种竞争方式的战略导向不同。一方面，传统竞争理论框架强调企业竞争的目标是要"追求顾客满意"，强调赢得顾客，在现有价值空间争夺份额，并成为顾客导向的竞争战略的主流；另一方面，价值战框架内的竞争思想是在此基础上更进一步，即"超越顾客满意"，强调开发顾客未清晰表达，甚至未意识到的需求，开创全新的价值空间。价值战"顾客价值导向"的战略导向必须由单纯地追求绩效转型为追求价值，这一价值不仅仅局限为顾客价值，而应该是更广泛意义的"社会价值"。由对利润的过分强调，转而追求合理的利润，在让渡顾客价值的同时承担社会责任，提高社会总福利。由传统竞争理念向价值战思想的过渡，是一个企业寻求战略转型的过程：由关注竞争对手的行为及外部环境的影响，转型为关注企业自身如何为顾客提供满意甚至超越顾客预期的价值——这一转变也凸显了价值战的本质与内涵。在价值战框架下，"顾客价值"概念的提出将市场营销理念推向全新高度。顾客价值是顾客对企业产品或服务是否物有所值的评价，实施顾客价值创新就是基于顾客需求，通过为顾客提供有重大突破的价值创造新市场，在迈克尔·波特所界定的竞争力量之间（替代品企业、行业竞争对手及潜在入侵者）建立起竞争隔离带，从而对顾客产生"价值锁定"效应。

　　第三，两种竞争方式对于顾客的界定及关系模式存在差异。传统竞争理论框架下，顾客是被动接受企业对于顾客需求的界定，而价值战强调顾客与企业动态互动——由被动选择转型为拥有主动权，一方面源自顾客自身学习能力与需求感知的增强，另一方面源自市场竞争激烈导致的供给过度。目前最为流行的理论思潮是"引领顾客"，这要求企业洞察并满足顾客未意识到的需求（潜在市场需求），以此来超越顾客的价值预期来维系顾客，构建持久的竞争优势。这要求企业深刻了解顾客内心的需求因素构成及经济动因，需要对企业自身战略结构及业务能力有清醒认识，需要在顾客意识之前为其提供创新的"价值解决方案"。价值战思想体现的是现代市场竞争的首要法则："不仅仅是发现并实现需要，而是要想象并创造需求。"（菲利普·科特勒，2001）

第四，两种竞争方式的价值取向不同。传统竞争战略的价值取向是追求"企业价值"最大化，企业致力于通过产品或服务单纯地"取悦"顾客，以获取顾客忠诚；而本书界定的"价值战"的价值取向是追求"顾客价值"最大化，并与顾客建立情感联系，从企业的角度来看，一个强调员工对企业忠诚，一个强调员工对顾客忠诚，可以视为"面朝领导，背对顾客"与"面朝顾客，背对领导"之间的差异。高度竞争的市场条件下，"取悦顾客"的方式有限且不断被竞争对手迅速学习与模仿，防止学习与模仿会增加巨额成本，这也符合顾客价值感知的效用边际递减法则。价值战思想强调持续的价值创新，这一价值创造过程是一个"分析、预测、创新、反馈、调整"不断循环演进的过程。价值战思想替代传统竞争方式的一个核心理念是提供竞争对手无法提供或无法超越的价值，中国人民大学学者彭新武（2008）对企业与顾客间价值关系的构成要素进行了二元解构分析，他将上述因素划分为两组：满意因素和激励因素。满意因素是企业必须实现某些服务以确保基本水平的顾客满意；激励因素则是指只有企业能够提供给顾客的而竞争者无法提供的一些特殊利益（彭新武，2008）。传统竞争理论框架内的竞争效果是改变顾客的满意因素，这会导致企业身陷过度竞争的恶性循环；而价值战思想的战略基点是企业通过提供"与众不同"的创造性价值来改变顾客的激励因素，并试图与顾客建立情感联系，超越一般的顾客忠诚关系。美国兰德公司（Rand）通过对 500 家百年企业长达 20 年的跟踪研究得出结论（彭新武，2008）：追求利润并不是企业唯一的目标，而是为企业的利益相关者（股东、员工、顾客、社区等）创造超越利润的社会价值。未来企业应实现"6S"：（1）顾客满意（CS）；（2）企业员工满意（ES）；（3）经营者满意（MS）；（4）社会满意（SS）；（5）世界满意（IS）；（6）地球满意（SNS）。实施价值战与传统竞争方式的企业之间的本质差别如表 4-1 所示。

表 4-1　传统竞争方式与追求卓越、追求价值的企业之间的对比

战略导向	竞争过程	企业 / 顾客关系	竞争实质	竞争效果
"企业价值"导向型	静态	企业主动：取悦顾客	①争夺现有价值的份额 ②偏离产业结构变化 ③顾客需求变化	满意因素：保障基本的顾客满意，满足顾客的价值预期
"顾客价值"导向型	动态	双向互动：沟通、双赢	①价值创新，做大市场蛋糕 ②伴随产业结构变化调整战略 ③顾客需求导向，追随新市场机会	激励因素：提供对手无法提供的特殊价值，超越顾客的价值预期

资料来源：本书根据相关研究成果总结而成。

水平竞争的价值战与垂直竞争的价值战有所不同：后者是在合作关系中，前者是在竞争关系中。水平竞争的价值战，可分为三种情况：一是在竞争博弈中进行，二是在相互难以模仿状态中进行，三是在战略互动状态中进行。

（一）价值战在竞争博弈状态中进行

竞争博弈状态的价值战，指的是竞争双方处于信息隔离状态中，凭理想假设来制定战略（假设可以"进入竞争对手的头脑"），是在非学习与模仿过程中进行的竞争博弈。特别是在依靠产品（或技术）研发来抢先占领市场的竞争博弈中，其结局可能是双方都进行了研发，从而树立了产业较高的进入障碍和提供了市场福利，这既保护了产业又有利于市场。竞争博弈状态下，企业可能面临是否产品（或技术）研发的"囚徒困境"，如宝洁与金伯利 20 世纪 90 年代的尿布大战的竞争博弈：当时的市场潜力巨大（年销售额约 40 亿美元），抢先进入或对手不进入都会带来大量的超额利润，而市场进入壁垒主要体现为一次性尿布的生产研发成本（包括开发一种特殊的化学材料作为尿布原料），双方当时的博弈态势如表 4-2 所示。从博弈模型来看，双方的理想假设显然是对方不开发（巨额研发费用及特殊的产品技术具备较高的进入壁垒，同时意味着未来的高风险），因此最终的博弈结局是双方都研发并投放了市场。虽然主观上是竞争，但客观上却既为市场提供了产品价值又发展了产业，同时由于双方的研发投入使产业的进入障碍进一步提高。这种客观上的合作效果体现为竞争双方共同维护了产业安全——产业内不同竞争者的共同利益。

表 4-2　宝洁与金伯利—克拉克的一次性尿布研发博弈

		金伯利—克拉克	
		R&D	无 R&D
宝洁 （P&G）	R&D	2000, 1000	4000, -1000
	无 R&D	-1000, 3000	3000, 2000

资料来源：本书根据宝洁与金伯利公司案例整理。

（二）价值战在相互难以模仿状态中进行

基于差别优势的竞争是同一产业同时间竞争的战略处于不完全相似状态，即战略模式上相同（如 Nike 与 Adidas 的战略相似：整合资源、经营外包），但核心资源存在差异，如一方竞争者是"基于核心能力的战略链条"或"基于核心价值观的战略链条"，另一方竞争者是"基于核心策略的战略链条"等。这一价值战形态的根本是竞争双方或多方之间存在差别优势，其效果不仅限于划分市场，而是竞争范式的一种升级版：避免同质化竞争的加剧，共同做大产业的整体规模。

传统竞争理论的战略思维，如波特的差异化竞争战略思想，要求企业构筑强于对手的竞争优势，即是在非战略相似情况下力图减少竞争对手的市场份额，其战略本质是"倚强凌弱"的零和博弈过程，以自身的绝对优势攻击对手的弱点。而基于差别优势的竞争，则强调各自的竞争优势。由于差别优势不同于绝对优势，难以相互模仿是它的本质特征，因此这一竞争过程属于非零和博弈，其结局将是各自运作有效并共同做大产业。从这个意义上讲，在基于差别优势的竞争中，对手之间的关系，不是纯粹的竞争关系，而是竞争中产生了合作效果。

差别化是迈克尔·波特的竞争思维，是三种基本战略（差别化、低成本、聚焦化）之一，即"将公司提供的产品或服务差异化，形成一些在全产业范围内具有独特性的东西"。迈克尔·波特的差异化战略也强调特色优势，但其思想本质是利用企业的优势去针对竞争对手的弱势（或者说"用石头砸碎鸡蛋"），以确立产业内的领导地位。由于基于差别优势的竞争能产生隔离机制效果——产业内竞争的隔离带和对外的产业保护带，以及竞争者各自具有自我打破（创造性破坏）或自我抛弃的经营文化，进而在产业内既呈现"各自精彩"的竞争局面，又同时具有非契约性竞合共生效果（如表 4-3 所示）。

表4-3　差异化竞争与基于差别优势的竞争比较

	核心思想	竞争特点	战略思维	竞争过程	竞合效益
差异化竞争	差异化是减少对手市场份额的竞争优势	基于绝对优势的挑战行为	倚强凌弱	零和博弈的价值转移过程	
基于差别优势的竞争	隔离机制是市场的隔离带和产业与市场的保护带	基于差别优势的竞争行为	自我打破	非零和博弈的新价值生成过程	竞争的帕累托效果（基于各自强大的产业强大和进入障碍提高）

资料来源：本书根据相关研究成果整理而成。

（三）价值战在战略互动状态中进行

"战略互动"状态的价值战所呈现的竞争形式是竞争者之间通过多轮次"战略挑战→战略响应→新的战略挑战"的互动过程，并以相互学习与模仿实现"定点超越"（Benchmarking）为核心内容的竞争。从福利经济学的角度来看，对另一方核心技术的学习与模仿，或者创造性模仿，都必然会提高产业进入障碍（技术研发障碍及规模化生产形成的低成本障碍）和为市场提供福利。日本企业擅长创造性模仿与快速学习，如日本丰田公司（TOYOTA）的"逆向工程"：对美国汽车实施逆向工序分解，并采取"复制＋改良"的创造性模仿模式，以对每个零件实现创新式改进，克服美国产品成本高昂及零部件不统一而不能大规模生产的劣势，廉价大规模投放市场，进而成功抢占美国市场份额；当日本汽车公司取代了美国对手的市场地位之后，美国汽车企业开始对日本对手的学习与模仿，包括质量管理、成本控制（双渠道进货政策等）以及创新产品规模化与市场化等。典型案例如1990年麻省理工学院国际汽车计划项目通过对丰田公司的考察，对丰田公司的"JIT"模式、看板管理、低成本及质量管理方法及理念进行整理、提炼，并将其归纳为"精益生产方式"与"全面质量管理",向全美汽车公司进行推广,以赶超日本企业的竞争优势。竞争优势循环的背后,是竞争对手间战略互动、学习模仿的循环,并会伴随竞争环境与市场需求的动态变化不断重复与演进。尽管此类行为是基于竞争思维,属于市场"零和竞争",但如果在多个回合的互动状态中,相互模仿与学习会为进入者设置较高的障碍,从而体现了保护与发展产业的合作效果,同时为市场提供更多福利。

从本研究重点考察的案例样本来看,宜家与居适家、苹果与三星所在的时尚家居零售市场及智能手机市场,在中国处于市场成长期并快速增长,同时上述企业获取的超额利润存在以下两方面因素导致了市场的快速增长:(1)市场具有较强的吸引力,因为企业可以向数量众多的供应商购买产品(供应商压价能力低);(2)产品需求非常旺盛,客户众多。从供需两个角度来看,企业都拥有更多的话语权,这无疑是导致上述市场快速增长并获取平均利润率之上的收益的重要原因(乔治·戴伊等,2003)。但不可否认的是,隔离机制作用下的竞争是推动市场做大、产业做强的重要力量,并催生及加速了这一过程,事实证据(样本企业的市场表现)也证明了这一点。战略互动状态下的价值战,是复杂多变环境下的多轮次动态竞争——即"企业在减缓现行优势削弱的情况下,如何对竞争对手保持其竞争优势"(乔治·戴伊等,2003)。这一过程中,基于差别优势的隔离机制效果体现为保持竞争双方(或多方)的差别优势相对稳固,使竞合的实际效果最大化。实现这一效果需要一个前提:即市场容量未达到饱和,或者说竞争双方(或多方)的竞争程度没有达到损害行业整体利益的边界。否则,多轮次的战略互动易导致企业竞争投入的成本大于预期收益,或被竞争对手的行为所抵消,最终导致行业平均利润率的下滑。竞争优势的削弱与替代的速度越来越快,企业被动陷入过度开发新的竞争优势的恶性循环中,这会损害市场福利与行业整体利益,同时提升企业的成本。隔离机制的作用是,基于差别优势的隔离机制效果——对于多轮次、多循环、高速度竞争的行业取得一定的竞争缓和效果，保护行业的整体利益。战略互动状态中进行竞争，可分为两个阶段：短期的差别优势稳定和长期（多轮竞争）的相互学习与模仿。由于相互学习与模仿，在多轮竞争中，差别优势不断地形成与不断地被打破。显然，是在差别优势相对稳定阶段，隔离机制作用才明显。战略互动的竞争不是一种主动的竞合思维，但也可能有竞合效果，除了提高市场福利以外，也逐渐提高了进入障碍及发展了产业。

二、基于规避思维的竞合效益

"策略战"思想是指通过经营策略重新来规避直接竞争（正面竞争），致力于发掘表面繁荣的市场空间之外潜藏的价值空间——实现价值重构与价值创新。"价值创新"（Value Innovation）的概念由法国学者凯姆等人首次提出，并将这一概念提升至战略高度，本研究的策略战正是从战略层面诠释价值创新。传统竞争理论框架内的战略重点是在现有市场空间内（集中于某一特定市场）争夺更大的份额，即是一个如何分配"蛋糕"的零和博弈过程；但过分强调市场份额与业绩增长会导致企业的"经营短视症"：无法预见未来价值，即环境变迁与顾客需求变化所孕育的全新市场机会及丰厚利润空间。策略战这一全新理念超越了传统竞争理论的竞争观，将竞争的范围拓展至更广阔的市场空间去开发顾客需求，是一个如何做大"蛋糕"的非零和博弈过程，有利于发展并保护产业。

策略战替代价格战主要是基于规避思维取向的竞争战略行为。价格战是纯粹的竞争思维，是以挤压竞争对手的生存空间为目的。而策略战具有竞合思维，是寻求错位或多位生存空间，以避免竞争对抗。避免在现有市场的残酷竞争，其本质上是一种规避竞争的战略思维。关于规避正面竞争冲突和同位竞争冲突的战略思维，迈克尔·波特（2007）提出了"交叉回避"（Cross Avoid）概念，在此基础上美国宾夕法尼亚大学沃顿商学院陈明哲教授（1996）将这一思想进一步理论化，提出了"多点竞争"（Multi-Point Competition）理论。欧洲工商学院的 W. 钱·金和勒妮·莫博涅在《蓝海战略》（2005，商务印书馆中文版）中强调："要想在未来取胜，就必须停止与其他竞争对手间的竞争"企业应当摆脱现有市场的残酷竞争（"红海"市场，竞争激烈，利润与成长空间狭小），将精力集中于开创无人争夺的全新价值空间（"蓝海"市场，未开发市场，利润与成长空间广阔），上述规避思维的竞争策略对比如表4-4所示。二人提出"重建市场边界"，以"超越产业竞争"的核心思想：前者是针对竞争挑战者的规避思维，后者是针对整个竞争市场的规避思维或超越思维。本研究将这些思想构成指导策略战的代表性理论依据，以此也能说明策略战与价格战和价值战相比较的独立性。

针对竞争挑战者的规避思维，一种策略表现为"交叉回避"的战略行为，即当竞争对手在某一领域采取行动，企业在对竞争发起者有重要影响的另一领域开展行动，起到潜在的警告或威胁作用，以规避正面竞争。另一种策略表现为"多点竞争"（除了"交叉回避"行为之外），即在与挑战者竞争无关的其他市场上成为首先行动者，采取这种行动的理由是回击挑战的机会成本较高。这种理性的规避，其战略方针是比重视市场竞争更重视企业竞争，其目标是在企业成长与发展的竞赛中赢得优势。

表4-4 价值战、策略战竞争形式的比较

	竞争形式	竞争内容	竞争实质	竞争效果
价值战	竞争博弈	研究竞争对手的预测行为和实际行为，选取最优策略来赢得博弈； 价值战框架下的竞争博弈属于"静态博弈"； 参与者同时选择或非同时选择但后行动者并不知道先行动者的具体行动	根据信息非对称条件下的理想假设制定战略	提供更多的产品价值

	竞争形式	竞争内容	竞争实质	竞争效果
策略战	难以模仿	根据企业间难以相互模仿的差别优势，各自运作有效而产生隔离机制效果，划分市场隔离带及对外的产业保护带，形成竞争对手间"各自精彩"的多赢局面，起到保护并发展产业的竞争效果	战略相似前提下实现各自运作有效	避免同质化竞争，提供更多市场福利
	战略互动	企业根据竞争对手的战略选择，通过快速学习及创造性模仿作出战略调整，实现提升市场进入障碍及创造更多产品（或服务）价值的竞争效果	相互学习与创造性模仿来创造价值	提升进入障碍与市场福利
	交叉回避	当一个企业在某个领域中开展一项行动，而其竞争者的反应是在对竞争者有影响的另一领域中采取行动，这种情况叫做交叉回避。交叉回避反应代表了这样一种选择，防御企业对于最初的行动不进行直接回击，而是间接进行反击	保持有节制的竞争姿态并将其传递给竞争对手	规避过度竞争，创造新价值
	多点竞争	企业在多个地域、产品市场同时进行竞争的状态，包括有进攻、反击和合作等表现（蓝海林，2000）。包括"正面进攻策略""纠缠进攻""诱骗战术""正面进攻和诱骗撤退结合的策略""正面进攻和诱骗进攻结合的策略"	不为竞争而竞争	避免竞争或竞争恶化
	蓝海战略	企业规避现有市场（红海）的激励竞争及种种限制因素，在现有市场边界之外开创全新的利润空间，实现"价值创新"的竞争效果	超越产业竞争；重建市场边界	开创全新的价值空间

资料来源：本书根据相关研究成果整理而成。

　　针对整个市场竞争的规避思维，表现为"蓝海战略"行为，分为两个层面：一是"重建市场边界"：拓展原有市场边界或重新定义原有边界以内的某个细分或全部市场空间，以规避原有市场边界内的竞争，实现价值重构。如 Nike 的策略是保留专业运动性能的同时引入时尚与休闲元素，重新定义运动鞋市场，将顾客群体从专业运动员扩展至所有热爱运动的年轻人，规避了与 Adidas 在运动鞋市场的正面竞争，实现产业的横向开拓。二是"超越产业竞争"：开辟全新市场空间，以规避在现有市场空间的同位竞争，实现价值创新。如"农夫山泉"开辟"天然水"的全新市场，超越纯净水产业的激烈竞争，规避了与传统产业内对手（娃哈哈、乐百氏等）的正面竞争与同位竞争，增大市场总福利并发展了产业。

　　基于规避思维的策略战和基于改进与创造思维的价值战一样，都可以是差别优势的表现形式，或者说属于隔离机制的作用形式。其原理体现为企业利基于竞争对手难以模仿或学习的差别优势，足以在竞争对手相对薄弱的某一领域或竞争能力较强的市场边界之外建立非竞争空间，甚至可能是对现有产业的颠覆性革命。以 Apple 为例，其难以超越的技术创新能力与独特的创新文化（差别优势）在隔离机制的作用下，彻底改变了电脑、电影、音乐、手机与出版五大行业的竞争格局，通过策略创新在竞争对手无暇顾及或相对薄弱的竞争空间（平板电脑、高端智能手机、网络软件平台等）建立竞争优势，以规避与现有竞争对手的直接竞争或现有市场空间的正面竞争。最终规避了产业因过度竞争而导致的整体利润流失，并极大促进产业的扩张与发展。

　　策略战、价值战与价格战，在实质上存在差别（如表4-5所示）。策略战的实质是获得生存与发展的竞争策略创新，本书侧重阐述的是基于规避思维的竞争策略创新，其效果是规避了竞争风险，市场总福利增加和保护与发展产业。而价格战的结果与策略战效果有相反之处，如不是规避竞争风险，对产业保护与发展不利。价格战、价值战与策略战三者对产业的影响效果与程度如图4-5所示。

表4-5　策略战、价格战及价值战的异同

竞争	实质	方式	分类	效果
策略战 （基于规避思维）	获得生存与发展的竞争策略创新	多点竞争 错位经营 蓝海战略	规避正面竞争 重新定义市场 开创崭新市场	规避了竞争风险 保护或发展产业
价值战	以质量提高和技术进步为市场提供福利	同位竞争 正面竞争	价值创造 价值分享 价值传递	双方成长与发展 保护并发展产业
价格战	以削价换取市场份额	同位竞争 正面竞争	价格明降优势 价格暗降优势	竞争者两败俱伤 损害了产业利益

资料来源：本书根据相关研究成果整理而成。

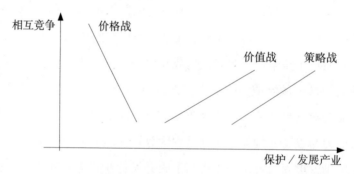

图4-1　价值战与策略战对保护并发展产业的效果①

资料来源：本书根据相关研究成果整理而成。

三、基于入侵威胁的嵌入优势

1.基于隔离机制的嵌入性优势机理

嵌入优势的实现，实际上是将垂直竞争与水平竞争，以及竞争与合

---

① 图中三条斜线由左至右分别为斜率＜0，斜率＞0，斜率＞0。"价格战"随竞争程度加剧，保护与发展产业的效果急剧减弱，而"价值战"与"策略战"，伴随竞争程度的加剧，保护并发展产业的竞合实效急剧增强。

作，进行整合与系统思考的结果。在这一分析与决策过程中，合思维将是主导逻辑，这是因为当代竞争与传统竞争不同，核心竞争力依存于一条链（见表4-6），一条合作链条如何重组也是提升竞争力的一个有效途径。

表4-6　当代竞争与传统竞争的比较

时代 比较项	传统竞争	当代竞争
企业外部特征	市场稳定与集中	变化越来越快；竞争越来越激烈；顾客越来越有主动权。
核心竞争力的产生与依存	①核心竞争力以企业为单位 ②企业与企业之间的竞争	①核心竞争力的产生依存于一条企业间合作链条 ②链与链的竞争
战略思维	竞争思维	竞合思维
合思维适应性	较低	较高

资料来源：本书根据相关研究成果整理而成。

从竞争实力角度看，入侵威胁是某种绝对优势，但从合作重组角度看，仍然是一种差别优势，或者说只有把它看做是垂直维度的差别优势才能寻求以互补效应为目的合作道路。如前所述，大企业的核心技术优势与下包厂（或外包）的专业化优势之间，难以相互模仿，必须通过建立合作链条来整合优势资源，以完成价值创造的全过程。

从竞争角度看，替代威胁所挑战的是核心企业主导下的整条供应链，因为无论对核心技术替代还是对产业某环节技术替代（一旦基于这种替代形成竞争者身份的产业链），都将削弱供应链的整体竞争优势。进入威胁实际上是进入供应链的威胁，而进入供应链的威胁是相关环节企业的危险，这是因为进入威胁是要争夺成员企业或核心企业的"岗位"。但供应链上原有的合同与协同可能构成入侵者的进入障碍，即已有的契约关系和高度协同阻碍合作企业被挤出局。所以，如果不受契约关系限制，入侵威胁挑战的是供应链的现在合作效率和未来合作价值。

从竞合思维角度看，面对入侵威胁（替代威胁和进入威胁），被挑战方应积极利用有价值的新技术或新资源来重组合作链条，变换其组合构成。对于产业整体或合作链条，当具有高水平入侵威胁的竞争者，打破进入障碍进入供应链，无论取代的是核心企业还是重要成员企业，都将产生行业领先者嵌入优势①。领先者技术创新或品牌等优势，在一国或全球高于行业内其他企业，进入供应链（被挑战）后的带动与影响作用：一是因与优势资源整合而形成整个供应链的价值创造优势，二是通过价值传递使合作企业分享新资源。三是由于行业领先者嵌入引发产业集聚（外生性集聚），其过程中的傍依需求有利于降低供应链与外部的交易成本。

经以上分析可知，供应链构成或其组合变化是竞争博弈的结果。追求以合作获得整条供应链竞争优势最大化，在运营期间，靠合作企业之间的协同②；在战略期间，靠竞争机制作用的合作重组，以变入侵威胁为合作优势。竞合思维框架内的克服入侵威胁，是价值战与策略战之间协同所产生的综合效果，如表4-7。这里所涉及的效益生成来自于两个方面：（1）垂直竞争维度的竞争关系（争价与压价）变为竞合关系（价值传递与资源共享），也有利于构筑下一轮水平竞争的高进入障碍，从而使供应链的水平竞争安全进一步升级。（2）高水平进入者打破进入障碍（领先者嵌入），也是整个产业链的升级，因为合作链条中出现了新生动力源，从而产生新的协同效应。

---

① 指全球行业领先者（尤指跨国公司）依据自身优势嵌入区域内产业链所带动的区域性产业集聚与整体性产业升级。这里本书侧重于行业领先者嵌入供应链所发挥的作用。

② 由于"协同效应＝共用效果＋互补效果＋同步效果"（见拙文：《价值生产分析：一个协同效应的理论框架》，《中国工业经济》2007年第6期），本书此处的协同包括供应链上的价值传递效果（共用），基于差别优势的资源整合效果（互补），以及成员企业与核心企业之间的同步化效果。

表 4-7　价值战与策略战克服入侵障碍的综合效果

	克服进入威胁	克服替代威胁
价值战	资源追逐价值和价值传递,以提高竞争者进入障碍	持续提升创新能力,以形成替代障碍
策略战	战略创新以跨越市场边界,合作重组变换进入障碍	开辟全新市场空间,令对手无从替代

资料来源:本书根据相关研究成果整理而成。

2."苹果皮路线"构念:全球价值链的非体制性嵌入

依据全球价值链变化,即深度分解和多主体分享,及其转向创新驱动型全球价值链,即"全球创新链",本研究基于隔离机制的竞合效应原理,提出以走"苹果皮"路线的创新驱动发展方式嵌入全球价值链高端的路径。因此,"苹果皮"技术路线是本研究提出并界定的核心概念。无论从理论构建还是后续研究的需要,都应该对其进行重新构念。

(1)"苹果皮"路线的实践启示

第一,"苹果皮"路线的提出,是基于实践研究的理论推演,结合隔离机制的竞合效应原理综合而成。"苹果皮路线"之所以引发社会思考,最初是由于"苹果皮事件"引起的国内外新闻界关注,即潘氏兄弟的"苹果皮"故事——即是从 2010 年 7 月他们的"苹果皮 520"问世到 2014年东山再起的第二次创业(开发"脸说"项目)引发法律学术界和管理学术界的思考。"苹果皮事件"给了我们什么样的启示?其寓意是"苹果皮"式创新应该是中国式创新。第二,将一个技术成果的概念放大到企业创新发展模式层面。基于上述思考,本研究进一步考察了三星电子和中兴通讯等国内外的创新驱动发展案例,并纳入嵌入性优势的整体性理论框架内深入思考并解读。分析它们技术创新史,以及它们曾与国际合作体系中领导厂商(具有核心技术优势)的博弈经历,发现与"苹果皮"式创新的共同性和创新发展的规律性。第三,站在参与国际分工的高度，将一种技术创新模式提升到创新驱动发展道路。依据全球价值链理论、企业核心能力理论、动态能力理论、创新管理理论和企业发展战略等理论，并参考改革开放后海尔等国内企业在产业技术链下游创新的成功经验，以及 20 世纪 70、80 年代日本企业擅长"创造性模仿"（其与"苹果皮"式创新比较，同属于外围创新，但本质上，前者接近于改进，后者更接近于发明）的成功经验，本研究提出关于中国参与国际分工的创新驱动发展道路——"苹果皮"路线。

本研究以技术嵌入性为本质的"苹果皮"路线概念提出与界定，揭示企业实践特殊现象背后的内在机理与演变规律；隔离与分离：基于差别优势（非比较优势）的视角，分析中国后发企业进入全球价值链与嵌入其高端的过程，即研究技术嵌入性的演进路径；支持：创新生态系统对技术嵌入性研发的动力机制；以技术嵌入性为主导：中国进入全球价值链，应选择的战略方针以及对其论证。走"苹果皮"技术创新路线，进入全球价值链，其有效性是在演进、环境和战略三层面上及其互动中，技术嵌入性效应被增强的结果。

（2）概念模型构建与理论创新

依据全球价值链理论和技术创新发展机理，本研究选择了技术创新发展的"三个阶段"和"价值"高低与后发企业在全球价值链上的"角色"地位组合为纵横两个变量，构建坐标系以揭示后发优势的外围创新与"由皮到核"的关系机理，及其与嵌入性和自主研发的内在联系，从而揭示创新驱动发展的战略步骤与升级路径，分析模型如图 4-2 所示。

针对本书研究选题，选择了套层构念模式，即在"苹果皮"概念模型中也界定了"技术嵌入性阶段"，其实质是研发属于非契约性嵌入全球价值链的产业技术链。理论上它的进展有两种情况，一是对基于其研发所在产业技术链的全球价值链，走体制嵌入性道路（图 4-2 中"①"）；二是由于技术成果的市场潜力较大，可转化成技术品牌或产品品牌，进而可向后向整合（如图 4-2"②"所示，成为新起全球产业链的核心技术）。"体制嵌入性阶段",其实质是契约性嵌入全球价值链(实现与前向整合);"独立性分离"实际上也是更高级的嵌入和新嵌入阶段,其实质是凭借具有创造性与超越性的技术创新自主品牌,通过战略蜕变以主导新的价值链。

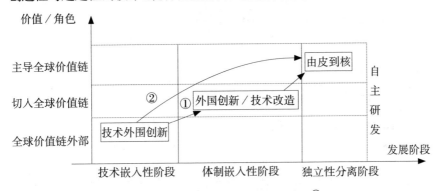

图4-2 "苹果皮"路线的概念模型①

资料来源:邱国栋、郭蓉娜、刁玉柱:《中国进入全球价值链的"苹果皮"路线研究》,《中国软科学》2016年第1期。

在现有研究和企业实践中,注重强调比较优势的角度,界定它属于外围创新,或者创造性模仿,甚至认为是"曲线路径",对其正确性与有效性缺乏信心。本研究在认定"苹果皮"路线是中国以创新驱动发展方式参与全球竞争与国际分工的可选择路径前提下,以嵌入性为视角和以嵌入全球价值链为目的,并以"技术嵌入性""体制嵌入性"和"独立性分离"的不同阶段来研究其特殊性的内涵,以对解决现实问题更有指导意义和补充创新驱动发展理论的研究不足。

依据"技术自立"理论,本研究对"苹果皮"路线的构念,非属于"绝对化的技术自立"②范畴,而是试图从技术嵌入性角度以构建实现"技

---

① 为揭示以技术嵌入性为核心的"苹果皮"路线内在的规律性,本书独立提出与设计。

② 在技术赶超的区域创新实践中,东亚模式则以"技术引进"为起点,通过学习适应本地技术,同时坚持技术改进与创新,而尼赫鲁之后的印度模式有意识地将学习西方技术与开发本土技术对立起来,此模式被学术界称为"绝对化的技术自立"。

术自立"的一种理论模式。孙喜(2014)就工业发展过程中的"技术自立"问题,在比较中国、印度和东亚国家的基础上提出,"技术自立"成为发展中的东亚国家和地区实现跨越、挑战发达国家先进技术水平的必经阶段。这使得从技术外向型依赖向技术自主的转变成为转变国家经济发展方式和提升企业竞争力的重要内容,但对今天快速发展的中国而言,"绝对化的技术自立"变得更加不现实。

(3)外围创新:技术嵌入性隔离与协同

依据概念模型(如图4-2所示),虽然"苹果皮"路线第一阶段的"技术嵌入性"是通过非契约性的外围创新以实现对全球产业技术链的进入,第二阶段的"体制嵌入性"是通过契约性的外围创新以实现对全球价值链的进入,但本研究认为二者都可与全球价值链领导厂商之间形成隔离与协同状态。

第一,技术嵌入性隔离与协同的基础与实质仍然是"差别优势"。从内在机理来看,隔离与协同状态形成的原因与存在的基础仍是一种差别优势,而这种优势的构成是后发企业的核心技术或核心能力。在创新驱动发展方式的前提下,作为后发企业不只是以核心技术形成其与领导厂商之间的差别优势,其优势的持续性保持又需要以擅长持续创新为核心能力。前文有述,本研究通过与西方经济学中"绝对优势"和"比较优势"两个概念的比较而析出"差别优势"的存在,并归纳出概念的本质(详见本书第二章),即在技术创新上具有一方不能替代另一方或替代成本较高的隔离机制作用,进而突出在技术开发或产品开发上各有"独门绝技",而不是一方对另一方以模仿或替代为主的博弈取向,因而在全球产业链内部表现为因此种隔离而选择协同。在前期研究基础上,本研究从全球产业链内部契约性合作关系角度,以理论逻辑方法建立了差别优势的研究思路与框架(见表4-8),与前期研究(详见本书第二章,表2-5)相比,从市场竞合进入产业竞合,突破了研究的关系限定领域,并补充威廉姆森的资产专用性理论,揭示出相互之间具有很高资产专用性的一种存在状态。

表4-8　异质异构与差别优势

结构与分项		研究思路			与本项的关系
		优势辨析		关系限定	
1	概念的理论分析思路与框架	绝对优势	一方优势绝对优于另一方和同行，可以替而代之（垂直一体化）	产业链内部合作者之间，而非市场竞争者之间（同质异构）关系	①从研究角度是隔离与协调的基础性概念 ②从因果联系角度是隔离与协同的前因
		比较优势	一方自之最优，但另一方可能更优或选择更优者以替而代之（靠市场选择）		
		差别优势	双方俱优，或各优于同行，相互难以模仿与替代，互有很高的资产专用性		
2	基于实践与理论相结合的概念提炼与界定	基于波特"五力模型"，以分析"全球创新链"内部竞合的典型实例，并按循经济学比较优势理论的逻辑，供应链理论的合作与竞争博弈的规则，归纳出差别优势内涵及本质特征			

资料来源：邱国栋、郭蓉娜、刁玉柱：《中国进入全球价值链的"苹果皮"路线研究》，《中国软科学》2016年第1期。

　　能够进入全球价值链的中国企业，理论上可划分为产能优势企业、技术优势企业和研发优势企业（如图4—3）。研发优势企业或机构在绝对优势层上，标准应该是其产业技术的创新能力居国际领先水平，而不只是国内最优。在差别优势（见表4—8）上的技术优势企业，首先以技术优势与全球价值链领导厂商形成技术互补关系，然后在基础上进一步取得外围创新效果，即改进或衍生。在比较优势层上的产能优势企业，可凭自己的产能优势进入国际分工体系，基于"熟能生巧"的原理或在合作磨合中悟出，再进入外围技术改造的阶段。所以，"苹果皮"创新路线与颠覆式创新路线相比，更适宜由技术优势企业和产能优势企业构成的我国企业主体。

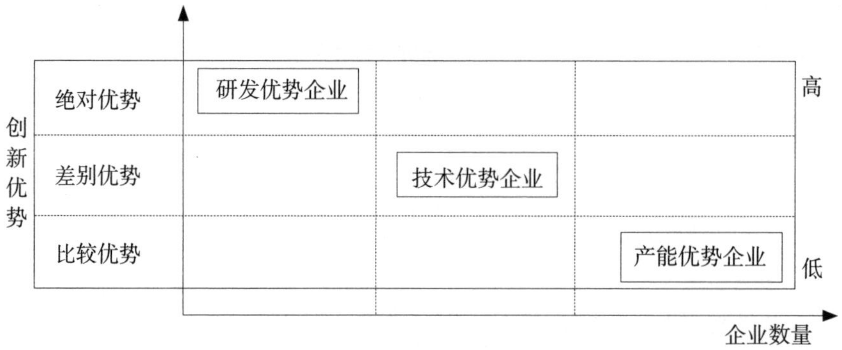

图 4-3　基于优势和数量指标的中国企业分类

资料来源：邱国栋、郭蓉娜、刁玉柱：《中国进入全球价值链的"苹果皮"路线研究》，《中国软科学》2016 年第 1 期。

第二，后发企业与领导厂商的隔离与协同。选择"苹果皮"路线，按其路径规划，后发企业是通过外围创新以取得差别优势，进而形成与领导厂商的隔离与协同状态。因此，针对中国嵌入全球价值链而言，图4-4 从嵌入性视角揭示后发企业与全球价值链的内在联系，以及中国企业嵌入全球价值链的基本路径：

首先，本研究揭示了隔离与协同的形成机理。以"苹果皮之父"潘氏兄弟开发出来的"苹果皮 520"、蓝牙版"苹果皮"和"漫聊神器"App为例（潘氏兄弟已与美国 GoSolar 公司达成合作意向，并向美国联通通讯委员会 PCC 递交了专利申请，准备将"苹果皮"引入美国市场）可析出两种形态：一是"苹果皮"开发模式，在起步阶段，技术研发嵌入到了全球产业技术链之中，但还未契约性嵌入到全球价值链之中。这种外围的技术创新在功能性与匹配性上是"苹果"核心技术的衍生与拓展；在技术前景与作用效果上是"苹果"产品技术线的加深和市场深度开发。但在核心技术（"苹果"）由于技术障碍或法律障碍而尚未扩散阶段，若采用某一种核心技术方与外围技术方的合作共赢模式，这块市场"蛋糕"

必将被做大。二是当核心技术已经扩散，核心技术方与外围技术方在产业上，会各自独立运作。前者，属于全球价值链内部的技术隔离与产业协同运作的情况，后者是处于技术与经营并存的隔离状态，只是有可能因技术上的关联性而产生技术嵌入方与领导厂商的"市场协同"的连带效应而已。

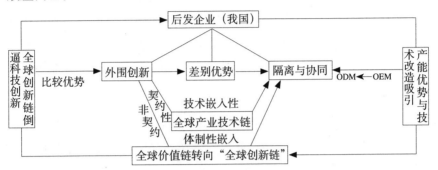

图 4-4　基于嵌入性视角的隔离与协同

资料来源：邱国栋、郭蓉娜、刁玉柱：《中国进入全球价值链的"苹果皮"路线研究》，《中国软科学》2016 年第 1 期。

其次，本研究提出了隔离与协同的理论标志：第一个标志是契约性技术嵌入性隔离与协同标志。一是后发企业在有了自主设计能力与优势后，资产专用性态势开始转变，即对领导厂商更有吸引力。因为后者利用了 ODM 的创造性设计获得市场价值，而且因取代成本高而只能依靠，进而形成隔离与协同局面。二是形成隔离与协同的另一个主要特征是全球价值链领导厂商与合作厂商之间的协同关系不再是"借用图方式"（美国外包模式），而是采用"认可图方式"（日本下包模式）的创新治理机制。前者是以"按图索骥"的主导逻辑来规制下家；后者是以"二次创作"的主导逻辑来发挥下家专业化创新能力的作用。第二个标志是非契约性技术嵌入性隔离与协同。一是以产业技术上的创新性，进而具有提升产品整体功能或差异性功能的互补优势（产生市场协同效应）；二是技术成果以法律形态得到保护，以避免复制性模仿。

第二节　垂直维度竞合效益生成

按照"价值链"理论，整条价值链的价值收益取决于链条各环节的价值生成能力及相互影响的综合效果。一般情况下，企业在价值链的一个或其中几个环节具有比较优势或绝对优势，但不可能在所有环节都具备竞争优势。因此，企业将核心资源锁定于具备竞争优势的价值链环节，进而产生了价值链高端锁定的"战略外包"、资源或能力互补的"战略联盟"等价值战的战略选择。

垂直维度的产业链条分为契约关系和非契约关系。紧密合作的供应链，合作关系依靠长期契约，非供应链关系的合作依靠的是"权宜合同"。但在理论上无论如何，差别优势的存在是垂直合作的基础或前提条件，以追求"异质共生"效果。按照波特的"五力模型"，垂直维度的竞争压力来自产业链上游供应商的争价能力与产业链下游客户的压价能力，是与上家争价和与下家压价的利益竞争。而在以隔离机制为研究视角的竞合理论框架内，克服垂直维度的竞争压力是基于差别优势的作用，而且以协同代替竞争。如果合作是以理性考虑差别优势为前提的，就必然承认对方的互补性核心能力优势及其价值，当然上下家合理的价值分配还要通过谈判和合作过程中的争价与压价的博弈过程。在作业链条上，尽管相互之间的资产专用性程度不一定对称，但上家与下家相互之间难以一体化，而且在合作中相对隔离（非一体化运作）可进一步获得"异质共生"效果。

一、价值创新：核心企业的技术嵌入性隔离与协同

隔离机制的竞合效应在垂直维度的生成过程源自产业链上的价值战，原理为核心企业基于差别优势实现价值链高端锁定，通过价值创

造、价值分享与价值传递（协同效应中的资源共用效果），为上游与下游提供利益。一个有效传递价值的范围是前后紧密合作的企业集合，而紧密合作的基础是各自的差别优势（彼此互补的核心资源或能力）。虽然大企业拥有核心技术和控制市场的优势，但需要合作方（如外包厂或下包厂）的专业化优势与之互补，以获得节省效果（熟能生巧）。需要注意的是，从核心企业到顾客与供应商之间的价值传递，是一个双向传递的过程。如在日本"企业系列"中大企业与下包厂的合作制度，采用的"认可图方式"（不同于美国外包制中的"借用图方式"①），其作用是利于大企业获得下包厂"二次创作"效果，其前提假设是下包厂拥有创新能力与资源。波特在他的"五力模型"中将上家的争价与下家的压价表现为一个企业与其上游供应商和下游用户的竞争，即使是在核心企业与成员企业的合作关系中，也存在这种竞争。因此，在紧密合作关系的产业链上，既有合作又有竞争，原因是存在差别优势。当产业链上游与下游之间形成具有资产专用性的相互锁定时，紧密合作关系将演变为嵌入关系，进一步巩固产业链的牢固和协同，以替代争价能力和压价能力来建立竞争优势（嵌入优势），克服彼此的争价倾向。而用以维系上述协同的价值源自两个方面：第一是在产业链上的价值转移过程中生成的价值差，来自垂直产业链的上游（靠近供应商一端）；第二是为消费者传递的"顾客让渡价值"，来自垂直产业链的下游（靠近消费者一端）。

克服产业链上游竞争压力价值战原理体现为"资源追逐价值"，即企业的核心资源向产业链生成价值较高的环节转移，并通过隔离机制作用实现价值链高端锁定，将生成价值较低的业务剥离或外包——产业空心化战略，这也是 Nike 等跨国公司典型的价值战模式。如我国企业嵌入跨国公司全球价值链（属于外生性产业集聚过程）形成的"6+1"模

---

① 这种方式是要求外包厂"按图索骥"，不鼓励其二次创新活动。由于文化和制度不利于利用合作方的创新能力与资源，因而也达不到双向价值传递的最佳状态。

式①，就是一种典型的跨国公司主导的产业链格局。这种既竞争又合作的伙伴关系，也是隔离机制在垂直竞争维度的体现：一方面降低供应商（或顾客）争价倾向，同时关系嵌入的紧密性与核心企业的差别优势构筑了较高的进入与模仿障碍。另一方面，核心企业获利后为供应商（或顾客）提供折扣，实现供应链整体利益提升与价值分享，以牢固竞合关系的维系。以 Nike 为例，将供应商（或顾客）嵌入到"基于核心能力的战略链条"中，并通过"外购浪潮"、"轻资产运营"及技术研发的专用资产等来提升核心能力，进而通过隔离机制实现价值链高端锁定，以克服供应商的争价能力，在降低成本与风险的同时，实现对供应商（或顾客）的管理与让利，进而加强了垂直竞争维度的竞争优势。

克服产业链下游竞争压力（顾客压价能力）价值战原理体现为"资源传递价值"，即基于企业间的差别优势，同等价格水平向顾客传递更多的价值，避免损害产业整体利益的价格战，树立产业保护的横向障碍。这里所说的价值是指"顾客让渡价值"（Customer Delivered Value），根据菲利普·科特勒（Philip.Kotler，2001）的观点，顾客让渡价值是总顾客价值（产品价值、人员价值、服务价值及形象价值）与总顾客成本（货币成本、时间成本、精神成本及体力成本）之差，并指出顾客将从他们认为提供最高价值的公司购买产品。需要特别指出的是，价值战向顾客传递价值分为战略与文化两个层面：①通过独特的经营模式创造顾客利益，如 Adidas 的"大众定制系统"，可以满足顾客的个性需求，即能定制高度个性化的产品与服务，而且传递价值的同时也可获取大规

---

① "6+1"产业链模式最早由学者郎咸平提出，其中"6"指的是产业链创造价值较高的环节：第一产品设计、第二原料采购、第三仓储运输、第四订单处理、第五物流管理、第六批发与终端零售。"1"指的是产业链创造价值较低的制造环节，跨国公司将其全球产业链的这一环节外包。从价值高低来看产业链，就出现 U 型的价值链（"微笑曲线"），即制造环节位于产业链中间段且价值最低。从合作程度看，紧密合作程度高的一段产业链，一般被称作供应链。

模定制（满足个性需求与规模经济性统一）效益。②通过品牌向顾客传递企业文化或基于行业本质的精神，以建立品牌忠诚。如 Nike 极力传递给顾客极富企业个性的文化——"体育、表演、洒脱自由的运动精神"。如果核心企业向下游传递价值的两个层面能有效地融为一体，就有利于在牢固维系供应链方面更具竞争力（即"文化＋战略＝卓越"）。当一个企业建立了竞争对手难以模仿或替代的价值传递战略时，就形成了纵向竞争优势；当一个企业创造了可以凝聚并传递价值的隐性知识（Tacit Knowledge）时，也就形成了模仿障碍和纵向竞争优势。因此，核心企业主导型产业链上的竞合效益具有双赢性。

需要强调的是，垂直竞争维度基于差别优势的竞争与传统竞争方式最主要的区别是竞合思维与竞争思维的差异。前者是一个竞争与合作并存的过程，而后者是一个纯粹竞争的过程。竞合思维下，隔离机制的作用将企业锁定于不同的价值创造区间，具有类似于进入壁垒的效果，但并不阻碍跨越价值创造区间的合作，如处于产业空心化战略下的生产外包等。因此，竞合框架内竞争行为在不损害行业内任何企业盈利能力的前提下，产生基于差别优势的隔离机制效果——树立纵向障碍的产业保护：一是与供应商或外包商的纵向障碍，二是与同业竞争对手的纵向障碍。因此，隔离机制树立纵向障碍的效果是划分产业的保护带，避免因恶性竞争而导致的产业总体利润流失。

二、外围创新：非核心企业的技术嵌入性隔离与协同

（一）切入全球价值链：以技术嵌入性为主导

外围企业与全球价值链的契约性和非契约性关系都会产生隔离与协同效应，但在契约性关系中产能优势与技术创新优势相比，就不一定形成真正意义上的隔离与协同。如果只是以 OEM 角色与全球价值链合作，就不具有价值分配公平化与在链高端化的效果。

1.选择技术嵌入性隔离与协同

严格地说，在 OEM 阶段，不能形成真正意义上隔离与协同状态，因为在这一阶段，OEM 有被替代的可能，资产专用性是单方面的，而不是互有很高的资产专用性。只有靠技术创新才能形成利益趋于公平分配的隔离与协同，而且只有创新切入才能走向价值链高端。即使是由于低成本或专业化优势而被替代的可能性很低（近似于隔离与协同），但仍不利于利益公平分配和嵌入价值链高端。所以本研究认为，对于隔离与协同，技术嵌入性创新形成的差别优势是其基础，利益分配公平化和嵌入价值链高端是其表现的形式与特征，或者说是技术嵌入方追求的效果。服从创新驱动发展，对于我国的选择，如表 4-9 所述。

表 4-9 隔离与协同的分析及中国选择

基础	纵向关系状态	两种情况		效果	选择
差别优势（技术嵌入性创新）	隔离与协同	1	技术嵌入性隔离与协同	①分配趋于公平化 ②嵌入价值链高端	适合中国切入"全球创新链"①
		2	产能优势与专业化隔离与协同	处于"OEM"阶段或价值链低端	

资料来源：邱国栋、郭蓉娜、刁玉柱：《中国进入全球价值链的"苹果皮"路线研究》，《中国软科学》2016 年第 1 期。

2.全球价值链分工体系倒逼制造转向创造

面对全球价值链深度分工与转向"全球创新链"的变化，中国企业参与全球竞争与合作，在经营体制上的连接与整合，就不能仅凭产能优势的制造性核心能力，而必须是凭创造性核心能力，即依靠创新切入。

---

① 刘志彪提出全球价值链转变成"全球创新链"的观点，详见《从全球价值链转向全球创新链：新常态下中国产业发展新动力》，《学术月刊》2015 年第 2 期。

技术创新与改造是进入"全球创新链"体系的"通行证"，保守与技术停滞将是体系中任何合作方的"墓志铭"。这一本质的揭示，亦说明参与"全球创新链"对中国已进入和要进入全球竞争行列的企业形成一个逼迫创新的"倒逼体系"。本研究认为，这能够对中国企业的技术改造与自主创新，进而能使中国的后发企业进入与国外领导厂商隔离与协同的阶段，形成一种动力。

第一，推进中国产能主动嵌入"全球创新链"。2015 年 5 月，国务院已部署推进国际产能和装备制造合作，以扩大开放促进发展升级。从充分利用全球价值链深度分解与红利多主体分享的历史时机角度，应主动以制造产能优势吸引全球价值链转移或延伸进入中国本土（如英特尔进入大连地区）特别是吸引主导全球价值链的"总部"与其研发机构进入中国本土，形成新一轮的产业与创新集聚高潮。由于全球价值链以转化为创新链为主要特征，尽管具有产能优势，但如果不积极进行技术改造，可能不能进入 OEM，因此还应采取以技术嵌入性为主导的创新战略。

第二，以制造与设计优势在合作中追求创造。亚洲地区，特别是中国是世界工厂（也被国际上誉为世界经济发展的引擎），产品制造能力与设计能力具有优势，且由于"全球创新链"具有深度分解的变化特征，因而在范围更广阔的一连串活动中寻找"切入点"的可能性也会随着深度分解而上升。但与全球价值链分工相比，在全球创新链分工体系中，切入的难度也会上升，即具有创新性要求。

3. 不同类型企业的切入目标

研发优势企业、技术优势企业和产能优势企业（三者划分见图 4-3）嵌入全球价值链的切入目标如图 4-5 所示。如果是传统产业的全球价值链，产能优势企业在"②"切入；如果是创新驱动型的全球价值链，技术优势企业在"①"切入，研发优势企业在"③"切入①。由于技术创

———————————

① 因为 ODM 强调技术设计，而 OBM 强调技术创新的品牌设计。

新的独特性，在"①"和"③"切入的后发企业容易直接形成隔离与协同的局面。产能优势企业，在"②"切入，即经过战略连接后，只有在合作中学习与创造，才将会从 OEM 角色转变成 ODM 角色，进而与领导厂商形成隔离与协同。正如 Gereffi（2014）所说，亚洲具有后发优势的国家（韩国和中国等）将其强大的生产制造能力、专业化的设计能力与它们自主的技术品牌相结合，进而独立经营，完成了由 OEM 向 ODM 的转变，三星电子正是这样完成了这个蜕变。在核心技术知识因技术障碍或法律障碍而尚未扩散阶段，产业技术上处于隔离状态，若各自独立运作，至多只能因技术上的关联性而产生市场协同的连带效应。若采用某种核心技术方与外围技术方的共赢合作模式，这块市场"蛋糕"会被做得更大。所以，凭借非契约性技术嵌入性研发成果的后发企业，应寻求体制嵌入以进入全球价值链分工体系，而且能够从 ODM 或 OBM 切入（如图 4-5 的切入点①和③）。

中国一些发达地区近年来，嵌入全球价值链始终走在前列，如上海、深圳和浙江等地的一些优秀企业就想方设法嵌入全球创新链。深圳是以科技企业（如中兴、华为等）创新嵌入全球创新链为特征，上海以制造企业（如上海电气、振华重工等）的专业化技术与能力，以及强大资本嵌入全球创新链为特征。在 2014 年，浙江正在以更加开放的姿态参与国际科技合作，利用国际科技资源，从而在更加开放的平台上提升自主创新能力。例如，首次与芬兰、加拿大共同设立产业联合研发计划（预计年增产值 4.2 亿元）；加快融入全球创新网络步伐，首次对企业并购、设立海外研发机构和引进"海外工程师"等进行了奖励和补助；确定以色列、芬兰、加拿大、白俄罗斯和俄罗斯等国家为重点合作国家，在信息通讯、海洋造船、环境保护、生物医药、节能环保等领域开展重点合作，支持联合产业研发计划，共建科技合作中心，支持共建以企业、院所和大学为主体的创新平台。

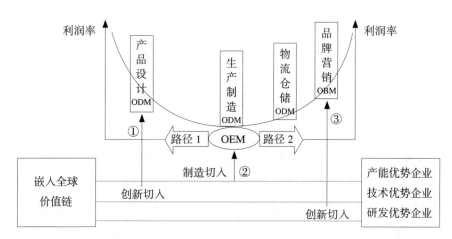

图 4-5　中国企业切入全球创新链的分析模型

资料来源：邱国栋、郭蓉娜、刁玉柱：《中国进入全球价值链的"苹果皮"路线研究》，《中国软科学》2016 年第 1 期。

（二）由皮到核：从技术嵌入到战略蜕变

针对利用全球价值链深度分解与多主体分享的格局及其转向全球创新链的时机以发展创新驱动型经济的问题，"苹果皮"路线由技术嵌入性、体制嵌入性和独立性分离三个阶段构成（如图 4-2）。其技术嵌入性阶段，存在契约性技术嵌入和非契约性技术嵌入两种情况，前者是体制嵌入到技术嵌入的转化，后者是由技术嵌入到体制嵌入的转化。

1. 嵌入全球价值链：从体制嵌入到技术嵌入

已嵌入全球价值链的企业发挥后发优势，在协同过程中以外围技术创新驱动发展以进入与领导厂商之间的隔离状态，从而实现从体制嵌入到技术嵌入的转化。"苹果皮"研发在技术前景与作用效果上，是"苹果"产品线的加深，即"苹果"的技术与市场的深度开发。因此，以国际化企业，即已在全球价值链的企业，仍然有利于其拓展产业技术链。这一假设具有可行性，一是在互动与磨合中学习，二是在合作中"熟能生巧"。

从 OEM 到 OBM 的演进与技术创新演变。与跨国公司进入中国本土的战略演进路径（"战略连接→战略嵌入→战略耦合"①）有所不同，从体制嵌入到技术嵌入的转化，其一是前向进入了一个"战略连接→战略嵌入→战略耦合→战略蜕变"的合作与互动，以及学习与超越的演进过程；其二是进入后向"战略连接→战略嵌入→战略耦合"的演进过程。基于对中兴通讯等企业的案例分析（如图4-6所示），它们的"OEM→ODM→OBM"转变路径表现了从体制嵌入到技术嵌入的转化规律。从本土后发企业在与国外领导厂商合作中实现突破与超越的角度，在OEM阶段通过战略连接，进而加强合作以达到战略嵌入；在ODM阶段通过自主设计以达到隔离与协同状态的战略耦合；在OBM阶段通过经营自主品牌以实现战略自主与战略蜕变。如韩国三星电子最初主要从事OEM/ODM代工业务，它的领导厂商是美国戴尔。2007年三星拒绝了戴尔的订单并开始经营自主品牌。

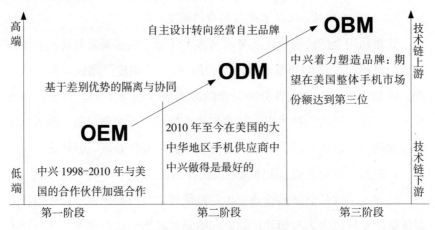

图4-6 中兴逐渐突破与超越的演进路径

资料来源：邱国栋、郭蓉娜、刁玉柱：《中国进入全球价值链的"苹果皮"路线研究》，《中国软科学》2016年第1期。

---

① 陈景辉从跨国公司在华发展的角度提出的三阶段路径（见《国际贸易问题》2011年第12期），而本书是从后发优势角度提出"战略连接→战略嵌入→战略耦合→战略蜕变"的四阶段路径。

2.实现突破与超越：蜕变与分离过程

沿着"苹果皮"路线的创新驱动发展，理论上可归纳为四种情况：第一种是技术嵌入性阶段的研发成果，由于其技术市场潜力较大，不是进入体制嵌入性阶段（非直接进入基于其研发所在产业技术链的已有全球价值链），而是在专利保护下转化为自主品牌商，进行后向整合，从而主导一个新起的全球产业链；第二种是沿着同一条产业技术链嵌入其价值链高端，即"OEM → ODM → OBM"演进与"下游创新→上游创新"的技术创新路径具有一致性；第三种是在体制嵌入性阶段中，自主设计的技术产权转移到原所在全球价值外部运作，即以创新设计能力与技术产权切入另一条全球价值链；第四种是在体制嵌入性阶段中，实现"原技术链下游创新→新技术链上游创新"路径的技术创新突破，原来外围技术方自有技术品牌，从原全球价值链分离出去，新起一个全球产业链，并处于该价值链高端。以上第三种情况属于第一次分离，以追求技术创新的效益最大化，进入新格局的隔离与协同状态；第四种情况属于第二次分离，标志着技术创新发展的跃迁，走向了新产业链的主导地位。第一种情况也属于第二次分离，即技术方以其非契约的技术嵌入性研发取得的知识产权，直接进入到其主导新起全球产业链的一个契约性状态。所述"两次分离"，如图4-7所示。

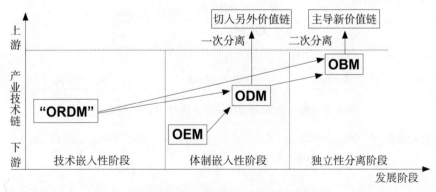

图 4-7　突破与超越：分离过程

资料来源：邱国栋、郭蓉娜、刁玉柱：《中国进入全球价值链的"苹果皮"路线研究》，《中国软科学》2016 年第 1 期。

3.嵌入全球价值链高端:"由皮到核"的演进机制

指导中国企业以创新驱动发展的方式嵌入全球价值链及其高端,以追求后发优势,必须在理论上指出逐步突破与超越的演进路径。本研究是在上述过程研究结论的基础上,进一步探索嵌入全球价值链高端的"苹果皮"路线演进机制及其作用机理,以为理论构建做基础准备。解决这一复杂性问题,本章节提出按图4—8所示的研究思路与分析框架。嵌入全球价值链高端的逐步突破路径,在体制嵌入性阶段实现"基于差别优势的隔离与协同",在独立性分离阶段实现"自主设计转向经营自主品牌"。实现这两个阶段的目标任务,所需要对策性的方针目标,即在"ORDM"①阶段,坚持"失败中不断进取";在OEM阶段,坚持"合作中学习创新",在ODM阶段,坚持"设计中追求创造",在OBM阶段坚持"创新中脱颖而出"。

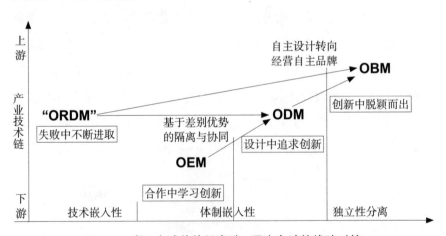

图4-8　嵌入全球价值链高端:逐步突破的战略对策

资料来源:邱国栋、郭蓉娜、刁玉柱:《中国进入全球价值链的"苹果皮"路线研究》,《中国软科学》2016年第1期。

---

①　本书依据OEM(原始设备商)、ODM(原始设计商)和OBM(原始品牌商)的逻辑,以"ORDM"表示原始研发商。

（三）支持技术嵌入性研发的系统"杠杆解"

在技术嵌入性阶段，创造性如何被激发，是一个国家、一个区域或一个企业的创新生态环境问题，即如何以创新生态驱动科技创新的问题。在"苹果皮"开发模式中，开始是技术研发嵌入到全球产业技术链之中，但还未契约性嵌入到全球价值链之中。这种外围的技术创新在功能性与匹配性上是"苹果"核心技术的衍生与拓展，属于后发优势的起步时期。在这一时期，助推起步的重要因素是区域层或企业层的创新氛围与创新的制度环境等。例如"斯坦福模式"和"硅谷模式"，在这一时期的创新文化是"创新是允许失败和锐意进取的精神"和"愿意投资未来"（如投资基础研究）。中国在创新驱动发展的国家战略指导下，地方政府和企业都应担纲以提倡与培养这种创新文化，打造让科技创新的源泉充分涌流的制度环境与文化环境。为了揭示创新生态中，支持技术嵌入性研发的系统"杠杆解"[①]，本研究选择了政策规制、合伙契约、金融机制和创新文化为关键的系统要素，系统思考四种要素在创新过程中的对激发创新活动的增强作用（如图4-9所示）。针对驱动技术嵌入性创新，从系统动力角度进行思考，有的系统要素直接作用机制是促使创新要素在科技研发领域积极而有机整合，以激励技术嵌入性头脑风暴与风险投资、天使投资等的双边积极性，但有的系统要素对这一目标是通过结果导向与前向关联机制而间接地起作用，如创业板低门槛的金融机制改革，会对创新领域产生"通风效果"，进而在创新投资"大进大出"过程中增强科技研发的活力。创新文化要素，与其他系统要素有所不同，它非以利益驱动为主，本原是一种精神或责任感，这种精神或责任

---

①　彼得·圣吉在《第五项修炼》一书中指出这一概念（杠杆解）的意义在于以小而专注的行动产生重大而持久的改善。寻找杠杆解的思路，一是寻找"主环路"以及连接最多的核心结点；二是通过系统动力学建模以及在此基础上进行敏感性分析使得杠杆解变得清晰，这是因为通过敏感性分析可以确定模型中某些特定变量对系统中其他要素的影响，进而从影响力的不同找出杠杆解踪影；三是可以参考系统基模来寻找杠杆解。

感在一个区域或组织中形成了创新氛围。

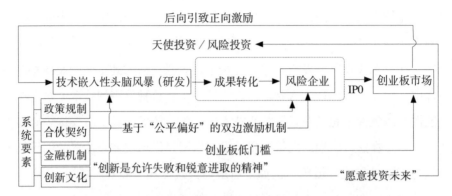

图 4-9 支持技术嵌入性研发的系统"杠杆解"思考框架

资料来源：邱国栋、郭蓉娜、刁玉柱：《中国进入全球价值链的"苹果皮"路线研究》，《中国软科学》2016 年第 1 期。

嵌入全球价值链高端需要政策支持。著名学者吴敬琏指出，科学和技术是两码事，科学研究是有外部性的，没法说发现某一个数学定理你就能得多少钱的回报，所以应由政府负责投入，但技术创新是由市场奖励的。但本研究认为，可以变换角度，即政府不是简单地奖励技术创新，而是奖励嵌入全球价值链的技术创新，即政策应支持嵌入全球价值链高端的技术创新和有希望主导全球价值链的技术创新，或者说在研发和成果转化阶段发挥政策支持的"杠杆解"作用。例如，韩国政府曾实行"汽车国产化"政策，各汽车公司开始在大规模引进国外生产技术的基础上改善汽车生产工艺、提高效率。后来，现代汽车才成功推出第一款独立研发的引擎——α 引擎，标志着现代汽车最终搬开了"阻碍韩国跻身世界汽车工业的最后一个障碍"。中国汽车市场的绝大部分份额都被国外品牌商所占据，尤其在中高端市场中，国内汽车厂商几乎完全不是国外厂商的对手，其根本原因就是中国本土汽车制造商不具备"俘获"消费者的核心技术。因此政策应支持嵌入全球价值链高端的技术创新和有希望主导全球价值链的核心技术。

　　"双创"（创业与创新）是"一对孪生兄弟"，但中国多数区域缺乏引入和鼓励风险投资机制的制度环境；从系统论角度，风险投资与创业板又是"一对孪生兄弟"，但目前创业板上市过严，与主板准入难度相近，且尚没有"退市制度"和"做市商"制度。因此，根据图4-9的系统思考，创业板低门槛的金融机制，以及基于"公平偏好"的双边激励机制和"愿意投资未来"的社会责任感等，将构成中国支持技术嵌入性研发的系统"杠杆解"。根据全球价值链变化以及中国创新驱动发展战略，本研究认为，选择"苹果皮"路线（构建了以"价值／角色"与"技术嵌入性"、"体制嵌入性"和"独立性分离"三个阶段为组合的概念模型）是走捷径而不是走曲径。既是直接嵌入全球产业技术，又可能自主新起价值链，既能与领导厂商形成隔离与协同以尽快融入国际分工体系，也会凭借自主品牌尽快成为全球价值链主导者角色。因此，本研究建议在创新发展的主导逻辑上，应确认"苹果皮"路线是针对全球价值链变化的"中国式创新"，以强化这种技术创新意识。

　　技术嵌入性研发，其效果是实现与领导厂商隔离与协同的竞合状态，既有利于对中国企业的价值公平合理分配，也促进中国后发企业进入全球价值链的高端化，而且能够产生竞合效应。这种效应的结果，既是后发优势，也是供应链持续竞争优势，即符合双赢标准。"苹果皮"路线有两种表现形式，或技术嵌入性优势的两种转化路径。一是从技术嵌入到体制嵌入，即后发创新者凭借自己非契约性技术嵌入性研发成果切入全球价值链的 ODM 和 OBM 环节；二是从体制嵌入到技术嵌入，即已嵌入全球价值链的企业发挥后发优势，在协同过程中通过外围技术创新驱动发展以进入与领导厂商之间的隔离状态，从而实现从体制嵌入到技术嵌入的转化。针对从技术嵌入到战略蜕变的由皮到核演进机制，本研究提出对策性的方针目标，即在"ORDM"阶段坚持"失败中不断进取"；在 OEM 阶段坚持"合作中学习创新"，在 ODM 阶段坚持"设计中追求创造"，在 OBM 阶段坚持"创新中脱颖而出"。因此，针对中国企业嵌入全球价值链，建议采取以技术嵌入性研发为主导的创新战略对策。其中，一是中国研发优势企业应采取以"先技术嵌入性后体制嵌入性"为方针的创新发展战略，二是技术优势企业和产能优势企业应采取以"先体制嵌入性后技术嵌入性"为方针的创新发展战略。

技术嵌入性研发是"苹果皮"路线的"起源"，但它仍然是在一个创新生态环境——"创新温床"中产生的，故本研究提出对应现实问题的改进取向。在合伙制度创新上寻求基于"公平偏好"①的双边激励机制，以有利于科技方与投资方共同参与创新的积极性最大化，进而实现整合溢出；在金融机制创新上，降低创业板门槛以实现大进大出的"通风效果"，进而引致科技创新的源泉在研发领域充分涌流：建设以允许失败和锐意进取，愿意投资未来等为核心价值观的区域或企业创新文化。国内，在学习国外硅谷模式等"创新温床"经验的同时，应推广深圳经验。它在2013年和2014年的国际申请专利分别占国内的48.4%和48.6%，参与国际竞争的能力比较突出。深圳的创新模式（"深圳模式"），主要表现为在"创新的市场竞争机制""容忍失败的创新氛围"和"风险投资机制"（风投数量占全国的三分之二）等方面。

第三节　隔离机制的竞合效益机理与效果总结

在上述案例分析与理论推演的基础上，本研究所考察的样本企业在垂直竞争维度和水平竞争维度都存在相似的隔离机制效果：即均有非契约性竞合效益（基于差别优势的隔离机制效果）的生成。究其根源，是上述维度的竞争企业间具有相互难以模仿的差别优势。按照本研究构建

---

① 公平偏好理论主要以 Fehr & Schmidt（1999）不公平厌恶模型（inequity aversion）和 Bolton & Ockenfels（2000）的 ERC 模型为代表。

的理论框架与案例分析结果，可以将非契约性竞合效益划分为三个层面：树立纵向障碍的产业保护、获取横向竞争优势与领先者嵌入优势、产业与市场的做强做大。尽管不同竞争维度的竞合效益生成与实现方式存在差异，但呈现的核心特征可以归纳为两点：一是对产业整体利益的保护，二是促进产业未来的发展，其本质都是企业与产业共同的价值生成过程。

综上所述，可以发现样本企业市场表现的共同特征：非契约性竞合共生（表4-10），它不同于现有竞合理论所界定的竞合关系，在理论基础、生成机理及实际效果之间都存在根性差异，但共同点是都促进竞争企业间共同维护产业利益并促进产业的发展。

表 4-10　隔离机制的竞合效益生成机理与效果总结

竞争维度	实现方式		竞合效益	效果特征
垂直竞争维度	价值战		树立纵向障碍的产业保护	非契约性竞合共生
水平竞争维度	价值战	①竞争博弈状态	产业与市场做强做大	
		②难以模仿状态	划分市场隔离带与产业保护带	
		③战略互动状态	产业与市场做强做大	
	策略战	①重新定义市场②开辟全新市场	获取横向竞争优势并做大产业	
	竞合思维		获取行业领先者的嵌入优势	

资料来源：本书根据相关研究成果整理而成。

第五章 "隔离机制论"与现有
竞合理论的根性差异

　　本研究将基于隔离机制的非契约性竞合理论界定为"隔离机制论"，这一理论设想的提出与论证，是在传统企业间竞合理论研究角度之外进行的一次探索性理论构建的尝试，试图对现有竞合理论框架体系进行完善与补充。通过上文的案例推演与理论求证，本研究在这一章试图比较"隔离机制论"与现有竞合理论之间存在"根性差异"，并重构竞合研究的理论框架。现有竞合理论尽管无法构建为一个清晰完善的理论逻辑体系（理论尚存争议），但不同流派的理论观点之间依然存在着某些一脉相承的共同特征。本研究提出的"隔离机制论"在理论基础、竞合机理、竞合动机、运行机制及竞合效益等方面均与现有竞合理论存在着明显差异，同时在理论层面又与现有竞合理论存在辩证统一的关系：都可以划入竞合理论研究的范畴，都具备实现竞合共生的实际效果。因此，本章分析的重点就是找出造成上述理论及竞合实践的巨大差异的根本原因是什么？是否可将"隔离机制论"与现有竞合理论融合，并重构理论框架？或者说，要通过系统的理论剖析发掘两种竞合理论之间存在的根性差异，继而融合并重新纳入一个新的理论分析框架中去。

　　本研究通过深入的理论探源提出观点："隔离机制论"与现有竞合理论之间的根性差异在于对竞合关系存在基础的界定存在本质性区别：第一，现有竞合理论界定的竞合关系均以契约为存在基础，而"隔离机制论"超越了现有竞合理论的研究范畴,属于一种非契约性竞合理论;第二,现有竞合理论的逻辑是:先以契约为基础建立竞合关系,其后通过竞合互动实现竞合效应,生成竞合效益;而本研究提出的理论逻辑("隔离机制论")是:竞争对手之间通过纯粹的竞争行为,即不建立任何形式以契约为基础的合作关系,而最终实现了合作效果——非契约性竞合共生效应,并生成竞合效益。因此,本研究按照契约在竞合关系中存在形式及作用效果的差异,将企业间竞合关系界定为三个层次:依次为契约性竞合、超契约性竞合及非契约性竞合。基于隔离机制的竞合共生有别于现有理论中界定的竞合关系,是一种超越现有竞合理论的更高境界——"不合而合"。隔离机制的效果,不是在契约性合作中,而是在非契约性合作中产生的。纯契约性合作是一种传统的实践模式,相关理论与法律比较成熟与完善。

基于此,本研究对上述三个层次竞合关系模式进行理论阐述与系统分析,以探寻三者在理论及实践层面存在的根性差异,并以分析结果为基础构建"合思维"竞合关系分析框架,将企业间竞合研究提升至"管理哲学"(Management Philosophy)层面。据此,本书最终提出重构竞合理论的研究框架,以将"隔离机制论"融入现有竞合研究的理论框架。

第一节 竞合关系的三个层次与比较分析

一、契约性竞合

(一)契约性竞合的理论基础

从现有契约理论(Contract Theory)的发展脉络来看,大致可以划分为四个主要的理论流派:(1)一般均衡学说(General Equilibrium),该学说起源于 Walras,后经由 Velfredo Pareto、Paul Samuelson 等人对均衡经济理论的相关研究成果对该观点进行了系统完善，最后由 Arrow 等人证明了该理论存在的数学错误，发展为这一流派最为成熟的理论范式"阿罗—德布鲁"（Arrow-Debreu Model）模型，并促进了相关理论的发展；（2）新制度经济学范式（New Institutional Economics），这一理论范式在 Coase、Douglass North 及 Joseph Stiglitz 等人的研究基础上构建理论框架，其核心观点是"制度即契约，制度选择即契约选择"。这一理论范式有关契约的观点主要包括"交易费用理论"（Transaction Cost Theory）、"产权理论"（Property Rights Theory）及"委托 - 代理理论"（Principal-agent Theory），即探讨信息非对称条件下的经营权与所有权分离的治理模式（企业所有者保留剩余索取权，经营权让渡给职业经理人的治理模式）及其衍生的一系列交易费用及企业产权界定问题，这是现代公司治理理论的逻辑起点；（3）契约法的经济学分析范式，一种介于经济学与法学理论之间的边缘契约理论，这里不做深入探讨；（4）不完全契约理论（Incomplete Contracting Theory），这是以合约的不完全性为研究起点，以财产权或（剩余）控制权的最佳配置为研究目的理论范式，与完全契约理论相对。不完全契约是在一系列经济学模型为理论基础，较成熟的理论首推"Grossman － Hart － Moore"模型（GHM Model）。

本研究所界定的"契约性竞合"，是指存在竞争关系的企业，以契约为基础建立的合作关系，契约具体体现为各种形式的合同或合约。本研究认为，契约性竞合关系是竞争企业间为追求共同利益而建立的以契约为合作基础的理性选择，符合"经济人"假设的利己主义倾向及工商企业逐利的本性。这一竞合层面的契约，指的是"新古典契约"（Neo-classical Contract Theory）。

理解新古典契约理论，需要从认识"古典契约"（Classical Contract Theory）的理论框架开始。基于 Melvin A. Eisenberg（2000）对古典契约的界定，该框架体系存在五点理论假设：（1）不证自明的和演绎的

（Axiomatic & Deductive），古典契约的理论假设建立在"自我证明"基础之上，不允许"社会性命题"（如经验、道德等）检验其"教义性命题"（一系列不证自明的法律原则及由此演绎推理而来的相关规则）的理论正当性；（2）客观性和标准化（Objective & Standardized），客观性是指契约法原则适用标准的确立是依据对客观事实的直接观察，而标准化则是指契约法原则的适用范围依靠一个抽象变量——而这个变量又与当事人意图或者特定的交易情境没有联系（不随主观意图及客观环境的变化而发生改变），缺乏弹性调整的空间；（3）静态（Static）契约假设，古典契约理论框架下的契约是一种静态契约，其关注的焦点只集中于契约订立的瞬间，而非契约谈判、契约执行、契约关系演变的一系列动态过程；（4）"完全市场"范式（Perfect Market Paradigm），古典契约理论的一个假定范式是契约订立及执行的环境是在完全市场条件下，即假定这一过程是经由陌生人之间在完全市场条件下达成的交易；（5）"理性人"（Rational Actor）假设，古典契约理论假定契约制定者具有"经济人"理性，即面对不确定性时会通过理性决策来最大化预期效用，并在法律及契约框架内最大限度扩展"自我经济利益"。上述理论假设界定了古典契约范式的理论边界及应用局限，显然，古典契约的理论刚性导致其与现实世界（契约执行的客观的条件）难以匹配。

不难看出，古典契约因自身理论的不完善及与现实世界的巨大分野而缺乏可行性，如威廉姆斯（Williamson，1974）指出古典契约是一种过于理想化的契约形式。古典契约属于"完全契约"（Complete Contract）框架下的契约形式，存在以下理论缺陷：（1）古典契约的条款设计及对现实世界的理论假定是不完全的（或不适应的），即契约条款的可行性及与现实世界的匹配性存在理论局限；（2）完全契约理论界定的契约行为只限于一次性契约行为，缺乏对多次交易的动态契约过程的解释；（3）古典契约忽视了第三方参与行为解决契约冲突的可能性（没有明确提及），契约执行及最终清算过程均以正规法律及正式合同文件为准则（契约刚性）。

新古典契约理论是对古典契约的发展与修正，具备两个主要特征：第一，契约筹划及条款设计留有法律外协商解决的余地（契约柔性）；第二，新古典契约相比古典契约具备更大的灵活性与弹性空间，与现实世界的匹配性及可行性更强。与古典契约相比，新古典契约更强调长期契约关系，并十分关注第三方参与解决契约纠纷的有效机制：将依据契约条款或缔约方意愿协商解决（第三方裁决被视为一种有效的协商手段而纳入契约的规制结构）作为首选方案，如协商失败才诉诸法律解决契约纠纷（邵敬浩，2005）。尽管新古典契约在古典契约基础上有一定程度的改进，但同样没有超越"完全契约"的理论范畴，因此依然存在完全契约的理论局限性：(1) 新古典契约框架内，假定契约条款在事前可以明确写出，在事后能完全执行；(2) 缔约方能够准确估计契约执行过程中的突发事件，并在签约前预先加以协调处理，一旦达成契约，必须自愿遵守其条款，若有纠纷，可自我协调，若协调不成，通过一个外在的第三方强制裁决和执行；(3) 新古典契约观把当事人看做是理性预期的，把交易和契约看做是连续可分的和一次性的，把未来的变化看作是可通过概率估计的和可保险的，把社会经济的发展看作是一系列连续的现货合同的延伸（杨瑞龙，2000）。因此，对于契约性竞合关系及竞合效益存在一定程度的制约与影响，如竞合关系依然建立在经济理性的基础上，且将契约框架内构建的竞合关系依然是静态的（假设未来或然事件均可预测并可在契约框架内妥善解决），对建立长期竞合关系面临的动态性估计不足，且环境的不确定性及现实世界的复杂性必然会导致一些在初始契约框架内无法预估与解决的问题。

（二）契约性竞合的运行机制

契约性竞合框架界定的竞合关系模式按照不同的标准可以划分为多个维度：例如按契约的作用形式可以划分为特许经营、虚拟经营、战略联盟及战略并购等，再如，按契约紧密程度来看可以划分为松散协议型、亲密联盟型、零距离一体型等（刘娟，2005）。本书按照缔约一方通过契约拥有对方股权比例（由低至高）将契约式竞合关系划分为以下几种类型。

第一，业务外包。这是一种主要集中于垂直竞争维度的竞合行为，即把自身无力完成（技术含量过高）或不愿完成（附加值过低）的业务环节通过短期或长期合同，外包给更适合的企业。该模式具体包括三种形式：（1）原始设备制造商，即代工生产（Original Equipment Manufactures，OEM）；（2）原始设计制造商，即设计外包（Original Design Manufactures，ODM）；（3）原始品牌制造商，即代工厂经营自有品牌（Original Brand Manufactures，OBM）。这一竞合模式依据的契约呈现为两种形态，一种是存在紧密合作的供应链关系，依靠长期合同维系竞合关系；另一种非供应链合作关系则依靠短期"权宜合同"来维系合作。

第二，联合经营。这一竞合模式主要集中于水平竞争维度，包括两种主要形式：一是具备竞争关系的小企业间因资源或能力所限，进而联合开发具有市场竞争力的新产品或进入某一全新市场；另一种是小企业借助同领域大型企业的资本优势与市场地位，进入某一市场。小企业可以获取大型企业在资金、渠道等方面的支持，大企业则节省产品研发环节的一切成本。表明上来看，这是一种双赢的竞争格局，但因产品研发的周期性与竞争实力的悬殊性令这一竞合关系的演变并不稳定：竞合双方（小企业之间、小企业与大型企业之间）在资源、能力等方面的严重不对称决定了这一竞合关系结构并不牢固。当竞合双方优势转化或优势资源集中于某一方时（一般来说，这一关系结构下大企业占据优势地位），竞合关系的均衡态势即被打破，竞合关系随即转变为强势一方兼并弱势一方的竞争格局（如合资经营的弱势一方，被强势一方以股票收购的方式等夺取实际控制权）。因此，联合经营的竞合模式很难持久，多数联营的平均寿命约为 7 年。联合经营过程中的合作关系越平等，竞合前景就越光明。这意味着合作双方都必须财力雄厚，而且双方共享给合资企业的产品和职能也必须都很有分量。乔尔·布里克（1998）等人对 49 家联营企业进行了跨案例跟踪调查，发现"合作双方实力相当的企业由三分之二获得了成功，而双方实力不等的企业则约有 60% 遭到失败"。他们在统计分析的基础上得出结论："成功率最高的是股权各占50% 的合作关系。"（乔尔·布利克等，1998）

第三，战略联盟。战略联盟与联合经营一样，都属于"协作型竞争"（Joel Bleeke，1998），都主要集中于水平竞争维度。区别是，联合经营在实际中应用范围更加广泛，而战略联盟在竞合实践中更多体现为大型企业之间的合作（尽管在中小型企业之间也同样适用），如日本四大财阀(三菱、三井、安田、住友)之间通过交叉持股的形式建立战略联盟，以构筑竞争优势，实现控制市场的共同战略目标。这一竞合模式的存在基础，即战略联盟及其对应的非正式的合作关系通过影响交易动机，往往比企业内或者企业间的契约关系更加有效。Gulati 和 Singh（1998）进一步将产权联盟区分为：重复市场交易、弹性合同、合作关系、联合开发、相互持股和创立新的合资企业。根据联盟成员的相对地位，战略联盟可以划分为强强联盟、强弱联盟和弱弱联盟 3 种形式。现有研究表明，强弱联盟的成功率只有 30% 左右，而弱弱联盟的成功率却接近40%，强强联盟的成功率则高达 67%（刘娟，2005）。

因此，从竞合效果来看，这一契约性竞合模式的成功与否取决于三种机制的综合作用：即联盟互信机制、权责利分担机制及联盟关系协调机制。根据已有的研究成果，战略联盟在价值生成的不同阶段表现为不同的竞合关系，即创造价值过程是合作关系主导的战略联盟，而价值分享过程是竞争关系主导的战略联盟（Brandenburger & Nalebuff，1996）。当外部制度环境相对完善时，联盟依靠契约条款进行治理（完全契约条件下的联盟竞合关系治理）；当外部制度环境不完善时，机会主义行为导致交易成本增加，联盟治理依赖于自我执行机制，如关系、信任、声誉机制等（不完全契约及关系契约条件下的联盟竞合关系治理），后者为当今战略联盟形式的主流（帅萍等，2005）。

第四，大型集团公司。这是处于竞争关系的企业在组织"网络化"概念下的一种中间性组织安排，即由众多法人基于产权纽带的具有多层组织结构的企业联合体，这一组织形式介于市场交易协调和企业内部行政管理协调两种极端形态之间的一种经济协调方式和手段（王凤彬，2003）。这一竞合范式在垂直竞合维度及水平竞合维度同样适用，如上海宝钢、上海冶金与产业链伙伴及产业竞争对手组建上海宝钢集团，覆盖能源、钢铁、汽车及家电等行业的大型企业集团公司。大型集团公司与战略联盟都是基于长期契约的中间组织形式，竞争双方基于两方面动机选择中间组织模式而非建立一体化模式：第一，竞合双方具有相互的资产专业性（资源相互锁定），这会增加竞合双方机会主义行为所衍生的交易费用（竞合关系保障机制），损害共同利益；第二，企业内部化交易（一体化运作）的收益将低于成本（王作军等，2008）。因此，这一契约性竞合模式同时兼具了市场化（内部市场实现的良性竞争以及资源优化配置）与企业化（高效一致的执行能力并规避了市场失灵风险）的远点，可以最大限度地降低交易成本及违约成本。同时，相互持股的利益共同体模式（资产专用性）可以有效降低违约风险及其他机会主义行为倾向，激励竞合企业间保持持续良好合作关系的长期竞合关系。需要强调的是，伴随契约理论的研究进展，企业集团所依据的契约形式已逐渐由完全契约演变为不完全契约范畴（与战略联盟类似），因此，这一竞合模式同样存在于超契约性竞合的研究领域。

（三）契约性竞合的竞合效益分析

基于上述分析，可以看出契约性竞合是在完全契约的理论框架内构建的竞合关系。在完全契约框架内，竞合关系体现为：交易主体通过签订契约（成本为零），以描述所有可能影响到他们合同关系的未来或然事件（Foss & Foss，2000）。尽管上述关系框架内可以实现竞合双方资源互补与知识共享的效果，降低共同成本的同时，实现各自的战略目标，获取共同的竞合效益。

按照完全契约理论的设计目的，可以在契约框架内充分利用制度安排实现竞合均衡，即实现契约收益的最优解。但完全契约自身的理论缺陷导致竞合双方的违约行为倾向无法得到有效制约：交易主体有限理性、资产专用性以及个体机会主义行为倾向，加上无法观察到对方的行为而难以实施监督（监督成本最大化），将激发与完全契约相联系的签约前的逆向选择风险和签约后的道德风险（Williamson，1985）。因此，在契约既定条件下（完全契约条款设计与现实世界的差距），竞合双方很难实现博弈均衡并收获竞合效益的合意解。基于此，完全契约的设计缺陷所衍生的契约性竞合效益损失包括以下几点：（1）契约的保障机制与协调机制是以法律为基础而发挥效力的（契约冲突依照法律条款强制执行），忽视了法律手段之外的第三方参与解决契约冲突的可能性；（2）契约条款存在设计缺陷，条款的绝对刚性导致执行成本过高，且无法有效抑制机会主义行为，同时契约的订立、协商与监督过程中会产生较高的交易成本；（3）契约条款设计不合理会影响企业的盈利能力，并制约其保持继续合作的动力，造成竞合效益损失。

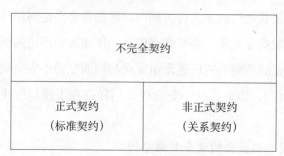

图 5-1　不完全契约框架下的契约形式

资料来源：本书根据相关研究内容整理而成。

二、超契约性竞合

本研究界定的第二个竞合层次是超契约性竞合。所谓超契约性竞合,是指竞争企业之间在契约性竞合范畴(完全契约框架下的竞合关系)之外,在不完全契约框架内建立的合作关系,尤其是长期合作关系。这一层面的竞合关系,企业间合作的驱动因素已超越完全契约(新古典契约等形式)的约束,由被动履行契约到主动寻求合作,从契约条款的刚性约束到企业间形成以和为上的"心理契约"① 的默契。不完全契约框架内的超契约性竞合关系主要有两种实现形式:正式契约与非正式契约② (二者的理论关系如图 5-1 所示),一般来说,不完全契约在合作关系以及合作理论中的应用十分有限,但也并非完全脱离于合作理论之外,Hart 等人曾利用夏普利值(Shapley Value)进行合作博弈分析(Hart 等,1990)。因此,"关系契约"所代表的非正式契约形式对正式契约框架进行了有效补充。在合作理论及合作关系构建中的应用较为广泛,尤其是非正式契约框架内的"关系契约"。Baker,Gibbons 和 Murphy(2002)等学者把"关系契约"定义为基于未来关系价值的非正式协议。

---

① "心理契约"是人力资源管理领域的概念,指的是存在于雇佣双方之间的一种未书面化的契约、内隐契约或者期望。本书在关系契约中引入这一概念是为了说明信任机制(心理层面的信任)在嵌入某一社会网络中对于关系契约治理与保障的积极作用。因为关系契约是一种非正式契约,因此更侧重于从缔约方的心理层面来建立契约的保障机制,以弥补正式契约条款刚性的不足。

② 本书为研究方便,将超契约性竞合关系模式进行了简单划分:一种是不完全契约框架下的正式契约关系,另一种则是不完全契约框架下的非正式契约关系(主要指关系契约)。但上述两种契约形式并非彼此割裂,互相排斥,而是有可能在一个竞合关系中同时出现,是一种相辅相成,相互补充的存在关系。

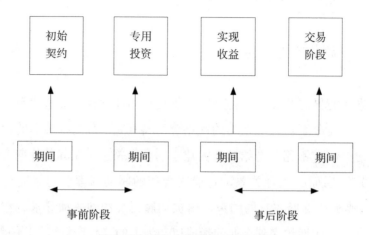

图 5-2 不完全契约的履约过程

资料来源：帅萍、孟宪忠：《不完全契约：理论假设、约束及发展》，载《2005 中国制度
 经济学年会精选论文》（第二部分），2005 年，第 1028 页。

（一）不完全契约——正式契约框架下的竞合关系①

1. 不完全契约的理论基础

从契约的完全性角度来看，契约理论的探讨首先开始于完全契约，
进而演进为不完全契约理论。相比之下，信息不对称条件下的完全契约
问题研究一度是契约理论研究的核心，且更多集中于"委托—代理"理
论的研究；而不完全契约理论奠定在一系列模型的基础之上，以 Gross-
man 与 Hart（1986）的开创性研究为开端，以产权理论为代表，研究
角度聚焦于产权理论。他们基于对企业多期行为研究的成果而构建的
GHM 不完全契约模型，重点强调对这一契约框架下的企业间合作关系
进行全过程分析，并清晰展现契约执行历程（合作过程展示），如图 5-
2 所示。这一框架将经济环境设定为多个相互联系、相互影响的重复交
易期间，尤其是考虑到重复博弈中声誉的价值后，将动态博弈论的研究
成果融入不完全契约研究中（Halonen，2002）。

---

① 这一部分的"不完全契约"，仅限于正式契约形式。

此外，交易还可能在某个阶段中断，如再谈判失败等。以上反映在参与方事先预期中，会影响产权结构和专用投资效率（帅萍等，2005）。此外，不完全契约理论还进一步扩展为企业内部权利理论和企业治理结构研究（杨其静，2002），以及被用来分析信贷市场、长期和短期契约及公共企业等问题（汪晓宇等，2003）。

不完全契约（Incomplete Contract）是在完全契约（Complete Contract）理论基础上的深化与发展，二者的根本区别在于："完全契约在事前（Ex ante）规定了各种或然状态下当事人的权利和责任，因此问题的重心就是事后（Ex post）的履行问题；不完全契约不可能规定各种或然状态下的责任，而主张在自然状态下实现后通过再谈判（Renegotiation）来解决，因此重心就在于对事前权利（包括再谈判权利）进行机制设计或制度安排"（聂辉华，2009）。因此，完全契约是一种刚性契约，不完全契约相对而言是更具弹性的契约形式。

完全契约条件下，只将交易主体（竞合双方）的"经济人"假设纳入考量范畴；而不完全契约条件下，会更多融入交易主体的"社会人"假设，包括其社会特征（如个体之间的信任关系）、心理及文化差异等。尽管完全契约和不完全契约理论之间也存在一定程度的交叉和融合（如期权契约），但大多数的契约理论研究的热点在委托—代理问题，而不完全契约则集中于产权问题的探讨。不完全契约与完全契约在事前均规定了各种或然状态下当事人的权利和责任，问题只是事后的履行问题，但很难甚至不可能完全规定各种或然状态下的责任，需在自然状态下通过再谈判或协商来解决，因此重心就在于对事前权利进行机制设计或制度安排。特别是在变化环境中"结构良好问题"（Well-structured Problems）常常变成"结构不良问题"(Ill-structured Problems)[①]，因而由于信

---

① 斯蒂芬·P. 罗宾斯在《管理学》(1997 年中文版) 中提出"结构不良问题"和"结构良性问题"概念。新的，不寻常的、有关问题的信息是含糊的或不完整的问题，是指前者，相反是指后者。问题的根本在于信息是否完全，其中也包括未来信息是否有限。

息有限而使契约性合作双方无法完全预见契约履行期间可能出现的各种有利或不利状况（如机会成本），从而无法事先形成设计完善、内容完备的契约条款，因此这种情况下的合意决策过程具有明显的有限理性。不完全契约的现有理论框架只是以一系列经济学模型基础为主，但目前对于不完全契约的研究还没有像古典契约理论那样形成一个完整的理论体系，因此其运行机制存在制度性缺陷。

　　相对于完全契约，缔约双方无法完全预见契约履行期间可能出现的状况，从而无法形成设计完善、内容完备的契约条款，有限理性与交易成本是导致不完全契约的两大主要成因。不完全契约理论建立在一系列经济学模型基础之上，目前对于不完全契约的研究还没有像古典契约理论那样形成一个完整的理论体系，因此其运行机制存在制度性缺陷。完全契约与不完全契约条件下企业间竞合关系的比较结果如表 5-1 所示。

表 5-1　完全契约及不完全契约条件下的竞合关系比较

	完全契约	不完全契约
理论假设	"经济人"假设 （竞合各方）信息不对称假设	"社会人"假设 （竞合各方）信息对称假设
契约性质	刚性契约、静态、理想化	弹性契约、动态、更接近现实
条款设计	事先预估所以可能出现的问题（未来或然事件）	无法事先规定所有可能出现的问题（未来或然事件）
保障机制	依照法律或契约条款强制执行	再协商与再谈判解决契约冲突
竞合成本	契约刚性导致的条款缺乏可行性 执行成本 条件（环境等）变更导致的契约失败 对继续合作积极性的挫伤	契约条款设计的不完备 敲竹杠 条件（环境等）变更导致的协商成本
竞合效益	竞合效益损失较大	竞合效益损失较小

资料来源：本书根据不完全契约的相关研究整理而成。

2.不完全契约条件下的竞合关系运行机制

不完全契约条件下的竞合关系构建可以划分为两个阶段，即"事前阶段"与"事后阶段"（帅萍等，2005）：（1）竞合关系的事前阶段。第一，事前阶段主要解决如何确立正式契约关系及制定契约规则（一系列条款以确定产权结构），并以此为基础划定契约交易的最优产权基础。不完全契约对竞合关系的界定的着眼点集中于产权问题分析，核心问题在于确定"谁拥有产权"，且竞合效益取决于不同产权治理结构的相应事后交易效率。第二，事前阶段必须确定规避未来契约风险（未来或然事件）的专用性投资，以最大化竞合效益。这一专用性投资额度取决于竞合双方对未来竞合效益的理性预期，该投资的产权归属或各自占有比例决定了竞合双方获取事后竞合效益的大小，当个体收益最大化决策不能产生共同利益最大化的结果时，视为专用投资不足。（2）竞合关系的事后阶段，即竞合关系在不完全契约条件下的保障与约束机制。第一，不完全契约条件下的竞合关系因契约的不完全性可能滋生机会主义行为，如因资产专用性而衍生"敲竹杠"现象。由于契约本身的不完备性及事前阶段衍生的种种问题，会导致契约收益（这里体现为竞合效益）实现时的"敲竹杠"（Hold on）问题（帅萍等，2005）。不完全契约条件的"敲竹杠"主要分为两种：一种是初始契约确定以后，交易方利用专用化投资后侃价能力发生变化影响转移价格；另一种是当交易环境发生变化，企业即便按照契约条款执行，仍然可能产生违背契约原始意愿的行为（Melvin Eisenberg，2000）。当交易环境发生变化时，交易双方无论是否严格按照初始契约执行，都将违背交易各方的初始意愿。如按照事前阶段的产权界定决定事后收益，就必须保证执行成本为零的理论假设，这也是超契约性竞合关系的一大理论缺陷。此外，不完全契约涉及的一系列法律问题，将增加契约执行能力及交易成本；不完全契约条件下的竞合双方可以通过协商与再谈判来解决契约冲突，以维护自身最终享受的竞合效益，包括契约收益分配结构、分配方式的更改等。但交易环境的不确定性及谈判双方的信息不对称将成为决定最终效果的两大因素，也必然会直接影响谈判效率甚至谈判结果，也会间接影响契约事前阶段的产权安排。

3.不完全契约条件下的竞合效益分析

因竞合各方的有限理性，不完全契约条件下的竞合效益受两方面因素影响：第一，"敲竹杠"行为产生的交易成本。当发生"敲竹杠"行为后，无论是否成功克服，都会产生额外的契约执行成本或违背初始的契约意愿，这会直接导致竞合效益损失。第二，当交易条件（契约环境等）发生变化时，协商与再谈判产生的交易成本。不完全契约条件下的竞合过程面临协商与再谈判的选择时，无论是否可以达成协议，都很难按照竞合各方的原始意愿实现初始契约的合意解，最终都会导致交易成本的增加。同时，由于交易各方的信息不完全对称，也会对再谈判结果产生影响（协商与再谈判的契约合意解）。因此，当产生"敲竹杠"行为后，超契约性合作过程将面临协商与再谈判的选择，无论是否可以达成协议，最终都会导致交易成本的增加。由于交易各方的信息不完全对称，再谈判的结果未必会产生合意解。超契约条件下的竞合行为与契约性竞合同样存在竞合效益损失的问题，在不完全契约条件下更多体现为协商成本与契约再订立产生的成本。针对不完全契约情况，引入"和合"思维有利于克服"敲竹杠"现象。如果在长期合作的磨合中形成"和合"氛围，即以追求和睦和谐是合作前提为价值观的共同文化。当发生对双方或单方不利的例外时，基于以义为上的自愿履约愿望和共担风险意识将发挥作用，以求共同利益或共同生存。不完全契约条件下的竞合行为尽管在契约性竞合基础上更适用于现实世界与人性化要求，且在契约执行及最终竞合效益生成效果更为合意（交易成本较小，且更具现实操作性），但同样存在竞合效益损失的问题，在不完全契约条件下更多体现为协商成本与契约再订立产生的成本。

（二）关系契约——非正式契约框架下的竞合关系

1. 关系契约的理论基础

不完全契约的定义是相对于完全契约而存在的，而关系契约是相对于"分立性契约"（Discrete Contract）存在的，分立性契约即古典契约，属正式契约形式。正式契约存在的制度性缺陷可以通过关系契约进行弥补，关系契约有助于弥补某些正式契约的先天不足，如缔约双方只能在事后观察到交易结果，因此通常只能依靠关系契约来保证合作的顺利进行。关系契约（Relational Contract）的提出者是美国学者 R．Macneil（1974），由古典契约中的理性人假设演变至有限理性假设，由静态过程演变为动态过程。通过"人质、抵押、触发策略、声誉"等保障机制来弥补古典契约理论或不完全契约理论的不足，威廉姆森将关系契约引入交易成本理论，有助于解决资产专用性导致的签约后机会主义行为（"敲竹杠"行为）。关系契约的理论假设包含五点（孙元欣等，2010）：（1）需要社会性命题（Social Propositions）的正当性检验；（2）契约法中的规则应当是个别化与主观化；（3）动态的（Dynamic）；（4）非常态的（Abnormal）；（5）有限理性假设（Bounded Rationality）。可以看出，古典契约到关系契约理论假设的演变路径与竞争理论到竞合理论的演变路径相似，是由静态假设到动态假设、由理性人假设到有限理性的演变，由理论与实际相分离到人格化因素与经济理性相融合。关系契约是在法律制度不健全时替代正式契约行使交易保障作用，任何一方违约后都将破坏彼此关系而导致契约终结而损失契约收益。有研究表明，在法律体系不健全的市场环境下，当契约转换成本较大且双方信息对称（源自双方的交易历史）的状况下，关系契约的效率优于正式契约（Johnson 等，2002）。

关系契约具备以下四点特征（孙元欣等，2010）：（1）关系嵌入性（Relational Embeddedness）；（2）时间长期性（Extended Duration）；（3）自我履约性（Self-enforcing）；（4）条款开放性（Open Terms）。其中明

显有别于古典契约理论特点的是"关系的嵌入性"与"自我履约性"。契约中嵌入的"关系"是指契约得以发生的情境：从交易所嵌入的关系去考虑契约，契约的履行依赖于稳定的合作关系与特定关系情境下合作双方的行为与合意判断，即依赖于互利的合作关系而非法律的强制执行（Hadfield，1990）。关系契约理论学者 Macniel 对此的解释是："必须将契约与其发生的特定社会背景联合起来考察才会发现契约的本来面目。"（Macniel，2000）这也是关系契约理论对古典契约理论的一次超越，从理论假设上超契约性竞合比契约性竞合更注重理论与实际的融合。关系契约另一个明显区别于古典契约理论的特征是"自我履约性"：关系契约的理论在经济理性基础上引入人格化因素，即法律强制约束之外，通过包括合作、协商及其他补偿性技巧在内的"关系规则"来建立自我履约机制。法律强制执行条件下的刚性机制，对于敲竹杠等由资产专用性引起的机会主义行为不具备有效的制约作用，关系契约的自我履约机制可以有效替代法律等正式契约的保障机制。此外，关系契约注重长期合作与契约条款的开放性，也客观上增强了契约框架对于解决未来不确定性的弹性并降低协商交易成本，同时能够为自我履约机制提供了有效运行的空间。

2.关系契约的运行机制

关系契约即属于一种非正式契约，最早由 Williamson（1985）将其引入交易成本理论，并认为该理论适用于克服资产专用性引起的签约后机会主义行为。因此，关系契约的重点不在于正式条款的设计，而在于事前确立交易双方共同的目标及原则的基本框架，契约执行及保障机制则有赖于未来预期中交易方关系（长期关系）及自我执行机制的作用。正式契约天然的不完备性导致在法律、制度框架内不可能预计并完善解决所有的执行问题，这也是契约性竞合关系的一大缺陷。因此，在法律之外寻求契约保障机制（如第三方参与、人质、触发策略、声誉等）是非正式契约对正式契约框架的有效补充，以弥补正式契约条款不完备性与现实的冲突（埃里克·弗鲁博顿，2006）。

伴随越来越多的企业间关系由竞争转为竞合，关系契约等非正式契约形式对于维系长期竞合关系的作用明显优于正式契约形式：（1）契约参与方监控对方行动比法院（或第三方）更为容易；（2）契约参与方对契约执行过程的行为判定更细致入微，明显区别于法院的两极化判定：要么判定为有利行动，要么判定为不利行动；（3）关系契约框架内，契约参与方可以对特殊事件及某些在法律框架内不易察觉的现象做出准确判定，并随时间做出灵活调整（Charny，1990）。

超契约性竞合在企业经营实践中的范例，是日本企业所普遍采用的"长期合约"。契约性竞合中，单个契约规范的企业间合作，通常是一次性行为或短期性行为，因此，当存在多次合作时，规范单个契约的成本累加会增大交易成本，且不利于企业间合作关系的稳定。而超契约性竞合超越了契约性竞合的理论假设及交易边界，侧重于建立长期合作关系（包含不确定时期的一系列交易行为）。交易方可通过中断交易来预防对方的机会主义行为，即保证未来各次重复交易的酬金（Future Premium）折现值超过一次投机行为掠夺过去的租金，使交易各方丧失破坏长期合约的动力。

关系契约的保障机制是建立较完善的自我履约机制，其区别于正式契约的一个重要内容是：允许并默认契约条款的天然不完备性，且不依赖法律手段来强制执行契约与解决契约冲突，而是寻求在法律之外的契约执行保障机制：（1）未来合作价值（Value of Future Relationship）。是对契约进行理性规划，即通过对关系契约交易结构进行设计，让不履约获取的收益总是小于履约所产生的长期收益：终止合作有效即关系契约得以履行的充分条件就是存在一个足够高于残值生产成本的价格，以至于不履行契约的企业就会失去一系列未来销售贴现之和，而这大于不履行契约的财富增加（Macniel，2000）。关系契约在缺乏法律强制执行保障的条件下，最主要的保障机制在于终止契约对另一方造成的契约收益（未来合作价值）损失，这也是经济学领域对于关系契约的有效保障机制的唯一界定。关系契约强调建立长期合作关系，并且是一种相互控制、相互依赖的关系（源自相互资产专用性及对未来合作竞争的共同预期），可以理解相互为对方的"人质抵押"。基于这一层面的相互制约关系，缔约双方最有效的相互控制手段规避了第三方参与所产生的机会成本，而是选择更有效的保障机制，即在对方存在机会主义行为（或明确倾向）时终止契约，这也是关系契约自我履约性的体现。这一保障机制得以有效运作的假设前提是：存在一个足够高于残值生产成本的价格，以至于不履行契约的企业就会失去一系列未来销售贴现之和，而这大于不履行契约的财富增加（Klein，1981）。（2）关系性规则（Relational Norms）。第二是通过关系性规则来增强交易各方自愿履约的意愿。在信息不完全的动态环境下，通过关系性规则来保障交易方在制度、仲裁等刚性约束机制之外，以柔性手段来激励契约的自愿履行。具体包括"沟通、公平、诚信、柔性、团结"等规则，激励交易各方长期合作与信息共享的愿望，并有助于建立契约各方的相互信任与影响长期合作绩效（Poppo & Zenger，2002）。关系契约尽管为非正式契约，但保障机制的设计仍不排斥正式规则的作用，如契约订立前依赖于契约结构的理性规划，而更主要的保障竞争则依赖于"关系性规则"，可以有效降低"敲竹杠"、专用性投资不足等企业竞合过程中的契约问题，并激发交易各方长期合作的意愿：第一，建立持久信任关系的愿望，有效降低信息不对称导致的机会主义行为的机率；第二，激励专用性投资的投入，以确保未来合作价值的有效实现；第三，关注长期利益（未来合作价值）而非短期绩效评价。关系规范（交流、公平、弹性等）对企业及其主要投资人间合作绩效有正向影响（Ferguson，2005），并降低机会主义行为获取短期利益的主观意愿。Ferguson（2005）等人发现，这些关系性规则包括社会过程和社会规则，也包括一系列关系规范（交流等），与正式的制度安排一起，共同保证了关系契约的有效履行（Macniel，

1978）。关系性规则可以在第三方参与（法律、制度、仲裁）之外影响契约参与者行为并保障契约收益的最终实现。尽管尚存理论争议，但普遍将信任作为关系契约治理最有效的手段，而柔性（Flexibility）、团结（Solidarity）、信息交换（Information Ex-change）等关系性规则决定着信任水平（Poppo & Zenger，2002），柔性增强对未来变化的适应性，团结有利于关系协调、信息共享及行动一致，交易各方更加关注长期利益，降低交易成本（Adler，2001），并最终影响最终契约收益。(3) 声誉（Reputation）。关系契约可以理解为重复博弈过程，强调长期合作关系与未来利益考量，包括缔约方利益、利益相关者态度、企业声誉等。因此，声誉可以作为关系契约的重要保障手段，未来合作者可以通过对企业的声誉评估（履约能力、信誉评级、口碑、企业形象等）决定是否开展合作，企业机会主义行为最大的机会成本就是丧失企业声誉。卢福财和胡平波（2005）网络组织成员之间合作的博弈关系角度，构建了成员的声誉模型，说明了在有利于经济连续稳定的合作环境中，声誉效应是网络组织成员合作的重要激励机制，在声誉效应的激励机制下，成员之间合作是有效率的。由于声誉的作用，即使契约不完全，合作的结果仍然可以实现（聂辉华，2009）。企业处于对维护良好声誉的利己动机会促使其严格履行契约，另一种情况负面声誉的迅速扩散与恶劣影响（社会网络与信息化的作用）大幅度提升了违约成本，客观上制约了机会主义行为的动机。值得注意的是，契约订立方普遍将声誉作为保障契约自我履行机制最为有效的手段之一。建立声誉的价值，第一是基于未来合作价值的考虑，第二是视企业声誉为投资未来的资本存量，并作为判断履约能力的一个标准。同时，建立对声誉普遍重视的氛围将有利于增加交易各方机会主义行为的机会成本，"声誉也是权力的来源，……由于声誉的存在，技术契约的不完全，合作的结果仍然可以实现"（聂辉华，2009）。

一般情况下，声誉只能作为一种关系契约的柔性保障机制。只有当关系契约的缔约方嵌入某一定的社会网络，而这一社会网络拥有相互认同的社会伦理与群体价值观，这时声誉才能有效发挥关系契约的强制保障机制作用（在中国尤其明显），中国是个"特殊主义取向"（Particularism）① 的社会（蔡凤霞，2006），人们普遍更信任与自己有某些特殊关系的人们，愿意与之交往。如基于亲缘、地缘等形成的关系网络，形成"圈子"并努力令自身成为"圈内人"，以获取信任。嵌入社会网络的信任机制制约着网络成员不得不摒弃短期利益，而从非经济因素出发考虑其行为并发展出共同解决问题的有关战略安排，从而增强了网络中的信任程度，有效地降低了机会主义行为，从而稳定了竞合战略的运行。Dyer（1998）网络内部资源相结合而创造的"价值高出其独立发挥作用时所产生的价值"为"关系租金"，并称创造这种关系租的资源为"关系资本"。这也是关系契约框架下的超契约性竞合关系形成的原始驱动力。因为同一网络的其他主体会采取联合行动惩罚违约一方（Griesf，1993），否则声誉机制对关系契约执行的保障效果并不明显。

第一，长期竞合互动形成的一系列"义务—期望"的互惠价值观，网络文化（道德、伦理、标准等默会性文化）为缔约方建立了制约机制（隐性机制）；第二，网络中信息流动的迅速性及惩罚机制（隐性机制）所产生违约机会成本：一方面是保持良好声誉所产生的未来合作价值（主要源自社会资本积累、资源整合路径及声誉激发的继续合作意愿），另一方面是声誉损毁所带来的网络内联合抵制与惩罚，会大幅度降低机会主义行为倾向，但对于脱离该网络的行为无能为力。

---

① Parsons&Shils（1951）认为传统对社会信任的影响主要体现在"特殊主义"（partieularism）与"普遍主义"（univesralism）传统上，两者的区别在于：支配人们之间的价值认定与交往取向是否独立于他们在身份上的特殊关系，具有特殊主义取向的人们更重视已经存在的关系，倾向于与自己有某些特殊关系的人们交往，而这种交往又会使他们原有的关系得到加强。这种处理人际关系的过程必然产生的后果是将人分为两类：一类是与自己已有特殊关系的、可信任的自己人，另一类是在此之前没有特殊关系的人，特殊主义的行动者常常认为这后一类人是难以信任的。

　　总体来看，关系契约只有嵌入到一个社会网络中时效果才能达到最好，例如，只有在具备共同价值与伦理的利益共同体内部，声誉才能作为有效的契约保障机制。通过系统机制产生的内在驱动替代法律强制约束的外在拉动（法律约束对于抑制契约中可能会出现的机会主义行为因有限理性与交易费用的存在，未必会达成合意的结果），这也可以理解为在"关系"嵌入之外的一种"机制"或"规则"的嵌入。根据嵌入理论的研究成果，包括关系性嵌入（Relational Embeddedness）与结构性嵌入（Sturctural Embeddedness），前者指的是经济行动者是嵌入于其所在的关系网络中并受其影响和决定的，后者则即在更大的层面上，行为者们所构成的关系网络是嵌入于由其构成的社会结构之中，并受到来自社会结构的文化、价值因素的影响或决定（Granovetter，1985）。网络经常处于一种非均质的中间状态（稠密区域和松散区域），与信任程度与信息流动速度成正比，产生竞合效益越高。企业若能通过"搭建信息桥"行为来利用"结构洞"机会，改变不同网络间信息不对称状况而实现信息流动，则会获取"机会利益"（金伯富，2000），可以视竞合效益生成的一种，甚至将中国在市场化过程中出现的新型组织关系称为"关系网资本主义"。

　　竞合战略的成功与社会资本的嵌入性高度相关，可以从一种动态博弈的角度来思考。在"囚徒的困境"这一博弈模型中，参与者最终选择不合作，原因在于参与者是在信息不对称下进行的一次性博弈。因此，超契约性竞合关系（尤其在关系契约框架下）在嵌入社会网络的条件下的驱动因素取决于以下方面：(1) 信息高度对称；(2) 基于信任的互惠观；(3) 未来合作价值的可预见性；(4) 基于声誉的治理机制与关系性规则的约束力。（蔡凤霞，2006）企业倾向于在社会网络中选择有过交易历史或良好声誉的对手作为竞合伙伴，而该社会网络下的竞合关系的紧密程度受到四种因素的综合影响：网络规模、网络密度、网络强度及成员定位（包括在网络中所处位置及地位）。嵌入社会网络的企业间竞合关系，对相互信任关系及竞合效果（包括竞合效率、资源整合、知识流动及信息共享）有积极的影响。嵌入的网络机制是信任（Grnavetter，1985）。信任可以划分为契约信任、能力信任和商誉信任并依次等级升高（Sabel & Sengenberger，1992）。信任是企业间交换行为得以发生的基础，但同时也必然衍生机会主义行为倾向及寻租行为等故意违约行为的道德风险。嵌入社会网络中的超契约性竞合关系（基于关系契约）具备其他形式竞合关系所不具备的效果，其根源在于信任机制的作用，如图 5-3 所示。

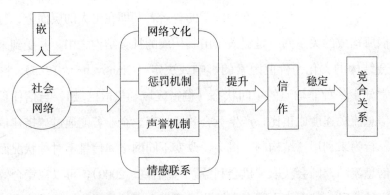

图 5-3　嵌入社会网络的超契约性竞合关系

资料来源：蔡凤霞：《嵌入社会网络的中小企业竞合战略研究》，福州大学硕士学位论文，2006 年。

3.关系契约框架下的竞合效益分析

关系契约导致的竞合效益损失：（1）关系契约会导致"锁定效应"。首先，竞合双方会被关系锁定于某一社会网络（圈子）内，形成进入障碍的同时会因长期合作与信任导致的路径依赖、组织僵化、核心刚性等一系列问题，最终造成竞合双方的竞合效益损失，如社会网络内部缺乏活力、竞争与创新、契约收益递减造成社会福利损失等。（2）继续合作及专用投资积极性的挫伤。交易双方在契约中的专用投资会导致彼此的相互锁定（互具资产专用性），当缺乏明确的利益界定（事前契约设计）

及仲裁机制（第三方参与及事后法律强制执行）时，容易衍生专用投资的"敲竹杠"问题。无论契约环境是否具备信息对称的条件，交易双方对于是否继续合作及进行专用投资的决策，都最终决定于双方对未来合作价值的理性预期。但上述情况依然会影响契约收益：一方面会产生协商与契约再订立的交易成本，另一方面会挫伤交易各方进行后续专用投资及继续合作的积极性，损失竞合效益。（3）关系契约的保障机制在强制执行机制方面的缺失，令非正式契约框架的保障机制并不完善，可能无法对契约有效执行进行保障，非正式契约的自我修复机制无法有效解决契约纠纷。

总体来说，竞合实践中，两种契约形式可能在同一个竞合关系中同时存在，因此二者间并非相互割裂的分离关系，而是相互依存的互赖关系：一方面，正式契约框架下的强制执行手段——包括利益分配机制、争端解决机制等，可以作为非正式契约无强制执行机制的补充，保障契约的有效运行，但也会因条款刚性而产生交易成本而造成契约收益损失；另一方面，非正式契约的柔性机制更有利于促进彼此的信任关系、激励继续合作的愿望并降低交易成本，提升竞合效益。

以契约为存在基础的竞合关系——不完全契约框架下的超契约性竞合关系与完全契约框架下的契约性竞合关系，展现了现有竞合理论框架内的竞合关系的演进历程。尽管二者的共同点是均存在竞合效益损失的问题，但在竞合关系的理论基础、竞合关系的治理机制（契约执行的保障机制）等方面存在明显差异。

首先，两种竞合关系模式的人性假设不同。（1）契约性竞合是基于"经济人"假设构建的竞合关系，竞争对手间合作的目的是为获得单纯竞争无法实现的合作利基（nihces）。竞争压力极容易触发竞合个体间的机会主义行为倾向，而合作利基的关键是降低这一倾向并激励持续合作并关注长远利益的愿望。（2）超契约性竞合关系，对与竞合个体的人性假设由"经济人"假设转型为"社会人"假设更符合现实世界的客观现状，即是一种"社会理性人"（张缨，2004）。这一假设的意义是在嵌入社会网络条件下，因网络内部或网络间种种因素的制约与影响，作出某些非个人效用最大化的理性选择，但这一选择可以实现前提追求目的性的个人效用最大化的同时，也受社会网络影响甚至制约，而可能主动选择某种非最大效用结果的行动。社会人理性能降低机会主义行为，从而稳定竞合关系。

其次，两种竞合关系模式的治理机制不同。契约性竞合的治理机制是一种刚性机制，如仲裁机制、法律等，一旦产生契约冲突将严格按照法律或契约条款强制执行；而超契约性竞合主要依赖柔性机制进行治理，强调竞合各方是基于利益驱动（社会理性人）自觉自愿遵守契约的理性行为，包括信任、声誉、关系性规则等。但竞合关系的治理实践中，刚性机制与柔性机制往往是同时存在的，二者不是相互排斥的关系，而是相辅相成的互赖关系。在契约治理及竞合关系保障的作用来看，二者不能完全地彼此替代：（1）柔性治理机制可以对刚性治理机制起到润滑与弥补作用，可以理解为缔约双方达成的一种"心理契约"。但过于依赖主观性判断且没有固定的规制可供依循，对于违约行为的惩罚机制及强制执行能力不够有效。（2）柔性治理机制只有嵌入到具备相同价值观与社会伦理的社会网络中才最为有效，对于因战略优先权转换而永久脱离该网络而转投其他社会网络的机会主义行为（违约行为），柔性治理机制无能为力。（3）刚性治理机制可以在契约执行保障力度这一方面弥补柔性治理机制的先天不足，但柔性治理机制对于维系持久良好的合作关系及激发继续合作愿望方面的能力，是刚性治理机制所不具备的。（4）信任关系与机会主义行为倾向会同时存在某一契约关系内，并具有相互强化的作用：假设拥有声誉的一方预期合作方伴随对其信任程度的增加会减弱防备与监控的程度，那么通过机会主义行为来获取短期利益的激励程度就会明显增强，对于此类的道德风险，柔性治理机制缺乏有效的防范措施。

基于上述分析，不完全契约框架内的竞合关系及其效果较完全契约框架内有极大提升，更能体现"和合"思维的"合意"状态。但建立这种"和合"思维型不完全契约要具备三个实现条件：一是只有嵌入到一个社会网络中时效果才能达到最好；二是只有在具备共同价值与伦理的利益共同体内部，"和合"思维才能作为有效的契约保障机制；三是建立"长期合约"关系。追求的目标：一是契约只是个基础，无论发生有利还是不利情况，都坚持以义为上，以和为贵；二是不仅相互支持与理解，而且实现积极性与创造性合意，即通过契约各方积极有效的互动与学习，以共同创造价值。

三、非契约性竞合："不合而合"

竞合的第三个层次为"不合而合"，指的是非契约性竞合条件下所实现的竞合效果：即企业间保持纯粹的竞争关系，虽然不存在任何形式的契约，但通过竞争可以实现合作的效果——这是一种"主观上竞争，客观上合作"的竞合效果，且竞争程度越高，合作效果越明显；竞争投入程度越大，竞合效益生成总量越大。前文所探讨的隔离机制，就是实现这种"不合而合"的有效机制：企业间纯粹的竞争性行为，在隔离机制作用下实现了合作的效果——保护产业、发展产业及做大市场，最终实现企业间的非契约性竞合共生。因这一竞合层次的内在机理、作用机制及竞合效益在前文已详细论述并附有实际案例，所以这一部分只对前文观点作出重要补充与解释。

非契约性竞合具备两个前提假设：第一是企业间是纯粹竞争关系，没有任何形式的合作行为；第二是企业间不存在任何形式的契约，无论是隐性契约还是显性契约。换言之，企业间在主观上没有合作的意愿（动机）。契约性竞合是一个在契约基础上外在驱动的静态过程，多以短期或单次合作为主；超契约性竞合是一个内在驱动的寻求长期合作的动态过程；而非契约性竞合是一个不受时间性约束，内在驱动与外在驱动互动的动态过程。企业只是进行利己性的市场竞争，由于隔离机制作用，共同利己的同时产生共同利益。因此，当存在契约约束力时，存在竞合关系的企业间行为会有所收敛与回避并伴随交易成本和竞合效益损失；当不存在契约约束力时，企业会自然地作出寻求利润最大化的理性选择，竞争程度越高，隔离机制作用越明显，合作效果与竞合效益更明显，即实现"不合而合"效果。因此，从竞合效益生成的角度来看，基于隔离机制的竞合效益生成过程，不存在任何形式因契约而产生的交易费用，因此规避了效益损失的负面效应，利人利己，企业、竞争对手、产业整体共同实现利润最大化，相对于契约性竞合与超契约性竞合而言，实现了"帕累托改进"（Pareto Improvement），达到社会福利最大化的效果。因此，"合"思维框架内的非契约性竞合不存在竞合效益损失的问题。

四、三种竞合关系的比较分析

基于上述分析，下面就三个竞合层次（三种竞合模式）做总结性评述，并作比较分析，以彰显三个竞合层次的特征与差异。

1. 契约性竞合

竞合研究的本质在于探讨不同形式的竞合关系及相应的竞合效果。换言之，只有对竞合关系的构建基础与运行机制寻求突破，才可能实现竞合层次的跃升。现有竞合的研究对象主要是契约性竞合，这里的契约是指"正式契约"——契约缔结后，竞合关系严格按合同条款执行，但同时存在因有限理性而衍生的交易成本：一是由契约的不完全性导致；二是由于价值分配过程中的争议与机会主义行为。契约性竞合主要表现为对传统竞争行为的改良，"为了可以更好地竞争，必须开展合作"，即"以合促争"。从发展的眼光来看，竞合战略是未来组织间关系的必然选

择:"新竞争"环境下组织间合作已经成为企业更好地角逐竞争的逻辑
前提。企业间"信任"及"关系能力"是影响企业竞争优势的最主要因
素(曾伏娥、严萍,2010)。这一观点也为契约性竞合的进一步演变奠
定理论基础。

2. 超契约性竞合

当竞合关系的建构基础由正式契约变为非正式契约时,契约性竞合
演变为超契约性竞合。超契约性竞合强调基于"声誉"和"信任"的
"默会性"合作。但不确定性环境下,"结构良好问题"(Well-structured
problems)常常变成"结构不良问题"(Ill-structured problems),因而由
于信息有限而使契约性合作双方无法完全预见契约履行期间可能出现的
各种有利或不利状况,如资产专用性衍生的"敲竹杠"现象:一是初始
契约确定后,交易方利用专用性投资后侃价能力发生变化影响转移价
格;二是交易环境发生变化,企业即便按照契约条款执行,仍然可能产
生违背契约原始意愿的行为。因此,非正式契约的关系性规则保障了交
易方通过制度、仲裁等刚性约束机制之外的柔性手段激励契约的自愿履
行。与契约性竞合类似,超契约性竞合同样存在竞合效益损失的问题。
差别是超契约性竞合可以通过关系契约(Relational Contract)等不完全
契约形式,利用"人质、抵押、触发策略、声誉"等保障机制弥补古典
契约的不足,主要体现为关系的嵌入性(Relational Embeddedness)及
自我履约性(Self-enforcing):一是契约结构的理性规划。让不履约获
取的收益总是小于履约所产生的长期收益,即保证未来各次重复交易的
酬金(Future Premium)折现值超过一次投机行为掠夺过去的租金,使
交易各方丧失破坏长期合约的动力;二是通过关系性规则(Relational
Norms)增强交易各方自愿履约的意愿。因此,超契约性竞合大大降低
了制度刚性衍生的交易成本,突破了正式契约界定的合作范畴,实现对
传统竞争的制度超越——竞争规则改进。从竞合境界来看,超契约性竞
合强调"和为贵、合为上"的"和合"思想:第一,契约只是基础,无

论发生有利还是不利情况，都坚持"以义为上，以和为贵"；第二，不仅相互支持与理解，而且实现积极性与创造性合意，即通过契约各方积极有效的互动与学习，以共同创造价值。竞合各方通过长期合作的磨合形成"和合"氛围，即以追求和睦和谐是合作前提为价值观的共同文化。当发生对双方或单方不利的例外时，基于"以义为上"的自愿履约愿望和共担风险意识将发挥作用，以求共同利益或共同生存。

3. 非契约性竞合

当契约不再作为竞合的建构基础，则实现了非契约性竞合。非契约性竞合在"合作意愿"与"契约强度"两个维度的"无意识"，突破了契约性竞合与超契约性竞合的合作观，是一种"无为而为、不合而合"的竞争哲学。"不合而合"指企业间不存在任何形式的契约，通过竞争可以实现合作的效果，且竞争程度越高，合作效果越明显；竞争投入程度越大，竞合效益生成总量越大。非契约性竞合与超契约性合作及契约性合作的根本不同表现在两个方面：一是作用机制的差别。契约性竞合是一个基于契约约束的外在驱动的静态过程，多以短期或单次合作为主；超契约性竞合（契约只是个基础）是一个内在驱动的寻求长期合作的动态过程；而非契约性竞合是一个不受时间性约束，内在驱动与外在驱动互动的动态过程。企业只是进行利己性的市场竞争，由于隔离机制作用，共同利己的同时产生共同利益。二是竞合成本与竞合效益的差异。当存在契约约束力时，存在竞合关系的企业间行为会有所收敛与回避，并产生交易成本或竞合效益损失；当不存在契约约束力时，企业会自然地作出寻求利润最大化的理性选择，竞争程度越高，隔离机制作用越明显，合作效果与竞合效益更明显，即"不合而合"。基于隔离机制的竞合效益生成过程（非契约性竞合），规避了任何形式契约衍生效益损失的负面效应，利人利己，企业、竞争对手、产业整体共同实现利润最大化，相对于契约性竞合与超契约性竞合而言，实现了"帕累托改进"（Pareto Improvement），达到社会福利最大化的效果。因此，"和合"思维框架内的非契约性竞合对传统竞争理论实现了文化层面的超越——竞争哲学的提升，改变了对竞合理论的传统认知，增强了对竞争与合作的哲学思辨，实现了"争"与"合"相互交融与辩证统一。非契约性竞合与契约性竞合、超契约性竞合的比较及根性差异归纳为表5-2，并认为非契约性竞合与超契约性合作及契约性合作的不同，其根本就在于作用机制的差别。

表5-2　非契约性竞合与超契约性合作及契约性合作之比较

竞合层次	作用机制	契约约束	时间性	交易成本	理论假设	竞合驱动	竞合效益
契约性合作	契约、合同	强	短期	高	静态、客观被动（外在驱动）	契约约束被动履行合同	交易费用：竞合效益损失
超契约合作	不完全契约关系契约	弱	长期	低	动态、主观主动（内在驱动）	默契、共识、主动寻求长期合作	锁定效应：竞合效益损失
非契约性竞合	隔离机制	无	无时间约束	零	动态、客观无意识（内外互动驱动）	主观无合作意愿，客观有合作效果——"不合而合"的辩证思维逻辑	帕累托改进：社会福利最大化

资料来源：本书根据相关研究整理而成。

第二节　隔离机制论的哲学观点：
竞合境界与根性差异

竞合理论框架中对竞争与合作二者的关系，体现为以下三个方面：第一，竞争的核心思想是"争"，但必须是不破坏市场秩序与产业整体利益的良性竞争；第二，合作的核心思想是"合"，但前提是不压抑企业（或组织）间的竞争，同时共同创造单纯的竞争所无法创造的价值；第三，竞合理论的框架下，"合"与"争"并不是一分为二的割裂式关系，而是交融、互补、相互依存、相互促进的共生关系。

企业必须同时关注竞争与合作并灵活运用两种策略以实现有机融合，竞合战略超越传统竞争战略的关键在于改变了传统理论对于竞争与合作的"二分法"界定，而是追求二者的辩证统一：（1）竞争与合作的有机统一；（2）竞争与合作互动影响；（3）竞争与合作相互转化。传统的对于竞争的定义为：竞争者间是相互冲突和敌对的关系。最早对于竞争的研究主要是从新古典经济学的角度和产业组织理论的角度进行的。在西方经济学和管理学理论中都十分强调竞争的作用。竞争与竞合是两种不同形式的博弈过程：前者是"零和博弈"，一方获益必然伴随着另一方损失；后者的结果是"正合博弈"，一方的成功也意味着合作者的利益增加。竞合运作过程中，企业始终处于竞争和合作的氛围，不管是针对竞争对手还是上下游的合作伙伴，都同时存在着竞争和合作的关系。竞合是一种将竞争和合作合二为一的过程和现象，具有二元性（Luo，2005）。企业必须同时关注竞争与合作，灵活转换，有机融合。否定了将企业的竞争与合作看做孤立的、甚至是相互对立的"二分式"研究。本质在于：一方面，"竞争是合作中的竞争"（史占中，2001），存在共同利益及互赖关系，合作的基础；另一方面，合作是竞争中的合作，合作并不排斥竞争。双方合作的目的是为了增强各自的竞争优势，从而进行更大范围、更高层次的竞争。竞合理论对竞争与合作之间的关系界定是辩证而统一，合作的目的是更有利竞争，而竞争以合作为实现方式，这是一种基于"互补性"的关系模式："合作竞争是一种超越了过去的合作以及竞争的规则，并且结合了两者优势的一种方法，合作竞争意味着在创造更大的商业市场时合作。"（布兰登勃格等，2000）

传统竞争理论对企业间竞争与合作关系的二元解构，是将二者视为两种相互独立但可以在竞合理论框架内互赖共存的关系模式，并通过有机组合来实现相辅相成、相互促进的效果，以构建核心竞争优势；而本书提倡以哲学的角度来重新审视这一问题：企业间竞争与合作的关系在本质上是辩证统一关系的具体体现。如果从企业间竞合战略的本质上来说，竞合是为了实现更高层次的竞争——这一点是现有竞合理论与"隔离机制论"的共通之处，两种理论的竞合目的（战略目标）殊途同归，只是基于隔离机制的竞合效果（竞合效益）排除了交易成本因素的干扰。

从哲学角度来看，上述三个竞合层次所呈现的竞合关系差异的实质，是如何处理"争"与"合"两种观念的对立与统一的问题。企业战略理论的发展脉络是由竞争走向合作，进而走向竞争与合作并存。战略理念的演变历程，即是"争"与"合"两种看似截然相反的观念，从相互排斥到相互融合，从对立到统一的过程，是一个"对立→并存→统一"的演进历程。

第一，传统竞争理论（主要为产业竞争理论）认为，"争"与"合"两种观念是完全对立且相互排斥的一对观念，也代表了完全相反的两种战略思维。这是一个孤立地看待竞争或合作战略的层面，可以理解为认识"争"与"合"两种观念的初始阶段。

第二，基于契约的竞合理论（契约性竞合、超契约性竞合），"争"与"合"两种理念的战略形式在同一对竞争对手之间并不是相互矛盾的，而是体现为共存关系。一种情况是，企业在创造价值时与竞争对手保持合作关系；而在分享价值时与竞争对手的关系体现为竞争关系；另一种情况是，企业在某一业务领域与竞争对手保持纯粹的竞争关系，而在另外一些领域与竞争对手保持纯粹的合作关系。前者体现为空间性（某一空间范围）共存，后者体现为时间性（某一特殊时点）共存，即现有竞合理论营造的是一种竞争与合作并存的共生系统。系统之间、系统各要素之间要保持统一性与合作性的状态与趋势："一方面通过竞争，一方面通过合作，间接地决定自己的命运。"（哈肯，1988）

竞合理论呈现的企业间关系是竞争与合作的二元结构，是两种模式的辩证统一：即价值创造必然是一个合作过程，而价值分配则必然是一个竞争过程（Brandenburger & Nalebuff，1996）。学者们已就竞合的基本内涵达成共识，即竞合是指企业（或组织）之间在一些活动中进行合作，同时在另一些活动中展开竞争的现象。竞合理论辩证地从合作和竞争共存、共变的角度来分析组织间关系，是组织间关系研究的一个重要前沿领域（刘衡等，2009）。在现有竞合理论的框架体系内，竞争与合作均体现为一种二元辩证的关系结构，两种关系既可以共存相融，又可以独立存在，合作概念的强调并不妨碍竞争。竞合关系框架内的企业之间呈现为一个由"争"与"合"两种思维所组成的战略系统：企业间竞合战略的根本目的是"以合作达到更高层次的竞争"。

"争"与"合"并存层面的竞合关系会呈现两种形态的治理行为：竞合系统内部的竞争与合作并不是此消彼长，而应该是一个通过治理机制而形成的相互促进的协调共生状态：一方面，是存在某一共同战略目标，必须通过相互合作才有可能实现，这种状况下竞合关系的治理机制应发挥作用，鼓励竞合个体之间的合作协同而不是激励竞争；另一方面，当竞合个体之间在某一领域的战略目标差异性较大甚至相反时，竞合关系治理机制应鼓励竞争行为维持整个系统的平衡。但需要强调的是，即使鼓励竞争行为，也是以不破坏已建立的合作局面为前提，所以必须是良性竞争。所以"争"与"合"的辩证关系体现为"因竞争而合作，以合作求竞争"。即使是在"信任""声誉"基础上的主动、自觉行为（追求长期合作），同样需要法律一类的刚性机制作为弥补。因此，基于契约的竞合行为是一种属于"有为而治"或由"有为"向"无为"过渡的合作境界。

最后要强调的是，尽管基于契约的竞合关系都是"争"与"合"的并存关系，但依然存在本质性的差别：契约性竞合框架下是被动接受"争"与"合"的并存，可以理解为并存关系的低级阶段；而超契约性竞合属于主动寻求"争"与"合"的并存，关系更趋紧密、稳定、持久，属于并存关系的高级阶段。

第三，本书所界定的"不合而合"，是将"争"与"合"辩证看待一个统一体，通过纯粹的竞争实现了合作的实际效果，并进一步促进了更良性的竞争。这一形式的竞争，体现了"合为贵""合为上"的思想，可以理解为基于"合思维"的竞争形式。由于任何存在竞合关系（基于契约和情感）的系统内，都不可避免地因资源稀缺而产生竞争，同时又受制于双方长期合作的关系锁定，无论是竞争行为还是合作行为，都无法进行彻底，因此会在一定程度上对竞合行为产生约束，竞合关系的深入程度及竞合效益的实现都无法实现合意解。"争"与"合"两种观念及行为的共存意味着难以避免的相互影响、相互制约及随之而产生的交易成本与竞合效益损失。

无论如何，以契约为基础的传统竞合理论中，追求合作的效果都没有完全超越企业"刻意为之"的行为范畴（无论是被动接受竞合关系，还是主动寻求竞合关系），而基于隔离机制的竞合效果是一种"无意为之"的客观现象，即"无为而为，不合而合"的最高合境界。"争中有合、合中有争；以争促合，以合促争"（彭新武，2008），辩证统一的融合状态。

基于上述哲学层面的论述，本书依据道家哲学思想及"和合"思维划分合作的层次，及其与"合"境界的对应关系，提出以呈现基于隔离机制的竞合与现有竞合理论的根性差异（如图5-4）。企业间的竞合关系本质上是一种辩证关系的体现，本书提倡以哲学的角度来看待这个问题：与竞争对手保持合作关系是为了更好的竞争，更好的竞争可以获取更多的利益，为继续保持合作提供动力。竞合理论在中国传统文化中的哲学观点中同样得到体现，竞争与合作的关系如同道家思想中的太极阴阳图："无头无尾、无始无终"，是一种辩证而统一的关系；同时，"和合"思维中"不合而合"，与老子的"不争而争"的思想相契合，同样是一种辩证思维逻辑。

本研究基于道家的"无为"与"不争"等辩证思维，将基于"和合"思维的竞合关系解读为三重竞合的境界：（1）"和合"思维的第一重境界，属"有为"之竞合境界。通过"有形契约"的强制性措施来保障合作的实现。契约产生的交易成本造成了竞合效益的损失，无法实现社会福利最大化。这一层面的竞合层次属于"因争而合"，及企业迫于环境变迁与竞争压力，被动选择竞合战略，理论假设与实际相分离，刻意寻求合意解却无法达到，属于竞合的最初级状态。（2）"和合"思维的第二重境界介于"有为"与"无为"的中间状态。重视有形契约之外的手段保障合作的实现（如关系契约），通过声誉、信任、关系等无形契约，来建立长期合作关系。合作实现的过程中，有形契约的重要性逐渐减弱，但合作的时间性与稳定性更为明显。这一层次的竞合关系属于"以争促合，以合促争"，主动寻求建立长期合作关系，在契约基础之上建立情感联系。通过理论与实践的融合，推进制度的进步，逐渐接近合意解，属于竞合的中级状态。（3）"和合"思维的第三重境界是"无为"之境，即"无为而为，不合而合"。主观不合作，客观却具备合作的效果，排除契约对竞合的约束与契约过程中的竞合效益损失，实现帕累托改进，得出合意解。这与道家思想中"以其不争，故天下莫能与之争"的辩证思维逻辑相契合。因此，辩证思维是竞合关系的根性思维：不刻意寻求合意解，却最终获取合意解。遵循市场经济运行的内在规律，比人为设置的任何制度规范所生成的效益更加明显，这同样反映了道家哲学中"道法自然"的原理。

从"思维—境界"的角度考量，竞合理论由契约性到非契约性的演进，体现了对传统竞争理论不同维度的思维逆转与境界提升，基于此，本书构建了"合思维"与"合境界"分析框架（如图5-4）。从"思维—境界"的差异性来看，竞合思维是对竞争思维的"逆向突破"，其核心在于"争"与"合"在不同情境下的"相位转换",依次体现为对竞争思维的方位逆向、属性逆向与因果逆向。第一层次:方位逆向。契约性竞合主要体现为双方在某些领域开展合作、在另一些领域展开竞争。其实质是处于不同"生态位"的企业,因环境改变而作出不同的战略选择——竞争位置与合作位置的"逆向换位"。经过一轮或多轮换位,共同完成竞合博弈并寻求有利于双方的合意解,方位逆向层面实现的"合境界"体现为"争"与"合"的"相容共存"。第二层次:属性逆向。同一事件从不同角度去看待,属性可以是多方面的。竞争意愿与合作意愿、正式契约与非正式契约,均可视为"超契约"条件下同一属性(竞合意愿与约束机制)的正反两面。当正式契约条件下竞合的交易成本无法克服时,竞合约束机制的属性逆向突破了契约条款的刚性限制,转换为非正式契约的柔性制约,合作意愿由外在驱动转化为内在驱动,寻求竞争"合意"。这符合"和合"思想的基本逻辑:"和为贵、合为上",也契合道家哲学的辩证思维——"万物负阴而抱阳,冲气以为和"。第三层次:因果逆向。非契约性竞合的"无为而为、不合而合",充分体现"争"与"合"的因果互逆:主观上竞争(非合作动因),客观上合作(合作效果),有意识的"因"逆转生成无意识的"果",即"倒因为果、倒果为因"。非契约性竞合通过因果逆向突破了传统理论的价值判定规律:竞争作为合作的不利因素,却最大程度成就了合作的效果——"争"与"合"的辩证关系由"相容"转向"相融",达到"不合而合"的合境界。道家哲学辩证逻辑的引入——"有无相生、难易相成、长短相较、高下相顷、音声相和、前后相随",最好地解释了"争"与"合"由契约性到非契约性过程中的"相位转换"与哲学思辨,即"争合互逆""容融交替""和合为上"。至此,本书认为,竞合研究发展至非契约性竞合阶段,已提升至管理哲学的高度,探索了现有观点尚未触及的"学术蓝海"。

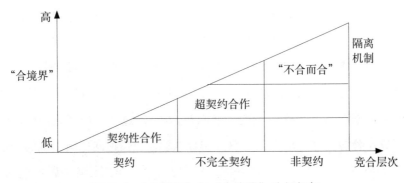

图 5-4 "合思维"与"合境界"分析框架

资料来源：本书基于前述研究整理而成。

本研究依照上述分析路径，全面梳理竞合理论的演进历程，并据此重新审视竞合理论体系架构，提出新的观点。得出结论如下：第一，竞合理论自创始以来日臻成熟，但观点多为一家之言，研究体系的内容与结构仍需进一步完善。以此为契机，本书通过理论重构，探寻现有理论边界之外的"学术蓝海"——非契约性竞合。第二，竞合理论的演进历程（"契约性竞合→超契约性竞合→非契约性竞合"），依次在技术、制度、文化三个层面彰显了竞合思维对传统竞争思维的境界超越。非契约性竞合作为竞合理论的研究前沿，体现了"合"思维最高境界——不合而合。第三，依照竞合关系（或竞合效果）的实现基础——契约强度与竞合意愿，本书通过导入非契约性竞合的全新构念，重建了竞合理论体系，以完善其内容与结构。

结合上述分析，本研究将非契约性竞合纳入竞合理论的研究范畴，并重新建构其框架体系（图 5-5）。这一大胆尝试主要基于四个方面的考量：一是战略指导思想的"思维逆向"。现有竞合理论可归结为"有意识竞合"，而非契约性竞合的战略思维导入，是对现有竞合观的"逆向创新"，开辟了"无意识竞合"的全新空间。二是理论命题的假设转换。现有竞合与非契约性竞合的建构基础差异可整合为"契约强度"与"合作意愿"两个维度，依据二者的存在强度及作用效度，竞合理论呈现从

契约性到非契约性的演进与分野。同时，两个维度作为理论体系的基本
划分依据，也将竞合观的两个极端（契约性与非契约性）整合至一个辩
证的价值判定体系之内，由对立到统一、由互斥到相融。三是理论体系
的结构重建。非契约性竞合突破了现有竞合研究的理论边界，延伸了竞
合理论的演进路径：契约性竞合（以合促争）→超契约性竞合（竞争"合
意"）→非契约性竞合（"不合而合"），重新定义了竞合理论的框架体系。
四是竞合观的境界跃升。非契约性竞合对"和合"思想与道教哲学的引
入，将竞合研究推升至现有观点未能触及的"管理哲学"层面，辩证解
读不同层次竞合观的哲学意蕴：即"合思维"与"合境界"分析框架（图
5-4）。同时，道家哲学、"和合"思想与西方战略思想的互嵌共融，极
大增强了竞合研究在中国情境下的文化根植性与社会嵌入性。

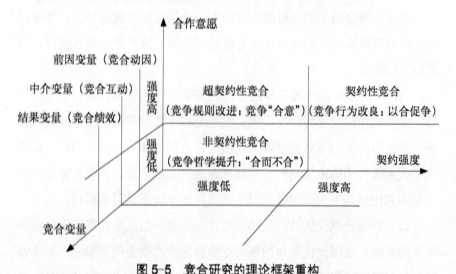

图 5-5 竞合研究的理论框架重构

资料来源：韩文海、邱国栋：《从契约性到非契约性：竞合理论演进研究》，《江西社会科
学》2016 年第 7 期。

第六章 结论与展望

第一节 主要研究结论

本研究通过跨案例分析提炼理论观点并据此构建理论模型，并通过理论推演对隔离机制的竞合效益生成机理与演进路径进行深入探讨，得出以下结论。

（1）各行业中的主要竞争对手之间普遍存在相互难以模仿的差别优势，使彼此保持竞争均势与平衡。但企业对于自身存在的差别优势及基于差别优势产生的隔离机制效果普遍没有意识或认识不清。因此，虽然基于差别优势的隔离机制效果客观存在并具有普适性，但现有企业对该效果的利用仍处于无意识或认识不清的层面，缺乏足够的重视。

（2）具备差别优势的企业间（尤其是在某一领域中的存在直接竞争关系的企业）在隔离机制作用下的竞争行为会产生合作效果——基于差别优势的隔离机制效果，本书通过理论提升将其命名为"隔离机制的竞合效益"。这一效果的原理包括两个方面：一方面，从这一效果产生的根源来看，形成差别优势的根本原因在于企业拥有异质性资源，即独特且难以模仿的核心资源或核心能力；另一方面，从差别优势产生的效果来看，隔离机制是产生这一效果的作用机制或实现手段，进而产生竞合共生的效果，而这一效果进一步巩固了企业的核心资源或核心能力，从而形成一个动态演进的系统循环。因此，本书提出基于差别优势的隔离机制效果（隔离机制的竞合效益）的实现路径："核心资源与能力→差别优势→隔离机制→竞合效果→核心资源与能力的巩固与升级"。

（3）通过对 6 对存在直接竞争关系且互有差别优势的企业的跨案例分析，推演出隔离机制的竞合效益的实现路径与生成机理。样本企业的经营实践证实，本书提出的理论设想在多个行业中普遍存在（具体包括餐饮业、乳制品行业、IT 行业、家电行业、运动服装行业、饮料行业），且呈现出较为明显的共性特征及演进规律。通过对上述特征的总结归纳与理论提升，本书提出"隔离机制的竞合效益生成机理模型"，这一模型提出的理论观点也形成了本书基本的理论分析框架。

（4）根据"隔离机制的竞合效益生成机理模型"，本书通过理论推演的形式深层面论证案例分析部分提出的理论观点与分析框架。结果归纳为以下几点：第一，隔离机制的竞合效益存在三种表现形式：树立纵向障碍的产业保护、获取横向竞争优势与嵌入优势、做强做大产业与市场；第二，生成这一竞合效益的具体方式分为三种：基于竞争思维（或合作思维）的价值战、基于规避思维的策略战、基于入侵威胁的嵌入优势（竞合思维）；第三，上述竞合效益生成会产生一种共同效果：非契约性竞合共生。

（5）按照契约在企业间竞合互动过程中的存在形式与作用效果，企业间竞合可以划分为三个层次：契约性竞合、超契约性竞合及非契约性竞合。三个层次的具体的契约形式分别为：契约性竞合过程中为古典契约、超契约竞合过程中为不完全契约（正式或非正式契约）、非契约性竞合过程中不存在契约约束。三个竞合层次的契约约束程度依次为强、弱、无，竞合效果依次为：契约性竞合存在较高的交易费用，竞合效益损失较大；超契约性竞合过程易产生"锁定效应"，但竞合效益相对于契约性竞合损失较小；非契约性竞合过程交易费用为零，不存在竞合效益损失。

（6）基于竞合层次的划分及竞合效益生成效果，本书通过理论提炼与升华，从哲学层面揭示三个竞合层次所达到的不同竞合境界。结合中国传统文化中的"和合"思想、道家哲学的辩证思维与"无为"思想，本书构建了"合"境界分析框架，并将"隔离机制论"提出的非契约性竞合效果界定为"不合而合"的最高"合"境界：主观上竞争，客观上确有合作效果。这一结论超越了现有竞合理论的研究范畴，将企业间竞合研究提升至哲学层面。

第二节　理论贡献与实践启示

本研究提出的理论观点与研究结论在理论层面的贡献包括以下几个方面：（1）本研究基于"隔离机制"的角度探讨非契约性竞合为企业间竞合的理论研究提供了一个较为新颖的研究视角；（2）本研究对非契约性竞合及其竞合效益的研究，超越了现有竞合理论的研究范畴，充实了竞合研究的理论框架体系；（3）本研究构建了一个非契约性竞合的理论模型，搭建了一个竞合层次及竞合境界的分析框架，丰富了非契约性竞合的理论研究内容；（4）本研究对非契约性竞合的竞合层次及竞合境界的探讨，将企业间竞合效益的研究提升至哲学层面；（5）本研究对非契约性竞合的研究结论融合了西方竞合理论与中国传统文化中的哲学思想，提升了竞合理论在中国文化情境下的适应性及嵌入性。

本研究提出的理论观点及研究结论在实践层面的启示包括以下几个方面：（1）本研究的理论观点及研究结论对实践中已出现的非契约性竞合现象——基于隔离机制的竞合效益生成进行了理论解释；（2）本研究的研究结论可以引导企业对自身存在的差别优势的认识与理解，可以对企业在竞合实践过程中有效利用基于差别优势的隔离机制效果提供理论指导；（3）本研究构建了隔离机制的竞合效益生成机理模型，探明了竞合效益生成机理及演进路径，对企业的非契约性竞合实践有直接的指导意义；（4）本研究跨案例分析的结果源自样本企业的经营实践，因此，基于此的理论分析与研究结论具有较强的真实性、可行性及普适性，可以为更多企业在竞合实践中利用差别优势与隔离机制作用、生成竞合效益、实现非契约性竞合共生的效果提供可以参照的有效模式，对于这一理论的实践推广有着重要意义；（5）本研究从哲学层面解读"隔离机制论"的竞合层次及竞合境界，有利于改善企业经营者在企业发展战略及经营管理的哲学观，摆脱现有经营理念及竞合理论对企业经营实践的束缚，对于提升企业经营者的经营理念及管理层次具有积极意义。

第三节　研究局限

尽管本书构建了初步的理论框架，但仍存在以下方面的研究局限：（1）本书的案例研究是建立在事先提出的理论原理基础之上，虽然这一基本原理具有明确的理论根源并来自企业的经营实践中特殊现象的总结，但是否涵盖了足够的研究维度还值得深入探讨；（2）本书的案例样本的数量、覆盖的行业或领域及样本企业的典型性是否具备足够的代表性，案例分析结果是否具备足够的普适性还需要进一步探讨；（3）因现实条件制约，对样本企业的实地调研与访谈的深入程度达不到完全一致。另外，根据扎根理论的案例研究要求，样本资料的整理与编码的细致及规范程度还有进一步的提升空间。

第四节　未来研究展望

基于上述结论与总结，本书对未来的进一步研究具有如下展望：第一，本书提出的理论观点与机理模型有待于更多企业经营实践的证实与改进。第二，本书基于隔离机制的竞合效益机理模型而构建的非契约性竞合框架体系，有待于进一步的理论完善及细化研究。第三，本书的研究成果仅限于构建了一个初步的理论框架体系，后续研究应致力于建立一整套具备可行性的战略体系及细致的实施步骤。第四，本书对隔离机制的竞合效益研究只限于机理层面，有待于进一步的量化研究，包括竞合效益的测量及有效指标体系的建立，以完成对理论观点的精确测度及检验，增强该理论框架在企业经营实践中的应用性。第五，本书的理论框架还需要更多企业竞合互动的实际案例进行循环验证，比较测度隔离机制论与现有竞合理论框架内在竞合效益生成方面的差异，并侧重于深度与广度的研究，以检验并验证本书提出的理论观点。第六，囿于理论假设的局限，现有竞合框架内实现理论创新的空间较为有限，应着眼于现有理论边界之外的未探知领域并寻求突破。第七，未来的竞合研究重点领域应集中于以下方面：一是基础性理论研究，包括体系结构的完善与创新性观点的提出；二是对跨时空、跨领域的实证研究（质性研究和量化研究），尤其是前沿观点与竞合实践的相互验证与绩效测量。第八，管理学研究的最高层面是管理哲学。竞合研究应重视提炼理论的哲学观点，从"管理哲学"的角度和高度解读竞合理论与竞争理论在技术、制度及文化层面的差异。第九，管理学研究注重"情境"，伴随中国在全球经济地位的不断攀升及中国市场的特殊性，中国情境下的竞合研究及其与中国传统文化之间的互动耦合必将成为新的研究热点。

参考文献

导 论

[1] Polanyi K., *The Great Transformation*. New York: Farrar & R inehart, 1944: 155-160.

[2] Granovetter M., "Economic action and social structure: the problem of embeddedness". *Chicago: American Journal of Sociology*, Vo1.91, No.3, 1985, pp. 481-510.

[3] 陈景辉、邱国栋:《跨国公司与东道国产业集群的"双向嵌入观"》,《经济管理》2008 年第 11 期。

[4] 黄永春、郑江淮、张二震:《依托于 NVC 的新兴产业开放互补式技术突破路径——来自昆山新兴产业与传统产业的比较分析》,《科学学研究》2014 年第 4 期。

[5] 夏京文:《我国产业集群的外生性、嵌入性与内生性缺陷》,《税务与经济》2007 年第 3 期。

[6] 刘林青、谭力文、马海燕:《二维治理与产业国际竞争力的培育——全球价值链背景下的战略思考》,《南开管理评论》2010 年第 6 期。

[7] [美] 乔尔·布利克、戴维·厄恩斯特:《协作型竞争》,北京:中国大百科全书出版社 1998 年版,第 18 页。

[8] 周三多、邹统钎:《战略管理思想史》,上海:复旦大学出版社,2003 年版,第 14 页。

[9] G.. Hamel, C.K.Prahalad, "The Core Competence of the Corporation".

Harvard Business Review, MAY-JUNE, 1990, pp.2-14.

[10] 刘志彪:《从全球价值链转向全球创新链:新常态下中国产业发展新动力》,《学术月刊》2015 年第 2 期。

[11] Yin, R. K., *Applications of Case Study Research*, Thousand Oakes, CA: sage,2003,p.25.

[12] Suddaby, R., "What Grounded Theory Is Not", *Academy of Management Journal*, Vol.49, 2006, pp.633-642.

[13] 黄江明、李亮、王伟:《案例研究:从好的故事到好的理论——中国企业管理案例与理论构建研究论坛(2010)综述》,《管理世界》2011 年第 2 期。

第一章

[1] 周三多、邹统钎:《战略管理思想史》,上海:复旦大学出版社,2003 年版,第 14—15 页。

[2] Bain, J.S, *Industrial Organization*, John Wiley: New York, 1968.p.45.

[3] [美] 迈克尔·波特著,陈小悦译:《竞争优势》,北京:华夏出版社 2005 年版,第 33 页。

[4] G.. Hamel, C.K.Prahalad, "The Core Competence of the Corporation". *Harvard Business Review*, MAY-JUNE, 1990, pp.2-14.

[5] Barney JB, "Firm Resources and Sustained Competitive Advantage". *Journal of Management*, Vol.17, 1991, pp.99-120.

[6] [美] 乔尔·布利克、戴维·厄恩斯特:《协作型竞争》,北京:中国大百科全书出版社 1998 年版,第 60 页。

[7] 桂萍、吴涛:《合作与竞争力聚合》,《科技与管理》2002 年第 2 期。

[8] G.. Hamel, Doz Y L, Prahalad C. "Collaborate with Your Competitors and Win". *Harvard Business Review*, No.1-2, 1989, pp. 133-139.

[9] [美] 本杰明·古莫斯:《竞争的革命:企业战略联盟》,广州:中山大学出版社 2000 年版,第 15 页。

[10] G.. Hamel and C. K. Prahalad, *Competing for the Future*. Harvard Busi-

ness School Press, Bos-ton, MA, 1994 .p.90.

[11] 李海舰、聂辉华:《论企业与市场的相互融合》,《中国工业经济》2004 年第 8 期。

[12] 刘衡、王龙伟、李垣:《竞合理论研究前沿探祈》,《外国经济与管理》2009 年第 9 期。

[13] [美] 拜瑞·J．内勒巴夫、亚当·M．布兰登勃格:《合作竞争》,合肥:安徽人民出版社 2000 年版, 第 36-40 页。

[14] Brandenburger, A M, and Nalebuff, B. J., "The Right Game: Use Game Theory to Shape Strategy", *Harvard Business Review,* Vol.73, No.4, 1995, pp.57-71.

[15] Brandenburger, A. M., and Nalebuff, B. J., *Coopetition: A Revolutionary Mindset that Combines Competition and Cooperation in the Marketplace*, Boston: Harvard Business School Press, 1996, p.50.

[16] [美] 尼尔·瑞克曼:《合作竞争大未来》, 北京:经济管理出版社 1998 年版, 第 13 页。

[17] Bengtsson, M., Kock, S., "Coopetition in Business Networks: To Co-operate and Compete Simultaneously", *Industrial Marketing Management*, Vol.29, No.4, 2000, pp. 411-426.

[18] 任建新:《企业竞合行为选择与绩效的关系研究》, 上海:复旦大学博士毕业论文, 2006 年。

[19] 张维迎:《博弈论与信息经济学》, 上海:上海三联书店 1996 年版第 39 页。

[20] [德] 哈肯:《协同学:自然成功的奥秘上海》, 上海:上海科学普及出版社 1988 年版, 第 91 页。

[21] 张朋柱:《合作博弈理论与应用》, 上海:上海交通大学出版社 2006 年版, 第 15 页。

[22] Tyebjee, *"Japan's Joint Venture in the United States"* in F.Contractor, P.Lorange: *Cooperative Strategies in International Business*, Lexington Books,

1988.p.23.

[23] Nielsen R. P., "Cooperative Strategy", *Strategic Management Journal*, No.9, 1988, pp.475-492.

[24] Ken G Smith, "Stephen J Carroll, Susan J Ashford. Intra and Interorganizational Cooperation: Toward a Research Agenda", *The Acadetmy of Management Journal*, Vol.38, No.1, 1995, pp.7-23.

[25] Teece DJ, Pisano, G and Shuen A., "Dynamic Capabilities and Strategic Management", *Strategic Management Journal*, Vol.18, 1997, pp.509-533.

[26] Rchardson G B., "The Organization of Industry", *Economic Journal*, Vol.82, 1972, pp.883-896.

[27] 彭新武:《竞争优势:流变与反思》,《中国人民大学学报》2008 年第5 期。

[28] [美] 本杰明·古莫斯:《竞争的革命:企业战略联盟》,广州:中山大学出版社 2000 年版, 第 77 页。

[29] [美] 爱德华·德博诺:《超越竞争》,北京:新华出版社 1996 年版,第 52 页。

[30] Nicholson, Nigel. "What's the Big Idea? Co-opetition", *Management Today*, No.5, 2012, p.16.

[31] 李扣庆、陈启杰:《联合竞争——商业企业决胜新战略》,《财经研究》1998 年第 11 期。

[32] 黄少安:《经济学研究重心的转移与合作经济学构想》,《经济研究》2000 年第 5 期。

[33] 钟映丽、侯先荣:《合作竞争的系统学原理》,《科技进步与对策》2002 年第 11 期。

[34] 甘华鸣、姜钦华:《合争》,北京:中国国际广播出版社 2002 年版,第 25 页。

[35] 邹文杰:《企业合作范式演进探析》,《贵州财经学院学报》2006 年第6 期。

[36] 黄敏学：《协作型竞争——网络经济时代的竞争新形态》，《中国软科学》2000年第5期。

[37] 翁君奕：《竞争、不确定性与企业间技术创新合作》，《经济研究》2002年第3期。

[38] 汪涛：《竞争的演进——从对抗的竞争到合作的竞争》，武汉：武汉大学出版社2002年版，第28页。

[39] 王群力：《中国制造业企业与跨国公司的合作战略研究》，济南：山东大学博士学位论文，2008年。

[40] 周和荣、张金隆：《虚拟合作竞争：机理、系统模型及实证研究》，《中国工业经济》2007年第8期。

[41] 项保华，李大元：《企业竞合分析新范式：六力互动模型》，《科技进步与对策》2009年第2期。

[42] M.Bengtsson, S.Kock., "Coopetition-Quo vadis? Past accomplishments and future challenges", *Industrial Marketing Management*, Vol.43, 2014, pp.180-188.

[43] Peter.S Ring, Andrew Van de ven., "Structuring Cooperative Relationships Between Organizations", *Strategic Management Journal*, Vol.13, 1992, pp.483-498.

[44] Peter Smith Ring, Andrew H Van De Ven., "Developmental Processes of Cooperative Interorganizational Relationship", *The Academy of Management Review,* Vol.19, No.1, 1994, pp.90-118.

[45] Garcia , C Q , and Velasco , C B., "Coopetition and Performance: Evidence from European Biotechnology Industry", *Innovate Research in Management,* Stockholm, Sweden , 2002.

[46] 周俊、薛求知：《竞合理论视角下的国际代工关系研究》，《外国经济与管理》2008年第8期。

[47] Black C, Akinto ye A, Fitzgerald E., "Ananalysis of Success Factor Sand Benefits of Partnering in Construction", *International Journal of Project Manage-*

ment, Vol.18, No.6, 2000, pp.423- 434.

〔48〕 Chen WT , Chen TT., "Critical Success Factors for Construction Partnering in Taiwan", *International Journal of Project Management*, Vol.25, No.5, 2007, pp.475- 484.

〔49〕 Wilkinson I F, Young L C., "The Space Between: The Nature and Role of Interfirm Relations in Business", *AMA Research Conferrence on Relationship Marketing Emory University*, Atlanta, GA: 1994.

〔50〕 〔英〕道格拉斯·K．麦克贝思、尼尔·弗格森:《开发供应商伙伴关系——供应链一体化方案》,上海:上海远东出版社 2000 年版,第 33 页。

〔51〕 Akinto,A, McIntosh G, Fitzgerald E., "A Survey of Supply Chain Collaboration and Management in the UK Construction Industry", *European Journal of Purchasing and Supply Management*, Vol.6, No.3-4, 2000, pp.159—168.

〔52〕 黎继子、刘春玲:《集群式供应链的竞合关系分析研究》,《财贸研究》2006 年第 5 期。

〔53〕 许婷:《工程项目采购供应链中的竞合博弈》,《中国管理科学》2009 年第 2 期。

〔54〕 Miriam M.Wilhelm, "Management coopetition through horizontal supply chain relations:Linking dyadic and network levels of analysis", *Journal of Operations Management*, Vol.29, 2011, pp. 663-676.

〔55〕 Sylvie Lacoste, "'Vertical Coopetition': The Key Accout Perspective", *Industrial Marketing Management,* Vol.41, No.4, 2012, pp.649-658.

〔56〕 王永平、孟卫东:《供应链企业合作竞争机制的演化博弈分析》,《管理工程学报》2004 年第 2 期。

〔57〕 Bengtsson, M, Kock, S., "Coopetition in Business Networks: To Cooperate and Compete Simultaneously", *Industrial Marketing Management*, Vol.29, No.4, 2000, pp.411-426.

〔58〕 Bengtsson, M , and Kock, S., "Cooperation and Competition in Relationships Between Competitors in Business Networks", *Journal of Business & Indust*

Rial Marketing, Vol.14, No.2, 1999 , pp.178—193.

[59] 蔡宁、吴结兵：《企业集群的竞争优势：资源的结构性整合》，《中国工业经济》2007 年第 7 期。

[60] Maianel S K., "Cooperation vs. Competition in a Spatial Mode", *Regional Science and Urban Econemic*, Vol.38, 1999, pp.1-25.

[61] 高长元、杜鹏：《高技术虚拟产业集群成员企业合作竞争与知识创新的关系研究》，《管理学报》2010 第 2 期。

[62] ［美］平狄克、鲁宾费尔德：《微观经济学》，北京：中国人民大学出版社 1996 年版，第 38 页。

[63] Hausken, "Cooperation and Between-group Competition", *Journal of Economic Behavior & Organization*, Vol.42, 2000, pp.417-425.

[64] 叶红心、张朋桂、孙景乐：《利益群体的动态合作竞争》，《管理工程学报》2002 年第 1 期。

[65] 董敏、倪卫红、胡汉辉：《产业集聚与供应链联盟—两种创新战略的比较研究及发展趋势分析》，《现代经济探讨》2003 年第 3 期。

[66] 黄勇、邱婷：《集群企业的竞争形态演进分析》，《集团经济研究》2007 年第 17 期。

[67] 张阁：《产业集群竞合行为及竞争力提升研究》，西安：西安科技大学博士学位论文，2009 年。

[68] 高长元、杜鹏：《高技术虚拟产业集群成员企业合作竞争与知识创新的关系研究》，《管理学报》2010 年第 2 期。

[69] 项后军：《产业集群中竞—合关系的演化与核心企业创新》，《科学学与科学技术管理》2011 年第 2 期。

[70] Quintana-Garcia C, Benavides-Velasco C A., "Cooperation, Competition, and Innovative Capability: A Panel Data of European Dedieated Biotechnology Firm", *Technovation*, Vol.24, 2004, pp.927-938.

[71] 李建、金占明：《战略联盟内部企业竞合关系研究》，《科学学与科学技术管理》2008 年第 6 期。

［72］Hill CC, L iH, Davies B., "The paradox of Cooperation and Competition in Strategic alliances: Towards a Multi-paradigm Approach ", *Management Research News* , Vol.26, No.1, 2003, pp.1- 20 .

［73］龙勇、李薇:《竞争性双寡头的联盟绩效研究》,《中国管理科学》2007 年第 5 期。

［74］Luo Y., "Toward Coopetition within a Multinational Enterprise: A Persective from foreign subsidiaries", *Joumal of World Business*, Vol.40, No.1, 2005, pp.71-90.

［75］冯文娜、杨蕙馨:《合作性竞争行为与合作性竞争绩效的关系：联盟结构的中介效应分析》,《中国工业经济》2011 年第 12 期。

［76］Ricarda.B.Bouncken, Viktor Fredrich, "Coopetition: Performance Implications and Management Antecedents", *International Journal of Innovation Management,* Vol.16, No.5, 2012, pp.1-28.

［77］李浩:《知识协同与企业绩效:13 个行业样本》,《改革》2007 年第 2 期。

［78］王作军、任浩:《企业组织间的战略联盟优势与竞合方式》,《改革》2008 年第 6 期。

［79］S.Yami, A.Nemeh, "Organizing coopetition for innovation: the case of wireless telecommunication sector in Europe", *Industrial Marketing Management*. Vol.43, 2014, pp.250-260.

［80］Tsai, W., "Social Structure of 'coopetition' within a Multiunit Organization: Coordination, Competition, and Introerganizational Knowledge Sharing", *Organization Science*, Vol.13, No.2, 2002, pp.179-190.

［81］Loebbeche C. Van Fenema P C., "Powell P. Knowledge transfer under coopetition", *American Management System*, No.2, 1997, pp.215-229.

［82］Zineldin M., "Coopetition: The Organization of the Future", *Marketing Intelligence & Planning*, Vol.22, No.7, 2004, pp.780-789.

［83］A. Asuman Akdogan, Ayse Cingoz, "An empirical study on determining the attitude of small and medium sized businesses (SMEs) related to coopetition",

Procedia- Social and Behavioral Sciences, Vol.14, No.8, 2012, pp.36-54.

［84］Ricarda B. Bounchen, Sascha Kraus., "Innovation in Knowledge-intensive industries: The doube-edged sword of coopetition", *Journal of Business Research,* Vol.66, 2013, pp.2060-2070.

［85］Lechner , C , Dowling , M , and Welpe , I., "Firm Networks and Firm Development: The Role of the Relational Mix", *Journal of Business Venturing* , Vol.21, No.4, 2006, pp.514-540.

［86］Annika Tidstrom., "Managing tensions in coopetition", *Industrial Marketing Management,* Vol.43, 2014, pp.261-271.

［87］Levy, M, Loebbecke, C and Powell, P. , "SMEs, Coopetition and Knowledge Sharing: The Role of Information Systems", *European Journal of Information Systems*, Vol.6, 2001, pp.640-652.

［88］Feiertag., "Co-opetition Preparing for What's Next in Hospitality", *Hotel & Motel Management,* Vol.225, No.11, 2010, pp.8-15.

［89］Nakano, Thomas., "Don't Erode U.S. Edge In China", *Aviation Week & Space Technology*, Vol.173, No.4, 2011, p.60.

［90］孙国强：《关系、互动与协同：网络组织的治理逻辑》，《中国工业经济》2003 年第 11 期。

［91］蓝庆新、韩晶：《网络组织成员合作的稳定性模型分析》，《财经问题研究》2006 年第 6 期。

［92］陈学光、徐金发：《网络组织及其惯例的形成——基于演化论的视角》，《中国工业经济》2006 年第 4 期。

［93］彭正银、何晓峥：《企业网络组织协同竞争的理论与效应解析》，《现代财经（天津财经大学学报)》2007 年第 1 期。

［94］巨荣良：《竞争合作范式与网络化企业组织研究》，中国社会科学出版社 2009 年版，第 40 页。

［95］曾伏娥、严萍：《"新竞争"环境下企业关系能力的决定与影响：组织间合作战略视角》，《中国工业经济》2010 年第 11 期。

[96] Gerchak, Y. and D.M., "Kilgour.Optimal Parallel Funding of R & D Projects", *IIE Transactions*, Vol.31, No1.2, 1999, pp.145-152.

[97] Luo, X, Slotegraaf, R J, and Pan, X., "Cross-functional 'Coopetition': The Simultaneous Role of Cooperation and Competition Wit Hinfirms", *Journal of Marketing*, Vol.70, No.2, 2006, pp.67-80.

[98] Paavo Ritala, Arash Golnam, Alain Wegmann, "Coopetition-based business models: The case of Amazon.com", *Industrial Marketing Management*, Vol.43, 2014, pp.236-249

[99] 卢福财、周鹏:《外部网络化与组织创新》,《中国工业经济》2004 年第 2 期。

[100] 卢福财、胡平波:《基于竞争与合作关系的网络组织成员间知识溢出效应分析》,《中国工业经济》2007 年第 9 期。

[101] Piescik J., "The Internet and Healthcare Cooperation", *Healthcare Systems and Technology Group and American Management Systems*, Vol.7, 1999, pp.20-24.

[102] Hausken, "Cooperation and Between-group Competition", *Journal of Economic Behavior & Organization*, Vol.42, 2000, pp.417-425.

[103] Mowery D C., "Strategic Alliances and Inter Firm Knowledge Transfer", *Strategic Management Journal*, Vol.17, No.3, 1996, pp.77-91.

[104] Afuah, A, and Tucci, C., *Internet Business Models and Strategies*, New York: McGraw Hill, 2001.p.26.

[105] Gnyawali, D and Madhavan, R., "Impact of Coopetition on Firm Competitive Behavior: An Empirical Examination", *Journal of Management*, Vol.32, No.4, 2006, pp.507-530.

[106] Walley K., "Coopetition-An Introduction to the Suject and an Agenda for Research", *International Studies of Managemant & Organization*, Vol.37, No.1, 2007, pp.11-31.

[107] Bengtsson. M, Eriksson. J and Wincent. J., "Co-opetition Dynamics: an

Outline for Further Inquiry", *Competitiveness Review*, Vol.20, No.2, 2010, pp.194-214.

[108] Mariani, M M., "Coopetition as an emergent strategy", *International Studies of Management & Organization*, Vol.37, No.2, 2007, pp.97-126.

[109] 王永平、孟卫东:《供应链企业合作竞争机制的演化博弈分析》,《管理工程学报》2004年第2期。

[110] 孙利辉、徐寅峰、李纯青:《合作竞争博弈模型及其应用》,《系统工程学报》2002年第1期。

[111] 龚敏、张婵:《从战略联盟到企业生态群:企业合作竞争的形态演进研究》,《科技与管理》2003年第4期。

[112] 钟德强、仲伟俊、梅姝娥:《合作竞争下的供应商数量优化问题研究》,《管理科学学报》2003年第3期。

[113] 昊昊、杨梅英、陈良猷:《合作竞争博弈中的复杂性与演化均衡的稳定性分析》,《系统工程理论与实践》2004年第4期。

[114] 刘慧宏、余洁雅、祁明德:《合作竞争博弈及其求解》,《预测》2005年第2期。

[115] 董广茂、李岷、周玉泉:《承诺与学习能力在建立合作—竞争关系中的作用》,《管理科学学报》2006年第1期。

[116] 钟胜:《供应链企业合作竞争策略分析》,《中国管理科学》2006年第1期。

[117] 彭芬:《基于博弈论的农产品对接组织竞合关系分析》,《北京交通大学学报(社会科学版)》2012年第1期。

[118] Harfield T., "Competition and Cooperation in an Emerging Industry", *Strategic Change*, Vol.8, No.4, 1999, pp.120-135.

[119] 杜传忠:《产业组织演进中的企业合作——兼论新经济条件下的产业组织合作范式》,《中国工业经济》2004年第6期。

[120] 黄卫平、刘一姣:《竞合:经济全球化发展的一种新格局趋势》,《中国人民大学学报》2012年第2期。

[121] 宋铁波、钟槟:《合法性作为目标还是工具？产业发展过程中企业竞合战略的制度解释》,《科学学与科学技术管理》2012 年第 4 期。

[122] Padula., "Coopetition Strategy: A New Kind of Interfirm Dynamics for Value Creation", *EU-RAM- The European Management Second Annual Confer-ence-Innovative Research in Stockholm*, 2002, pp.9-11.

[123] Beersmp B, Hollenbeck J R, Humphrey S E, et al., "Cooperation, Competition and Team Performance: Toward A Contingency Approach", *Academy of Management Journal*, Vol.146, No.5, 2003, pp.572-590.

[124] Kotzab H, Teller C., "Value-adding Partnerships and Coopetition Models in the Grocery Industry", *Intemational Journal of Physical Distribution & Logistics Management*, Vol.33, No.3, 2003, pp.268-281.

[125] Padula, G, and Dagnino, G B., "Untangling the Rise of Coopetition: The Intrusion of Competition in a Cooperative Game Structure", *International Studies of Management and Organization* , Vol.37, No.1, 2007, pp.32-53.

[126] Mariani, M M., "Coopetition as an emergent strategy", *International Studies of Management & Organization*, Vol.37, No.2, 2007, pp. 97-126.

[127] 李薇、龙勇:《竞争性战略联盟的合作效应研究》,《科研管理》2010 年第 1 期。

[128] 张卫国、青雪梅:《竞合战略趋势、稳定性机理与中国企业选择》,《改革》2012 年第 7 期。

[129] Simonin, B.L., "Ambiguity And The Process of Knowledge Transfer in Strategic Alliances", *Strategic Management Journal*, Vol.7, 1999, pp.595-623.

[130] 贾晓霞、周溪召:《合作创新企业间知识转移障碍因素识别与对策研究》,《科学管理研究》2007 年第 1 期。

[131] Gnyawali, D and Madhavan, R., "Impact of Coopetition on Firm Competitive Behavior: An Empirical Examination", *Journal of Management*. Vol.32, No.4, 2006, pp.507-530.

[132] Anne Laure, "Co-operation and Co-opetition as Open Innovation Prac-

tices in the Service Sector: Which Influence on Innovation Novelty?", *Technovation*, Vol.31, 2011, pp.44-53.

[133] 黄瑞华、苏世彬:《合作创新中隐性知识转移引发的商业秘密风险主要影响因素分析》,《科研管理》2008 年第 1 期。

[134] 宋之杰、孙其龙:《创新成功时间不确定条件下企业研发竞合模式分析》,《科学学与科学技术管理》2012 年第 7 期。

[135] 阮君华:《长三角区域经济管理中的竞合机制研究》,《现代管理科学》2012 年第 8 期。

[136] 李建、金占明:《战略同盟伙伴关系选择、竞合关系与联盟绩效研究》,《科学学与科学技术管理》2007 年第 11 期。

[137] 汪涛:《竞争的演进——从对抗的竞争到合作的竞争》,武汉大学出版社 2002 年版,第 60 页。

[138] M.Bengtsson, S.Kock, "Coopetition-Quo vadis? Past accomplishments and future challenges", *Industrial Marketing Management*.Vol.43, 2014, pp.180-188.

[139] Byung-Jin (Robert) Park, Manish K. Srivastava, Davi R. Gnyawali, "Walking the tight rope of coopetiton: Impact of competiton and cooperation intensities and balance on firm innovation performance", *Industrial Marketing Management,* Vol.43, 2014, pp.210-221.

[140] 周和荣、张金隆:《虚拟合作竞争:机理、系统模型及实证研究》,《中国工业经济》2007 年第 8 期。

[141] Easton G, L Aeaujo, *Non-economic Exchange in Industrial Network*, London: Routledge, 1992.p.23.

[142] Luo, Y. A., "Co-opetition Perspective of MNC-host Government Relations", *Journal of International Management*, Vol.10, No.4, 2004, pp.431- 451.

[143] Luo, Y., "A Coopetition Perspective of Global Competition", *Journal of World Business*, Vol.42, No.2, 2007, pp.129 - 144.

[144] 黄少安:《经济学研究重心的转移与合作经济学构想》,《经济研究》2000 年第 5 期。

[145] 邹文杰：《企业合作范式演进探析》，《贵州财经学院学报》2006 年第 6 期。

[146] 王群力：《中国制造业企业与跨国公司的合作战略研究》，济南：山东大学博士学位论文，2008 年。

[147] 贾红雨、李珊珊、董燕泽、刘巍：《基于社会网络分析的港口竞合关系模型》，《大连海事大学学报》2012 年第 5 期。

[148] Granovetter M., "Economic action and social structure: the problem of embeddedness", *Chicago: American Journal of Sociology*, Vol.91, No.3, 1985, pp.481-510.

[149] 陈景辉、邱国栋：《跨国公司与东道国产业集群的"双向嵌入观"》，《经济管理》2008 年第 11 期。

[150] 黄永春、郑江淮、张二震：《依托于 NVC 的新兴产业开放互补式技术突破路径——来自昆山新兴产业与传统产业的比较分析》，《科学学研究》2014 年第 4 期。

[151] 刘林青、谭力文、马海燕：《二维治理与产业国际竞争力的培育——全球价值链背景下的战略思考》，《南开管理评论》2010 年第 6 期。

[152] Johanna Dahl., "Conceptualizing coopetition as a process: An outline of change in cooperative and competitive interactions", *Industrial Management*, Vol.43, 2014, pp.272-179.

第二章

[1] Rumelt R P., *Toward a strategic theory of the firm. In: Competitive Strategic management*, Published by Prentice-hall, 1984, pp.556-570.

[2] 刘伟：《动态复杂环境下企业隔离机制的研究》，河南大学硕士学位论文，2008 年。

[3] Wenerfelt B., "A Resource Based View of the Firm", *Strategic Management Journal*, Vol.5, 1984, pp.4-12.

[4] Miller D, Shamsie J., "The Resource-Based View of the Firm in two Envi-

ronments: The Hollywood Film Studios from 1936 to 1965", *Academy of Management Journal*, Vol.39, No.3, 1996, pp.519-543.

[5] Miller D., "An Asymmetry Based View of Advantage: towards an Attainable Sustainability", *Strategic Management Journal* , Vol.24, 2003, pp.961-976.

[6] G.. Hamel, C.K.Prahalad, "The Core Competence of the Corporation", *Harvard Business Review*, Vol.5-6, 1990, pp.2-14.

[7] Mahoney J., Pandian J.R., "The Resource-based View within the Conversation of Strategic Management", *Strategic Management Journal*, Vol.6, 1992, pp.363-380.

[8] ［美］戴维·贝赞可：《公司战略经济学》，北京：北京大学出版社 1999 年版，第 76 页。

[9] Grant R.M., "The Resource-based Theory of Competitive Advantage", *California Management Review* , Vol.33, 1991, pp.114-135.

[10] Barney J.B., "Firm Resources and Sustained Competitive Advantage", *Journal of Management*, Vol.17, 1991, pp.99-120.

[11] Teece D.J, Pisano, G. and Shuen A., "Dynamic Capabilities and Strategic Management", *Strategic Management Journal*, Vol., 1997, pp.509-533.

[12] G.. Hamel and C. K. Prahalad, *Competing for the Future*, Harvard Business School Press, Bos-ton, MA, 1994, p.134.

[13] Rumelt R.P., "How Much Does Industry matter", *Strategic Management Journal* Vol.12, 1991, pp. 167-185.

[14] Barney J.B, Wright M and Ketchen D J., "The Resourced Based View of the Firm: 10 Years after 1991", *Journal of Management* , Vol.27, 2001b, pp.625-641.

[15] Peteraf M.A., "The Cornerstones of Competitive Advantage: a Resource Based View ", *Strategic Management Journal* , Vol.14, 1993, pp.179-191.

[16] Conner K., "A Historical Comparison of Resource-based Theory and Five Schools of Thought within Industrial Organization Economics: Do We Have a New Theory of the Firm", *Journal of Management* , Vol.17, 1991, pp.121-154.

[17] Eisenhardt K. and Martin J., "Dynamic Capabilities: what are they?", *Strategic Management Journal*, Vol.21, 2000, pp.1105-1121.

[18] Helfat CE and Peteraf M.A., "The Dynamic Resource-based View: Capability Lifecycles", *Strategic Management Journal*, Vol.24, 2003, pp.997–1010.

[19] Kogut B and Zander U., "Knowledge of the Firm, Combative Capabilities, and the Replication of Technology", *Organization Science*, Vol.3, 1992, pp.383-397.

[20] Hitt M.A., Duane I. and Hoskisson, R.E., *Strategic Management: Cometitiveness and Globalization*, Cincinnati, Ohio, South-Western College Publishing, 1999, p.84.

[21] Conner K. and Prahalad CK., "A Resource-based Theory of the Firm: Knowledge Versus Opportunism", *Organization Science*, Vol.7, 1996, pp.477-501.

[22] Shanley M. and Peteraf M.A., "Deploying, Leveraging, and Accessing Resources Within andAcross Firm Boundaries: Introduction to the Special Issue", *Managerial and Decision Economics*, Vol.25, 2004, pp.291-297.

[23] 汪浩、宣国良:《创造知识"租"的学习型战略联盟结构分析》,《财经研究》2003 年第 23 期。

[24] S. A. Lippman, R. P. Rumelt, "Uncertain Imitability: An Analysis of Interfirm Differences in Efficiency under Competition", *The Bell Journal of Economics*, Vol.13, No.2, 1982, pp. 418-438.

[25] Johannessen, Olsen & Olaisen, "Aspects of Innovation Theory Based on Knowledge Management", *International Journal of Information Management*, Vol.19, 1999, pp.121- 139.

[26] Mosakowski, Elaine, "Strategy Making under Causal Ambiguity: Conceptual Issues and Empirical Evidence", *Organizational Science*, Vol.8, No.4, 1997, pp.414-442.

[27] Samaddar, Subhashish, and Priestley, Jennifer, *Outcome Ambiguity in Inter- organizational Knowledge Transfer: Do Various Network Forms Make a Differ-*

ence, Submitted to Organization Science, 2003.

[28]周晓东、项保华：《什么是企业竞争优势》，《企业管理》2003 年第 6 期。

[29] 李佳：《因果模糊与持续竞争优势的形成》，《中国工业经济》2006 年第 4 期。

[30] [美] 迈克尔·波特著，陈小悦译，《竞争优势》，北京：华夏出版社 2005 年版，第 128 页。

[31] SuchmanMark, "Managing Legitimacy: Strategic and Institutional Approaches", *The Academy of Management Review*, Vol.4, 1995, pp.571- 561.

[32] [美] 乔治·S. 戴伊、戴维·J. 雷布斯坦因、罗伯特·E. 冈特：《动态竞争战略》，上海：上海交通大学出版社 2003 年版，第 97 页。

[33] Paul J. DiMaggio and W. Powell., "The Iron Cage Revisited: Institutional Isomorphism and Collective Rationality in Organizational Fields", *American Sociological Review,* Vol.48, 1983, pp.147-160.

[34] 马君、陈锟、朱南：《基于企业持续竞争优势的隔离机制研究》，《华东经济管理》2005 年第 5 期。

[35] 李健、金占明：《战略联盟内部企业竞合关系研究》，《科学学与科学技术管理》2008 年第 6 期。

[36] 邱国栋、韩文海：《基于隔离机制的竞合效益——以 Nike 等 3 组企业为样本的跨案例研究》，《中国工业经济》2012 年第 4 期。

[37] 鲍丽娜、李萌萌：《企业竞合关系对企业创新的影响研究——基于产业集群视角》，《东北财经大学学报》2013 年第 6 期。

[38] 万幼清、王云云：《产业集群协同创新的企业竞合关系研究》，《管理世界》2014 年第 8 期。

[39] R umelt，R . P., *Toward a Strategic Theory of the Firm*, Upper Saddle R iver: Prentice Hall，2004, p.22.

[40] Kotzab，H.，Teller，C. ，"Value Adding Partnerships and Coopetition Models in the Grocery Industry", *International Journal of Physical Distribution* & *Logistics Management*，Vol.33, No.3, 2003, pp.268—281.

[41] 黎继子、刘春玲：《集群式供应链的竞合关系分析研究》，《财贸研究》2006 年第 5 期。

[42] [美] 奥利弗·E.威廉姆森：《资本主义经济制度》，北京：商务印书馆 2002 年版，第 99 页。

[43] Zineldin，M.，"Coopetition: The Organization of the Future"，*Marketing Intelligence and Planning*，Vol.22, No.7, 2004，pp.780-789.

[44] 王锋：《竞合战略：超竞争环境下企业竞争战略调适的理性选择》，《改革与战略》2011 年第 7 期。

[45] 黎继子、刘春玲：《集群式供应链的竞合关系分析研究》，《财贸研究》2006 年第 5 期。

[46] 邹艳、陈宇柯、董景荣：《三级供应链内中游企业纵向合作研发策略》，《管理工程学报》2011 年第 1 期。

[47] 李煜华、武晓峰、胡瑶瑛：《基于演化博弈的战略性新兴产业集群协同创新策略研究》，《科技进步与对策》2013 年第 2 期。

[48] 李林蔚、江能前、郑志清：《伙伴间竞合对联盟企业知识获取的影响研究》，《研究与发展管理》2014 年第 6 期。

[49] 彭新敏、吴晓波、吴东：《基于二次创新动态过程的企业网络与组织学习平衡模式演化》，《管理世界》2011 年第 4 期。

[50] Glaser，B.，Strauss，A.，*The Discovery of Grounded Theory*, London: Weidenfield & Nicolson，1967, p.134.

[51] 吴斯丹、毛蕴诗：《代工企业——国外品牌客户的竞合关系与绩效研究》，《科研管理》2014 年第 7 期。

[52] 吴文清、张海红、赵黎明：《竞合视角下企业组织联盟知识共享演化与激励》，《北京理工大学学报》（社会科学版）2015 年第 5 期。

第三章

[1] [美] 罗伯特·K.殷著，周海涛等译：《案例研究：设计与方法》，重庆：重庆大学出版社 2004 年版，第 107-114 页。

［2］ Yin, R. K., *Applications of Case Study Research*, Thousand Oakes, CA: sage，2003, p.27.

［3］ Eisenhardt, K.M., "Building Theories from Case Study Research", *Academy of Management Review*, Vol.14, No4, 1989, pp. 532-550.

［4］ Sanders P., "Phenomenology a New Way of Viewing Organizatianal Research", *Academy of Management Review*, Vol.7, No.3, 1982, pp.352-360.

第四章

［1］［美］菲利普·科特勒著，梅汝和等译:《营销管理》，北京:中国人民大学出版社 2001 年版，第 29 页。

［2］［美］彼得·德鲁克著，王永贵译:《管理:使命、责任、实物》，北京:机械工业出版社 2009 年版，第 321 页。

［3］彭新武:《竞争优势:流变与反思》，《中国人民大学学报》2008 年第 5 期。

［4］［美］乔治·S.戴伊、戴维·J.雷布斯坦因、罗伯特·E.冈特:《动态竞争战略》，上海:上海交通大学出版社 2003 年版，第 93 页。

［5］［美］迈克尔·波特著，陈小悦译，《竞争战略》，北京:华夏出版社 2007 年版，第 128 页。

［6］ Chen M.J., "Competitor Analysis and Inter-firm Rivalry: Toward a Theoretical Integration", *Academy of Management Review*, Vol.21, No.2, 1996, pp.100-134.

［7］［美］钱·金、勒妮·莫博涅:《蓝海战略》，北京:商务印书馆 2005 年版，第 39 页。

［8］孙喜:《技术自立:一个探索性讨论》，《科学学与科学技术管理》2014 年第 1 期。

［9］ Gary Gereffi, Joonkoo Lee., "Economic and social upgrading in global value chains and industrial clusters: why governance matters", *Journal of Business Ethics*，Vol.133, No.1, 2014, pp.25-28.

第五章

[1] Melvin A. Eisenberg., "Why There is No Law of Relational Contracts", *Northwestern University Law Review*，Vol.94, 2000，pp.805-821.

[2] Williamson, "The Economics ofAntitrust: Transaction Cost Consider-ations", *University of Pennsylvania Law Review* , Vol.122, 1974, pp.1439-1496.

[3] 邵敬浩：《论不完全的契约——当代西方契约理论述评》,《浙江金融》2005 年第 12 期。

[4] 杨瑞龙、周业安：《企业的利益相关者理论及其应用》,北京：经济科学出版社 2000 年版，第 45 页。

[5] 刘娟：《中国企业与在华跨国公司的竞合研究》,河南大学硕士毕业论文，2005 年。

[6] ［美］乔尔·布利克、戴维·厄恩斯特：《协作型竞争》,北京：中国大百科全书出版社 1998 年版，第 26 页。

[7] R. Gulati, H. Singh, "The architecture of cooperation: managing coordina-tion uncertainty and interdependence in strategic alliances", *Administrative Science Quarterly*, Vol.43, pp.781-814.

[8] Brandenburger, A. M., and Nalebuff, B. J., *Coopetition: A Revolutionary Mindset that Combines Competition and Cooperation in the Marketplace*, Boston: Harvard Business School Press, 1996, p.63.

[9] 帅萍、孟宪忠：《不完全契约：理论假设、约束及发展》,《2005 中国制度经济学年会精选论文》（第二部分）, 2005 年。

[10] 王凤彬：《集团公司与企业集团组织》,北京：中国人民大学出版社 2003 年版，第 80 页。

[11] 王作军、任浩：《企业组织间的战略联盟优势与竞合方式》,《改革》2008 年第 6 期。

[12] Foss, Kirsten and Foss, Nicolai, "The Oretical Isolation in Contract Theo-ry: Suppressing Margins and Entrepreneurship", *Journal of Economic Methodology*,

Vol.7, No.3, 2000, pp.313-339.

[13] Williamson, o. e. , *The Economic Institutions of Capitalsm*, New York: Free Press，1985, pp. 90-110.

[14] Hart, Oliver, and John Moore, "Property Right and the Nature of the Firm", *Journal of Political Economy*, Vol.98, No.6, 1990, pp.1119-1158.

[15] Baker, G., Gibbons, R., and Murphy, K. J., "Relational Contracts and the Theory of the Firms", *The Quarterly of Economics*, Vol.1, 2002, pp.39-83.

[16] Halonen, Maija, "Reputation and The Allocaition of Ownership", *The Economic Journal*, Vol.112, No.481, 2002, pp.539-558.

[17] 杨其静:《合同与企业理论前沿综述》,《经济研究》2002 年第 1 期。

[18] 汪晓宇、马咏华、张济珍:《不完全契约理论：产权理论的新发展》,《上海经济研究》2003 年第 12 期。

[19]聂辉华:《声誉、契约与组织》, 北京：中国人民大学出版社 2009 年版, 第 47—52 页。

[20] Macneil，I. R. , "The Many Futures of Contracts", *Southern Califormia Law Review*，Vol.2, 1974，pp.691 -816.

[21] 孙元欣、于茂荐:《关系企业理论研究评述》,《学术交流》2010 年第 8 期。

[22] Johnson, S. McMillan, J., and Woodruff，C., "Courts and Relational Contracts", *Journal of Law Ecomics & Organization*，Vol.1, 2002, pp.221-276.

[23] Hadfield, G. K., "Problematic Relations: Franchising and the Law of Incomplete contracts", *Stanford Law Review*, Vol.3, 1990, pp.927 -942.

[24] Macniel, I. R., "Relational Contracts Theory: Challenges and Queries", *Northwestern University Law Review*，Vol.3, 2000，pp.877-907.

[25] [美] 埃里克·弗鲁博顿:《新制度经济学一个交易费用的分析范式》,上海：上海三联书店、上海人民出版社 2006 年版, 第 20 页。

[26] Charny, D., "Nolegal Sanctions in Commercial Relationaships", *Harvard Law Reviews*, Vol.1, 1990, pp.373-467.

[27] Klein，B and Leffler，K.，"The Role of Market Forces in Assuring Contractual Performance"，*Journal of Political Economy*，Vol.4，1981，pp.615-641．

[28] Poppo, L, and Zenger, T., "Do Formal Contracts and Relational Governance Function as Substitutes or Complements? "，*Strategic Management Journal*，Vol.8, 2002, pp.707-725．

[29] Ferguson, R J, Paulin, M, Mslein, K, and Müller, C., "Relational Governance, Communication and the Performance of Biotechnology Partnerships"，*Journal of Small Business and Enterprise Development*，Vol.3, 2005, pp.395-408．

[30] Macniel，I R.，"Contract: Adjustment of Long-term Economic Relations under Classical，Neoclassical and Relational Contract law"，*Northwestern University Law Review*，Vol.2, 1978, pp.340-418.

[31] Adler P.，"Market, Hierarchy and Trust. The Knowledge Economy and the Future of Capitalism"，*Organization Science,* Vol.2, 2001, pp. 214-234.

[32] 卢福财、胡平波：《网络组织成员合作的声誉模型分析》，《中国工业经济》2005 年第 2 期。

[33] 蔡凤霞：《嵌入社会网络的中小企业竞合研究》，福州大学硕士学位论文，2006 年。

[34] Dyer J H, Singh H.，"The Relations View: Co-opeartive Straetgy and Sources of Inter-ogranizational Competitive Advantage"，*Aeademy of Management Review*，Vol.23, 1998, pp.66-79.

[35] Griesf, A.，"Contract Enforceability And Economic Institutions In Early Trade: The Maghribi Traders Coalition"，*Anerican Economic Review*，Vol.3, 1993, pp.525-548．

[36] Granovetter Mark.S.，"Eeonomic Action and Soeial Struotuer: The Problem of Embededness"，*Ameriean Journal of Soeiology*，Vol.91, No.3, 1985, pp.481-510.

[37] 金伯富：《机会利益：一个新的理论视角》，《中国社会科学》2000 年第 2 期。

[38] Sabel, C., *Flexible Specialization and the Re-Emergence of Regional Economies*，Reversing Industrial Decline, Oxford: Berg, 1989，p.22.

[39] 张缨：《信任、契约及其规制》，北京：经济管理出版社 2004 年版，第 53 页。

[40] 曾伏娥，严萍：《"新竞争 "环境下企业关系能力的决定与影响：组织间合作战略视角》，《中国工业经济》2010 第 11 期。

[41] Luo Y., "Toward Coopetition within a Multinational Enterprise: A Persective from foreign subsidiaries", *Journal of World Business*, Vol.40, No.1, 2005, pp.71-90.

[42] [美]史占中：《企业战略联盟》，上海：上海财经大学出版社2001 年版，第 37 页。

[43] [美] 拜瑞·J·内勒巴夫、亚当·M·布兰登勃格：《合作竞争》，合肥：安徽人民出版社 2000 年版，第 36-40 页。

[44] [美] 哈肯：《协同学：自然成功的奥秘上海》，上海：上海科学普及出版社 1988 年版，第 64 页。

[45] Brandenburger, A M, and Nalebuff, B J., *Coopetition: A Revolutionary Mindset that Combines Competition and Cooperation in the Marketplace*, Boston: Harvard Business School Press, 1996, p.39.

[46] 刘衡、王龙伟、李垣：《竞合理论研究前沿探祈》，《外国经济与管理》2009 年第 9 期。

[47] 彭新武：《竞争优势：流变与反思》，《中国人民大学学报》2008 年第 5 期。

后　记

　　"基于隔离机制的竞合效应"是在企业竞合实践中普遍存在却未引起重视的一个研究领域。本书从隔离机制的研究视角对非契约性竞合的展开研究是一个较为新颖、同时也极具挑战性、理论研究价值及实践意义的一项工作。本书的完成过程，从选题的确定，写作的过程直至最终成稿，离不开我的导师邱国栋教授的悉心指导，都是在导师耐心的帮助与关怀下完成的。

　　在这里，首先诚挚感谢我的导师邱国栋教授及师母刘伟女士，感谢他们在我学业上的悉心指导及生活上无微不至的关怀。邱老师为人师表的高尚风范、渊博的学术智慧、精深的专业功底、严谨的治学精神、豁达的人生态度无不令我敬重与钦佩。

　　导师要求我以"真诚、用心"的态度来"做人、做事、做学问"的教诲，至今仍振聋发聩，将是我一生对待生活与学术的态度。入门之时的师门训诫至今仍时时萦绕耳畔，多少次"深夜邮件"令我体会到导师的敬业与辛苦，老师的言传身教与悉心栽培，一直都是我前行的指路明灯，也是激励我一路前行的动力。师恩厚重难量，无以为报，唯有潜心修学以表心志。

　　对我来说，这是人生的第一本著作，本书的主体内容是本人的博士毕业论文，增加部分是与博士导师共同完成的国家自然科学基金的系列成果。可以说，这本书是我人生最有意义的一段时光的总结、升华与延续，也是自读博始的学术生涯的缩影与回顾。

在此，要再次特别感谢一路前行中给予我帮助、指点的各位老师、家人与朋友，尤其是我的博士导师——东北财经大学工商管理学院的邱国栋教授，没有他就不会有这本著作，他给予我的关于做人、做事、做学问的智慧，远比呈现这本书中的要多、要重，值得我一生学习、领悟与铭记！

最后，需要特别声明的是，本书得到大连民族大学自主科研基金出版资助项目的资金支持（项目编号0917120136），同时得到国家自然科学基金面上项目"基于差别优势的隔离机制：非契约性竞合效应研究"的资金支持（项目编号71372066），本书亦为该自然基金的研究成果之一。

韩文海

2017 年 12 月

策划编辑：洪　琼

责任编辑：洪　琼

图书在版编目（CIP）数据

企业竞合战略：基于隔离机制的竞合效应研究／韩文海，邱国栋 著．—北京：
人民出版社，2018.8
ISBN 978－7－01－019533－9

I.①企…　Ⅱ.①韩…②邱…　Ⅲ.①企业竞争－研究　Ⅳ.① F271.3

中国版本图书馆 CIP 数据核字（2018）第 157399 号

企业竞合战略

QIYE JINGHE ZHANLÜE

——基于隔离机制的竞合效应研究

韩文海　邱国栋　著

人民出版社 出版发行

（100706　北京市东城区隆福寺街 99 号）

北京申科印刷有限公司印刷　新华书店经销

2018 年 8 月第 1 版　2018 年 8 月北京第 1 次印刷
开本：710 毫米 ×1000 毫米 1/16　印张：18.5
字数：280 千字

ISBN 978－7－01－019533－9　定价：62.00 元

邮购地址 100706　北京市东城区隆福寺街 99 号
人民东方图书销售中心　电话（010）65250042　65289539